What Is Truth?

BIBLE
MODULAR
SERIES

bju **press**®

Greenville, South Carolina

NOTE:
The fact that materials produced by other publishers may be referred to in this volume does not constitute an endorsement of the content or theological position of materials produced by such publishers. Any references and ancillary materials are listed as an aid to the student or the teacher and in an attempt to maintain the accepted academic standards of the publishing industry.

What Is Truth?

Coart Ramey, M.A.
Bryan Smith, Ph.D.

Project Editor: Michael Santopietro
Design: John Bjerk and Duane Nichols
Composition: Jennifer Hearing

Photo credits appear on page 156.

© 2003, 2010 BJU Press
Greenville, South Carolina 29609

ISBN 978-1-60682-092-6

15 14 13 12 11 10 9 8 7 6 5 4

CONTENTS

*I*ntroduction

Yes, this is a textbook. It doesn't look like one, but it is. It's supposed to teach you something if you put some effort into it. But it's not a normal textbook.

You might as well call it *abnormal*, because it's a textbook written in the form of a dialogue.

The dialogue partners are a group of people you've probably never been together in a room with before: a Hindu, a Buddhist, a secular humanist, a postmodernist, a "questor," and a guide who doesn't exist.

These dialoguers have been given a topic to discuss, and it can be summarized in one simple word that you should understand: "worldview." A worldview is the set of beliefs through which you view the world. Everyone has a worldview, and though no two are perfectly the same, they tend to fall into broad categories. That's because a few worldviews have been very influential and are shared by large groups of people. Even people who never think about transcendent ideas have a worldview: the very fact that such ideas don't ever come to their minds is a function of their worldview.

The purpose of this book is to show that the Christian worldview is superior to four other influential and popular worldviews shared by many people around the world—Hindusim, Buddhism, secular humanism, and postmodernism. The goal of this book is to present all five worldviews accurately and fairly, and in so doing demonstrate for you why Christianity is incomparably better.

Although every effort has been made to keep these presentations fair, part of the point of a worldview study is to admit that this book itself takes a position. It is not a detached, perfectly objective investigator. There is no such thing in this world. This textbook argues firmly that Christianity is right and all other worldviews—insofar as they contradict Christianity—are wrong.

As for the procedure of this book, it is probably different from most other textbooks. Though it might seem new and strange, the approach is actually *old* and strange. It was quite common during the Enlightenment (and even going back to the ancient Greek philosopher Plato), when formal education was concerned with logic and philosophy. Our approach is that of fictitious dialogue, in which made-up characters discuss and dispute different sides of an issue. The advantages of this approach are as follows:

1. It's more interesting reading than an average textbook. Characters have emotions, interact, interrupt each other, argue, and so on.

2. It's more like a real setting in which you would encounter different worldviews. You are likely to run into these ideas in college and in your future workplace, as you're sitting and eating and talking with other people in an informal way.

3. It's easier for the mind to organize data and follow the flow of development. You may not agree, since this book seems less organized than a normal textbook, but we think that activating a reader's imagination makes the material less tiring to read and easier to remember.

Of course, the people dialoguing throughout this book are not real people. It may be that a real Buddhist or a real humanist would do a better job defending his beliefs than Li or Ted does. But hopefully, at least, a real Buddhist or humanist would recognize his beliefs in Li's or Ted's words and be satisfied that their positions were presented accurately and fairly. A straw-man argument won't be of any benefit to anyone.

Sooner or later, you will face the choice of what you will believe. Nothing can prevent that time from coming. In many ways, it already has come. Nothing can keep you from being woven into a mesh of humanity; you are part of a group of people who influence you and whom you influence in turn. Being a human was not your choice, but it is a great privilege that you obviously cannot refuse. Even death itself won't end your existence now that it has begun. The privilege of being human brings with it a tremendous responsibility. And there is Someone who can show you how to fulfill your responsibility in a greater and more wonderful way than anyone could imagine.

What matters most is that you know, trust, and love the Lord Jesus Christ. The worst thing you could do after reading this book is embrace one of the false worldviews represented here. But someone thought you were ready to face that danger, and you've got this book in your hands. Reading it is an opportunity for you to choose to follow Christ even after knowledge of some of the most popular alternatives.

The world you live in is more closely knit and eclectic than it has been since the Tower of Babel. In a way, that is great; in another way, dangerous. Wherever on earth you live, you will come into contact with more ideas, philosophies, and religions than your parents or grandparents did. This is great because it broadens your knowledge of the human race and because it allows you to influence many other people for good. It is dangerous because you'll encounter more errors (and lies) that have to be evaluated and rejected.

You live in an exciting time. You have more opportunities and advantages than anyone before you, but you must be ready to meet the challenges.

Welcome now to our fictional presentation of two ordinary, unchurched boys, who encounter five very real worldviews. Enjoy it, remember the facts you learn, and above all, think as you read.

"What happened? Where are we?"

"Dunno. Weird."

"Do you think this is it? Could this be enlightenment, or nirvana, or something, and because we were talking about it, it happened?" I was excited, but Brad stayed calm.

"Maybe," he said. "Or maybe somebody's writing a book about it and we got sucked into the book by talking about it all."

"But don't you both want to find the truth?" This question came from a girl's voice, and since no girls had been in my room a minute earlier, she got our immediate attention.

"Who are you?" we asked in chorus. She was our age, but she looked Indian, like an *India* Indian, not an American Indian.

"I am your guide," she replied, smiling. "I'll lead your investigation of things that were, things that are, and things that yet will be." I was trying to make the connection to Ebenezer Scrooge when Brad spoke, suspicion in his voice.

"Sure you are. But just where are you from, and what is your name?" The girl looked uncomfortable, as if trying to remember something. "Hmp!" Brad hmped. "I know what you are. You're a literary creation, a product of some writer's imagination, have no name or home, and exist purely for the sake of some story. Isn't that right?"

The girl looked hurt, but she spoke proudly. "Maybe I am, but I'm a lot more than that! Do you think any character is wholly made up? I come from a rich family of experiences and memories of good, real people. I react like a real person, and I have feelings like a real person!"

"Oh never mind him," I said. "He's always down on people. He's a cynic."

"Oh!" The girl's eyes lit up. "Good! We'll need him, then. But it's time to get going, boys. We haven't got all year."

"So do we get to name you ourselves, then? I like girls named Bertha. How's that sound?" The girl looked hurt again, but Brad was only joking, I think. We debated a few seconds, but since we don't know any Indian names (we're both from Indiana) we settled on Guide Girl, or Guide for short.

Things were strange already, and they got stranger from here. Guide Girl took us out of the mysterious green nothingness my room had dissolved into and led us into a big room like a gym. There were round tables everywhere. People sitting around the tables were talking and laughing, some loudly. A few people walked around, either buzzing in on tables or just looking lost.

"Where shall you begin?" Guide Girl wanted to know.

"The snack stand," said Brad. "I'm half starved."

"You can eat at the tables—some of the tables. Really now, we are here to engage in the Conversation. Go on, then, select one."

"They all look pretty full," I observed.

"Oh please, there are always enough chairs. Now do please decide."

I wasn't much liking Guide Girl's hoity attitude, but Brad reminded me that I hadn't eaten since we split a pizza two hours ago, and I was getting hungry myself.

We saw a table nearby (with only two free chairs; Guide stood behind us) with food on it. It was snack food: potato chips, pretzels, cookies, and such. Nobody looked at us, so we took some food and started listening. We heard this:

Blond-haired Woman: OK, I have my question. Why do little children suffer?

Brown-haired Woman: The single biggest reason is the shortage of resources. Scarcity forces some people groups to hoard food, medicine, and clothes, leaving others without enough to meet their needs. The solution is proper family management to keep the population from outgrowing available resources.

Old Man: And I would say that children suffer because large portions of the developed world do not realize how little material they need to live. With the proper education, rich countries would direct their technology to find ways to satisfy large populations with few resources. That technology, along with the material saved from the reduced demands of rich countries, could bring the whole world to a common, satisfactory standard. No more children would suffer.

Young Guy: OK, my turn. I look at it like this: The whole world is out of balance, right? And people out of balance do bad things, right? Because I think if you look real close, you'll see that most children's suffering is because of war. War is the problem; if we get rid of war by getting the world back in balance, then all children will be happy!

Blond-haired Woman: Wait a moment! I wasn't talking just about children in poverty or malnutrition, but all children everywhere who suffer. Why do *any* children suffer? Like children whose parents divorce, or who are abused, or . . .

At this point she trailed off, and the others didn't speak right away. Guide Girl tapped us both on the shoulder and motioned us to get up. When we stepped away from the table, she said, "Do you see how it works?"

"Works? You mean that was working? Someone asks an incredibly hard question and everyone else sounds off their opinions until they don't know what else to say?" Brad sounded unimpressed.

"Perhaps we left a bit early, but there is more to it than that. It goes like this: The Quester asks his Question, and then the Conversation begins. Everyone who has an answer proffers it in an abbreviated form. Then the Quester selects which answer will be developed and scrutinized first. Conversants cross-examine one another. Answers are weighed until the Quester becomes the Quaestor, at which point he judges which answer he will accept."

" 'Quester becomes the Quester'? What's that mean, and what's a quester in the first place?" He was still unimpressed.

"No, no; a *quester* becomes a *quaestor.* They are pronounced just alike, but you spell them differently, and they mean different things. A *quester* is one who goes on a quest, or search; in this case, a search for the answer to some important question. A *quaestor* is an official, like a judge or a government accountant."

Brad rolled his eyes, but I had to comment. "I see; you gather enough opinions to get your mind changed. No big swing, Dad would say. But it didn't seem to work like that back at that table, did it?"

"Ah, perhaps not, but it can take time." Guide looked down.

"Where'd that come from?" Brad asked. He was looking at my chest. A nametag had appeared there. It said *Quester.* I looked at Guide for an explanation.

"You are a Quester now," she said, as if it were obvious.

"Oh yeah? And what question do I ask?"

"What question got you here in the first place?"

I got her point, I think, and looked around for another table.

God Is Everything

1

Memory Verse: Revelation 4:11

There was a table with two empty chairs close to us. I didn't see any other free chairs, so I headed that way. I tried to be nice and offer Guide Girl a seat, but she said that would be silly because I was the Quester. Then Brad dramatically offered her his seat, asking if he couldn't please show the courtesy that my status didn't allow, or something like that. I think he was actually surprised when she thanked him and sat down beside me, leaving him standing behind us alone.

As I looked around the table, my stomach tightened. They were a tough-looking group, and they were all looking tough at *me*. I don't mean tough in the beat-you-up sense, but tough as in smart. Suddenly I couldn't say anything.

Thankfully, one of them spoke up and said, "Welcome, Quester. We've been waiting for you. Make yourself comfortable, and have some cookies. Tea? Coffee? Water? Protein blaster? Jack, hand the kid a blaster. All right then, let me introduce myself and my colleagues. I'm Ted, this is Carla, that's Li, he's Ravi, and right here is

Jack. We're here to answer your Question. We have different ways of looking at things, but we can't all be right—at least, I don't think so. You'll get a spectrum of views. You'll come away with the truth, assuming you are perceptive enough to tell which answer is the best. Whenever you're ready, go ahead and ask away."

Ted was a white man, about forty years old. Carla was also white and not quite that old. Li was something like thirty and looked Chinese. Ravi was older than Ted, and looked like an Indian—from India, like Guide, not a Native American. Jack was a black man about the same age as Ravi and looked like an American. All of them were looking at me and waiting.

Now it occurred to me I hadn't worded a question yet. Thinking as I spoke, I asked, "What is there beyond what we can see?" Expecting a torrent of opinions, I waited.

"Plumbing."

"Air."

"Infrared light."

"Antarctica."

"The far side of the moon."

"Happiness."

Great. This may be harder than I thought. "I didn't mean like that."

"Then perhaps you need a more precise question." This was from Jack, who had a really deep, rich voice like you'd expect from a king or an opera singer. He was smiling at me. *Right, a more precise question.*

"OK. What is the ultimate, absolute truth? Is it God, or infinity, or enlightenment, or what? What's the one thing that matters more than anything else? What would still exist even if everything else was gone?"

That did it! They all grinned, or nodded, or took a breath. Then they gave me their short answers, one by one.

Ted led off. "God is the ideal that dwells in all of us, ever learning, growing, and changing. God is the projection of what we want to become. The personal God is the ideal individual, and the Absolute Oneness is the ideal corporate humanity. My colleagues will speak of God and the Oneness, but I maintain that what is truly real is yourself, Quester. You can always be sure that you exist, that your thoughts and dreams are real, and that the vision you have for your own future is the real hope of humanity."

Next spoke Carla. "Your question is simply beyond what human beings can know. Every answer to that question has been a human invention. Most of those have resulted in the enslavement of people to an impossible ideal, often at the hands of an elite who used such ideals to secure their own comfort and power. We cannot fall prey to the inventions of individuals, for each of us perceives reality through an individual grid. I cannot claim that what is true for me is true for you. But what we can be sure of is our community, and the love and fulfillment of friendships with one another despite our diversity."

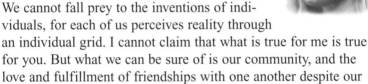

Li was number three. "I think God is the common name for something that goes by many different names. It is that which lies behind and stands above all that is, and is yet the total of all, though more than the mere sum of all things combined. From it we all come, and by finding ourselves we return there, though we never truly left it. By looking deep within, we realize that all we call 'real' is really illusion that masks the reality. When you ascend above the illusion of what you call 'real,' you will see the Oneness as it truly is, and then you will know what is truly real."

Ravi continued the opening. "My colleague Li has spoken well, though I suggest that his other beliefs may contradict his words. Indeed, there is one reality. He is all, and all is He. However, the life a mortal man leads is mired in the hardships born of iniquity past. By overcoming what is bad and embracing what is good, a man may transcend the bonds of life and find that he is part of that glorious one reality, God."

Jack spoke last. "God is the ultimate reality. He is the uncreated Creator of all else. He is innately good; goodness draws its very definition from His nature. He is perfect in respect to eternity, immensity, knowledge, being, and power. Everything in every order of reality was made by Him, all of it serves His purposes, and all of it exists for His ultimate glory and joy."

Then they all looked at me again. "OK. Thanks, everybody."

"You're supposed to choose one to hear and evaluate first," Guide Girl whispered, as if I should have remembered.

"Well, Brad and I were just talking about enlightenment, and the elevation of the spirit, and all that, so why don't we talk about that first?" I looked at Ravi, and he smiled.

"It is my honor. Please, would you like some tea?" They were passing fancy teacups around the table and pouring tea out of a shiny metal pot. I'm not big on tea (and I hadn't finished my protein blaster), but I took some. Be polite, Mom always says. The stuff tasted like grass.

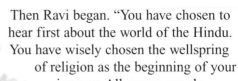

Then Ravi began. "You have chosen to hear first about the world of the Hindu. You have wisely chosen the wellspring of religion as the beginning of your journey. All young people should take time for religion; it is not a matter to dismiss lightly. Let us begin.

"All the universe is a mosaic of immeasurable beauty. Outward it stretches in all directions, never repeating, yet never ending, made more and more beautiful by its scope of variety. Inward it penetrates to levels smaller than eyes see, things often similar yet never the same, beautiful in their shape, color, and activities. In all these there is music—a harmony of function, a melody of spirits, and the rhythm of life always new. All these dance together in the Great Dance. Time does not bound this Dance any more than death can end it. All that we call the universe could pass away, and still the Dance would continue.

All that we call the universe could pass away, and still the Dance would continue.

"Simple, though of utmost importance, is this fact: all of the universe, all of every universe, is in truth the same. All are One. Not one in form, but one in essence. And the One is conscious, living, breathing the breath of transcendent life; for being the totality of all things, it is more than all things. From that Oneness men come, and back to it they must go if they are to have eternal, infinite bliss.

"The process of bir—"

"Hold it! Hold it a minute," Brad interrupted. "First things first. How do you know all this? Who says this?"

"Holy men, too humble to record their names, who through patience and piety learned truth from the Brahman."

"From whom?"

"The Brahman is not *whom* as you are accustomed to using the word. Brahman is the Oneness, the totality of which all things are parts. The Brahman has been manifested at different times and in different ways; some of the holy writers were appearances of him in human form, it seems."

"Him? But you said Brahman is not *whom."*

INDIA

"Some things are unclear because you are accustomed to using language exclusively instead of inclusively. You must rise above that habit, which is caused by the *maya,* the illusion of this world. The Brahman is neither it nor he, as you are accustomed to think of those words. Brahman is both at once, and therefore your pronouns are inadequate without deeper insight.

"Perhaps I should cover in brief the history of Indian

religion. Long ago the Vedas were given to man; given by God, as you might hear it said. There are four Vedas. Three are older than men can reckon, and the fourth appeared in ancient times. These holy scriptures predate any other religious texts and give the kernel of truth that points the way to enlightenment. They are beautiful hymns and incantations concerning the ritual of sacrifice. They give the first known revelation of the truth that all is One.

"The Vedas themselves are somewhat difficult to understand, especially for the modern mind. More accessible are their Upanishads, the commentaries written by great teachers to explain the Vedas. The Upanishads first expound the doctrine of *karma,* the principle that what one does in one life affects his next life. Karma results in a process of reincarnation through which a being passes on its journey to reunification with the Brahman.

"The Upanishads appeared some 2500 years ago, and it is important to realize that during the following centuries India was not a land of one religion but of many, as it is today. There has never been a single correct way of Hinduism. Hinduism is by definition a collection of ways, all of which lead ultimately to the same place, though some speed the journey more than others do. Indian

Sanskrit

Sanskrit is one of the most ancient languages still studied today. It was developed in India and was used to write the Vedas, the oldest Hindu texts. From Sanskrit, the formal language, came many *Prakrits* or local, informal dialects. It also gave rise to the Indo-Aryan language family. The preservation of Hindu writings, both scriptures and commentaries on them, helped to preserve Sanskrit even to this day. Below is a Sanskrit sample from the *Dictionary of Languages.* (Andrew Dalby, *Dictionary of Languages* [New York: Columbia UP, 1998], 538–40.)

वाशीमेको बिभर्ति हस्त आयसीमन्तर्देवेषु निधुवि:

One's hand holds an adze of iron, working amid the gods.

religions were developing with the times and were far ahead of other faiths, even in the centuries just prior to the Christian era in the West. For example, it was during this time that Brahmins, Indian religious leaders, first elaborated the doctrine of the *ashrams,* or stages of life, explaining that a person must grow in successive stages in order to escape karma and ascend to the Oneness.

"A major advance in Indian religion occurred at the same time as the rise of Christianity. It is signified by the writing of the Mahabharata, chief of the great epics. At the heart of the Mahabharata is the Bhagavad-Gita, the single most important religious text of India. In that text, the god Krishna explains in dialogue with the human hero of the epic, Arjuna, the importance of duty, spiritual discipline, and devotion. These three things are the ways to liberation from karma and exaltation to the realm of divinity."

Guide Girl spoke up. "Perhaps, Ravi, you could explain the significance of the epic? It isn't familiar to Americans and other westerners how epics can be major religious texts."

"Yes, yes, epics. There is no better way to learn about Hinduism than simply to read the great epics of India. Perhaps it seems odd to you to think of epics as spiritual scriptures, but if you pause to consider, you may realize it isn't so far removed from your own experience. For example, the Christian Bible contains epic stories with which it teaches lessons about God and man, such as the story of the Exodus of Israel from Egypt.

"Furthermore, you must not think of the epics as dogmatic or infallible. They are the unfolding of absolute truth, but they do not reveal the whole of what a man can learn of truth, nor will they teach the same lessons to every man. There are other great epics, notably the Ramayana; the Mahabharata is only the best known and most widely respected. The epics teach truth; they are not truth themselves. They are communication of truth through artistry, a replication of human experience so that we can relate truth more easily to our own experiences.

"Moving along, I wish to emphasize that during what you would call the Middle Ages, there was development in Hindu understanding of the gods. Krishna has also the name Vishnu, and many Hindus worship the god Vishnu as the embodiment of the supreme reality. Yet the most popular is the god Shiva, frequent champion of the epics and the most thoroughly comprehensive representation of the great Oneness, in the opinion of many Hindus.

"The popular texts that serve as scripture to the average Hindu appeared at this same time. They are called the Puranas. Some are devoted to exalting one god, either Brahma, Vishnu, or Shiva, and others exalt multiple gods. The content of the Puranas makes Hinduism what it is in the minds of many. Now that I have told you in brief of the rise of Hinduism, I will return to the elaboration of Hindu beliefs.

"As I was saying, the process of birth, life, death, and rebirth is karma, the cycle from which we must be freed in order to become one with the All. A good life is rewarded with rebirth into a better state, and a bad life results in rebirth into a lower state. It is possible to ascend even to the realm of the gods for a season. It is also possible to descend into the places of torment, if one does great evil in a lifetime."

It is possible to ascend even to the realm of the gods for a season.

"What do you consider evil?" I wondered.

"Evil is selfishness, cruelty, greed, jealousy, and all the things men everywhere know to be wrong. All of it comes from the failure to realize that what is seen is illusion, and what is true is beyond all that can be seen with the eyes. Man must realize that he is part of the infinite soul and endowed with unbounded potential. Only then will he realize the worthlessness of sins and rise above them to take his seat in the heavens."

"Is this what all Hindus believe?" I asked.

"As I said, Hinduism is not one belief. Many beliefs were born in India over the years. Religion is India's gift to the world. What you call Hinduism is a broad canopy encompassing many faiths, many systems. These are beautiful in their diversity and beautiful in their kernel of unity. All share the beliefs I have told you, though their particular emphasis, or ceremony, or legends, or the name by which they call their god or gods differ."

Brad leaned over the table between Carla and Ted. "But they all have common scriptures, right? They all believe these Vedas, and epics, and Puranas, and the other things you said. Isn't that right?"

"Not exactly. What you mean by *scriptures* cannot be taken too narrowly. There are many paths to the one goal, and naturally different scriptures mean different things to the spiritually minded. One Hindu sect may reject part or even all of one or more holy writings without losing the essence of Hinduism. But I will tell you of the holy—"

"Excuse me, but why are there so many different ways and religions, and why would the same scriptures mean different things to different people?" Brad was serious for once. "I realize I'm using words all the wrong way and not thinking openly enough, but I'm sure you understand." Serious, but still Brad.

"Certainly," Ravi answered him. "A very good question. A natural question many westerners ask. But let me first draw attention to the great diversity in your own religious heritage. How many major denominations of Christianity are there? And within those, how many minor variations, down to shades of difference so slight no one outside can tell the difference? All these are in your heritage, all called by the same name and sharing unity amid diversity. Therefore, it is no peculiarity of Hinduism that there is a plurality of viewpoints.

"Now as to the reason for differences, as you asked. As I see it, the primary reason is that people are different from one another. Different people require different approaches to religion. Your needs may differ from mine; consequently, your religious preferences may differ. To each, the path that is most suitable serves best. After all, karma is not the same to all men at birth, and that is why we see men born into vastly different conditions."

"Karma—that's what makes people be reincarnated, right?"

"To be precise, karma is the law governing the cycle of rebirths through which one must pass to overcome the illusion of the world. The life one leads determines what sort of life one will enter next. Eventually, one can break the cycle by reaching reunion with the Oneness."

"OK, now this I've heard about," Brad interjected. "That's the same as enlightenment, when the world just falls away and

THE BRAHMAN

THE PLACES OF TORMENT

you enter a higher spiritual plane. You suddenly see everything as it really is, and then you go into heaven, or nirvana, or whatever."

"Very good! All of that is true. However, you are using the term that my colleague Li would choose instead of the one I would choose. Li will say that an earthly man can reach enlightenment, as Buddhists believe. But what I speak of—ultimate re-unification with the absolute One—is not for a man who walks the earth, but for one who has ascended above the illusion of life. *Nirvana* is also a Buddhist term, but it more closely represents what I speak of.

Man is part of all that is, and all that is is Brahman.

"Yet to truly understand, you must understand what union with the Oneness *is*. Man is part of all that is, and all that is is Brahman. Different Hindus use different names for him and stress different parts of his personality; some call him God Shiva, some call him God Vishnu, some stress more of his own actions and less of his identity with all the rest of the universe. Nevertheless, all Hindus refer to the Oneness. I call the Oneness Brahman, its old and revered name.

"Thus man is part of all, and all is Brahman, and therefore man is really Brahman. That truth is obscured by the illusion, but when the illusion is cast away, man becomes again part of the Oneness by realizing that he is indeed part of the One. This is the ascent to the divine."

A pause followed as we digested all of this stuff. Brad was the first to speak again. "OK, interesting. Have you ever reached enlightenment, or re-union, or whatever you call it?"

Ravi laughed. "No, or else I would not be here. As I said, a man of earth cannot have been liberated from illusion. I have meditated and exercised and gained great awareness, but I am yet a pilgrim to the Oneness."

"Do you know anybody who has gotten there?"

"Of course not! Only the gods and the holy ones have come from the Oneness to tell us the way of truth. Such as have returned to the All are now part of the Brahman, whether he acts as God Shiva or God Vishnu or under any other name, and therefore they are in that sense active in guiding us to the absolute. They are no longer persons as you and I."

"In that case, how am I supposed to know it's the truth? You say all this about moving up through karma to get back in touch with the Oneness, and it sounds good, but how do I really know it's like that?"

"Ultimately, Brad, the proof of what I say lies buried inside you, waiting to be unearthed. There is more than one way to reach inside and find it, but if you seek it you will find it. Do you not sense a unity with other people, as well as with all life, and nature, and the cosmos above? Do you not have a sense that you are far more than you appear? Do you not have dreams and desires that transcend the commonplace existence thrust upon us all? That is from the essence of Oneness within you. You may call it the seed of the divine, or even the presence of God.

"What I have told you is the essence of the richest and deepest religious heritage on earth. You are privileged to enjoy the cream of over three thousand years' work. Some 800 million people are Hindus, and the number grows rapidly. Inclusive, optimistic, spiritually satisfying, mentally satisfying—that is Hinduism, and that is why it is the apex of human religion!"

To Hindus, Shiva's dance expresses his power as creator, preserver, and destroyer of the universe.

Is God Evil?

2

Memory Verses: Isaiah 44:6–8

"All right, time for a snack!" Li, the Chinese guy, stood up, and everyone else did too. We went over to the wall where several snack machines and refrigerators stood. As everyone got something to chew (Li handed me these fruit-bar-like things), Guide Girl asked me what I thought so far.

"I think the Hinduism stuff is neat. That's all cool to know. But what now? Do I pick somebody else to do the same thing?"

"Yes, you will select the next one to present an answer. But first there must be the interrogation. Each conversant cross-examines the speaker with a single question. The speaker answers, but only you may ask follow-up questions, so if you think the speaker avoided the question or failed to answer well enough, you have to pursue it yourself. After all four of the others have asked and received answers, you can select another speaker. Of course, there will probably have to be a cake break first."

"Cake break?"

"Surely. Thinking is hard work, you know. It takes lots of energy to maintain."

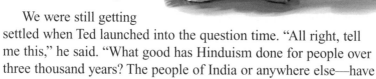

Hard work. Right. Well, I do always come home from school hungry. I hoped the cake would be good, because my fruit bars had been boring.

We were still getting settled when Ted launched into the question time. "All right, tell me this," he said. "What good has Hinduism done for people over three thousand years? The people of India or anywhere else—have they lived better under Hinduism? Has it led to advances in technology or a broader understanding of the physical world? Has it cured diseases, or fed the hungry, or in any substantial way boosted the quality of life of the millions who live under it? I don't think it has. Isn't India today saddled with poverty, malnutrition, sickness, and people trapped in their stations of life with no way to better themselves? In fact, hasn't India's entire history been one long Dark Age?"

I leaned over to Guide. "I thought he got to ask just one question."

"That was just one question," she whispered back. "His first question was the main question. The rest just clarified it and reinforced it."

"Oh." I looked at Ravi. He looked tolerant, nodding slightly as if this were nothing new to him. He took a slow breath and began, his voice as even as it had been before.

Hindu peoples have always partaken of physical pleasures.

"It is a common fallacy that Hindu religions scorn material matters. The truth is that Hindu peoples have always partaken of physical pleasures, recognizing the proper use of physical things. It was the task of three of the four traditional castes to deal with the material world for the benefit of society; laborers worked, merchants traded, and warriors fought. These tasks continue today with the full approval of the clergy. The proper utilization of material things is thus a part of Hinduism.

OK, first he said that you get to heaven by realizing that the world isn't real; now he says Hindus utilize material things—"But didn't you say that the way for anyone to move closer to Brahman is to get away from the real world, or the material world, and realize that it is all illusion?"

"Certainly," Ravi replied, rocking slightly in his chair. "But as long as so many are trapped in illusion, it is obviously necessary to utilize—"

"The illusion?" Brad supplied.

"To utilize what is needful to sustain life until enough can be learned to transcend karma and advance to a higher plane." Ravi glanced at Brad with a slight smile.

Guide Girl spoke. "Excuse me, sir, but before we are side-tracked and you are kept from finishing your answer to Ted's question, could you address whether or not his allegation is true? Do Indian people really live as he described?"

"It is true, tragically, that many people in India have suffered greatly. But this is not due to their beliefs. First, the worst deprivations have resulted from war, as they always do. Poor India has been invaded and enslaved by outside powers repeatedly throughout its history. Atrocity and repression inevitably lower the standard of living." Ravi's mouth smiled here, but his eyes didn't.

"Second, many Indians voluntarily choose to live ascetically for the sake of purifying their souls, focusing on the spiritual, and unburdening others of competition for wealth. This is not integral to all Hindu beliefs, but it can hardly be termed a Dark Age. Could it not be that your Western conception of progress and success as defined by material accumulated is the real oppressor? Is it so hard to believe someone might choose to live without electronics, and cars, and huge but empty mansions?"

Guide Girl spoke again. "Thank you very much. Please allow me to ask another question for the sake of clarity. If I may presume so much, I will restate Ted's question as a syllogism."

"A whatogism?" I asked, then felt stupid because everyone looked away while Guide explained it to me.

"A syllogism is a logical construct consisting of three statements: two propositions and a conclusion. To be valid, or logical, the conclusion has to follow logically from the premises. Anything that is logical can be expressed as a syllogism. Here, let me restate what Ted asked, and see if I get it right.

"Ted implied that poverty and malnutrition are bad. He assumed that whatever causes poverty and malnutrition is bad. It may seem obvious, but that was his first premise: Anything that causes poverty and malnutrition is bad. His second premise was that Hinduism causes poverty and malnutrition. His conclusion is that therefore Hinduism is bad. Now Ravi, obviously, must refute one or both premises in order to refute the conclusion. Ravi, you seem to have struck at both, but maybe not specifically enough for the sake of us students. Could you please respond to each premise again?"

Whatever causes poverty and malnutrition is bad.

Hinduism causes poverty and malnutrition.

Hinduism is bad.

I saw Ted smirk. I thought Jack smiled, but just a little.

"Gladly," Ravi said, leaning forward. "Poverty is wrong when it is involuntary or when it causes suffering. Malnutrition is likewise wrong due to the suffering it causes. I do not deny that the living conditions of many Hindus are deplorable. Therefore, I agree that whoever inflicts deprivation and suffering upon others is wrong.

"But the suggestion that Hinduism is to blame for the suffering of India is preposterous. As I said, outside invaders are to blame. Wars, selfishness, thievery, and greed are the reasons, not religion, except a religion that teaches men to harm others!

"Admittedly, sometimes the perpetrator is a Hindu. Many who go by the name of Hindu live far short of Hindu ideals; others act in outright contradiction to them. Just because one man wrongs another man and both are what you would call Hindus does not mean Hindu religions cause suffering."

I thought about that for a second, thinking about something Ravi said earlier, something about people suffering. Something just didn't seem to match. "Hey, Ravi, didn't you say earlier that people suffer in this life for what they did wrong in a previous life?"

"Yeah," Brad chimed in. "Do people in India suffer because of what they did wrong or what someone else did wrong? I mean, wouldn't it be true that Indian people suffer because they were evil in their former lives?"

Ravi looked down and back up. "Karma ensures that everyone receives the just result of his previous life. Those who suffer at the hands of others do so, at least in part, because of karma from a past life. Those who wrong them, even though they be the agents of karma, will likewise face retribution in their own following lives."

Karma ensures that everyone receives the just result of his previous life.

Everyone got quiet while I digested Ravi's last statement. It seemed to fit, but there was something nagging me I couldn't quite reach . . . Ah! "Ravi, if karma always has to come from a past life, how did it get started in the first place?"

"The universe goes through cycles of dissolution and restoration. It is the way of things."

Well, now they were all looking at me again, Jack especially hard, I thought, but Li looked like he was going to burst, so I nodded to him.

Li began by complimenting Ravi, going on about the rich heritage of tradition among the religions of the East and how great it was to sit and talk about them. Li seemed happy and very eager, almost nervous. He sounded more American than Chinese and talked really fast.

"It's kind of a funny thing to Americans that Indian and Chinese religions, if I can generalize like that, seem so much alike. I won't deny that Buddhism has its roots in India. But there are differences, even though we would not dispute that there are different paths to absolute truth.

"However, I've got a question about the way Indian sages talk about reality and truth; why insist upon speaking as if your deity, or deities, were persons? Supposedly in your sacred texts they are both personal and not personal, I know, but doesn't that fact contradict our foundational belief that all is One? Hindu texts and modern teachings talk about God and spirit beings and demons, but don't those belong to the primitive religions? They sound more like the paganism of Europe and Africa and, yes, India. That's nothing but superstition, and it causes nothing but strife. Wouldn't Hindus be better off if they let go of the idea of divine beings and stick to the idea at the heart of their beliefs, that all is One?"

I couldn't sort out what Li meant, but Ravi answered like he was familiar with the question. "My Buddhist friend charges Hinduism with inconsistency, a crime of which Buddhism is no doubt innocent in his eyes. This takes us at once to the nature of the Supreme. Hindus have different views of the true nature of the Supreme, as I have said. But this is to be expected if he is infinite, absolute, transcendent, and in all other ways the ultimate that we can imagine. Different men will see different aspects of him.

"The Supreme Being—let us call it the God Shiva for the sake of speaking—is more than just the sum total of all that there is. He is more than the sum of everything added together. He is the living essence of all things and therefore in himself he is absolute truth. If the epics relate his speaking to a man, it is the same as if a man learned the truth that is behind all things, which is Shiva. That truth wants to be made known to men to liberate them from illusion and embrace them to itself, giving them liberty. Shiva is both everything and more than everything. How could an absolute God not be both at once? Just as the Jewish or Christian God is limited by being different from the universe, so your Buddhist atheism limits him by making him no more than the universe."

Now it was my turn to ask a question, but my head was kind of spinning. What should I ask Ravi now? Something was bothering me about what he had said, but with all of them looking at me again, especially the way Jack was squinting at me, I couldn't think straight. So I threw a lateral to Brad. "What do you think, Mr. Brilliant?"

"It seems like Ravi can agree that the Supreme Being is just about anything anyone claims he is. Is there anything you would say that the Supreme Being is *not?* For example, what about the spirit beings and demons? Are they part of him?"

"The Supreme Being is not badness, sorrow, or suffering. He is not hatred, greed, or malice. The spirit beings Li refers to are no less part of him than every star, every flower, and every human being is part of him. Some Hindus believe in what Li calls demons, true, but they are considered to be immature souls who are yet bound by a love of evil and illusion."

Brad had a look that meant he was skeptical of something. "So what causes evil things if they are not part of Shiva, but Shiva is everything that is? Where did evil come from if it isn't part of the Oneness?"

Ravi seemed undisturbed. "As I said, the universe goes through endless cycles. Karma is simply a fact. Shiva has not bothered to describe the beginning of karma as other than the beginning of a cycle."

It seemed like a good time for the next question, so I told Carla to go ahead.

"Thank you!" she said, with this really sweet smile. "I'd be happy to ask Ravi a question. Let me say first that I appreciate his attitude and his courtesy.

"But as for my question, I have to say—and I guess I'm echoing Li here—that Hinduism has got to admit that a lot of things in its past were just not appropriate. Don't get me wrong; Hinduism has a lot of good things to offer, and many Hindus have been very good people who did great things for their fellow human beings. Gandhi, for one, Mahatma Gandhi, I recognize as a man who really cared to improve the condition of everybody, especially the poor people and the oppressed. And he didn't believe in violence as a way to solve problems. He changed people's minds by setting a personal example.

"So there is plenty of good in Hinduism, but like Gandhi I'd have to identify a core of good ideas in the middle of a lot of bad ideas that have accumulated over the centuries as people used Hinduism to secure their own power. I don't think they are the real heart of Hinduism, but Hinduism has got to look forward to a better way and get rid of its outmoded ideological baggage."

"Is there a question coming soon?" Ravi smiled good-naturedly.

"Oh, I'm sorry, and I didn't mean that last sentence to be too harsh, but really it is my question. I guess my question is, Are you willing to say that Hinduism needs to denounce some things in its past and move forward toward a new understanding of the human condition?

"For example, do you admit to the oppression of women in the name of Hinduism throughout India's history? Not that Hinduism was really to blame, but that Hindu religious leaders oppressed women's rights just like the leaders of every other major religion in world history. And will you agree that the cosmology you claim underlies the universe cannot really be verified?"

"Whoa! What in the world is *cosmalology?*" I asked.

"Cosmology," Carla corrected me. "It's the branch of study dealing with the origin and order of the universe. Anyway, what I was asking was, Isn't it true, Ravi, that your cosmology has been used by the Brahmins to secure their own power and prestige, oppressing the masses under them who were not lucky enough to be born into a Brahmin family? I mean, Gandhi took that stand. Don't you think all Indians, and all Hindus, need to take the same stand?"

Ravi rocked back in his chair. "If I understand you correctly, you want me to admit that elements of historical Hinduism are inappropriate to today's values. I believe I have already indicated an awareness of that fact. I have also pointed out that much evil done in the name of Hinduism has been in conflict with its ideals.

"I would add that your question, Carla, borders on conflict with your own views. Are you not taking it upon yourself to impose morality on previous generations by assuming that their society was unjust? I don't wish to defend the abuses of historic Hinduism, but merely to observe that we cannot fully identify with their situation and should not, therefore, presume to judge them too harshly."

I had to think for a minute before asking a question. "Ravi, you're saying that oppressing women may have been wrong and it may not have been, and that bossing other people around may have been wrong and it may not have been—you can see it either way?"

"*Oppressing* and *bossing* are wrong in the way you mean them. But what constitutes *oppressing* and *bossing* is a harder question. And the point is that you can't blame Hinduism for them, anyway." Ravi sounded a little bit mad, but I guess I could see why.

> *What constitutes oppressing and bossing is a harder question.*

"Ravi," Guide Girl said, "Carla asked whether or not the cosmology of Hinduism can be verified. You don't have to address that if you don't want to, because it really was another question, but if there is anything you want to say to that point I know we would like to hear it."

"The proof of the Supreme Oneness lies within us. I see no reason to say more than that."

Guide looked at me now and said, "Do you have any other follow-up questions for Ravi?"

"No, I guess not. Maybe we ought to take a break before Jack asks his question?" I thought Ravi might want a break. Guide seemed to think this was out of order, but everyone else jumped right up and headed for the refreshment wall. Nobody got any food, but they all got a drink of water or orange juice and stretched. I saw Ravi get a big cup of water and drink it without talking to anyone. Li and Carla chattered about something I couldn't follow.

As everyone settled down again, Jack looked at me with a *Well?* look and I just nodded to him. He turned to Ravi and said this: "Since we are speaking for the benefit of these young people, I would like to ask for a clarification." Jack's voice was deep and nice to listen to, like he must have been a good singer or could record books on tape. "Let us suppose that I am a man who comes to you guilt-ridden over my sins and frustrated with the hardships of life. All I want is to be certain of a better world to come after this life is over. I will do anything necessary to reach such a world if only someone shows me how. What would you tell me?"

Beatles singer George Harrison (in black) was a westerner who promoted Hare Krishna's "peace without guilt" philosophy in his song lyrics.

Ravi laughed at that a little, like he was surprised, or maybe relieved. "Perhaps I would first tell you to let go of the baggage of Christian society that lays guilt on your shoulders and tricks you into believing you must always have more and more material things to be happy. But I would certainly teach you that the hardships of this life are due to the limitations of the physical body. The world we see and all its suffering is but illusion. That is the first truth I would teach you, Jack, and it would free your heart.

"As for reaching a better world beyond this life—something we all seek—" (Ted snorted here) "I would assure you that not only is such a world possible, but that it is the ultimate destiny of all souls. The right kind of life now, one free of selfishness and hatred and violence, can set you on a permanent journey through higher and higher spiritual planes, to better and better worlds, until you are one with Shiva."

Ravi leaned back and thought for a second. "I take time with every neophyte to teach appropriate acts of devotion. What acts are appropriate can change with every person, so I would have to talk with you at length to find out which would be best for you. Piety has many forms of expression, perhaps an infinite number. They are both external and internal, but all serve the same purpose of purifying the soul and bringing it into unity with the Brahman."

Then Brad asked, "So is that the bottom line? Lighten up, be good, smoke a pipe, or whatever, and go to heaven? If I were the neophyte, I could do that and be sure I would go to heaven?" (By the way, a *neophyte* is someone who is new at something. I had to ask Guide Girl about that during the next break. I think it's a cool word.)

"Yes, in fact, that is the bottom line."

"So do you know for a fact that you are going on to heaven?" Brad continued.

"*Heaven* is your word. Notice, Brad, that even Jack did not say *heaven,* but 'a better world.' I would reserve *heaven* for that point at which I will be blissfully united with Shiva. I do not know that that will come in my next life, but I can be sure that a good life now can set me on a permanent course of progress through better worlds that will eventually lead me to that point."

"OK, then you are at least sure your next life will be better than this one?"

"I have every reason to believe I have fulfilled karma in this life and will therefore ascend to a better life." Brad didn't ask anything else. I would like to have had a brilliant question to finish this round with, but it's hard to think on your feet. Besides, I needed another break and something better to eat than those fruit things.

People were pushing back their chairs for yet another break until I spoke up. "Wait a minute." Hesitation. "Jack, why did you ask what you did, that imaginary guilt situation?"

"Imaginary?" Jack looked me in the eye. "The situation I used was hypothetical, but even Ravi would agree that the fact of guilty feelings is no stretch of the imagination." Ravi bobbed his head as if he agreed with the idea but was uneasy about where it might lead. Jack went on, "If everything is One, and changeless karma is supreme, then there is no outside standard to judge right and wrong. Ravi would be right in saying guilt is needless."

"But I thought Ravi said Shiva, not karma, was the Supreme Oneness," Brad inserted. Jack looked at Ravi as if to say, *Well?*

Ravi made a broad gesture. "We are too much in the illusion to know all about how karma and Shiva relate. . . . I do think the mystery is wrapped up in the Oneness of things."

Hindu yogis chant the symbol Om (pronounced ō-m) to connect to the One Reality it represents.

Jack shook his head. "Ravi, that's what you said a minute ago. But there's the rub. Which is supreme? Karma or Shiva? The problem of guilt and evil must be dealt with somehow. You can place it with karma, but that means that Shiva, your Supreme Oneness, is neither supreme nor one. He is not supreme because he is subject to karma; he cannot help the evil it produces. Nor is he one, since there is something outside of him. If you insist that Shiva is in fact the Supreme Oneness, then you must leave the problem of evil with him. But if you do that, then either your god is evil, or else evil is non-existent—just another part of the Oneness. But you say *you* are a part of Shiva too. How can a supreme and unified being forget himself, much less adopt a view of guilt and evil that goes against his own nature?"

Brad grunted in disgust. "So in the end, this whole thing ends up giving us a universe without a Supreme Being, or else I wind up as part of a Supreme Being who's *really* messed up." He got up and headed for the snack area, tossing over his shoulder, "Thanks for making me a part of this."

The cake break turned out to be pretty good. They had five differ-ent kinds of "cake." There were tube-like things with chocolate icing and chocolate filling, little squares of white cake with pink icing all over that tasted like mint and strawberry, and round flat things with a sort of bitter powder on top. There was also some weird brown stuff with a sharp, fruity taste, and finally a plain yellow-colored cake that was unbelievably moist and good. I found out later that these were the favorites of each of the five talkers. Jack's was the plain yellow one, which he called "pound cake." Those brainy types really know how to snack!

Anyway, we sat back down and I was supposed to pick the next person. I thought back to what they'd all said at the beginning. I re-membered how Ravi and Li had talked about having similar ideas and how they'd talked to each other later, polite but pointed. I fig-ured I should hear Li while Ravi was still fresh in my mind so I could see just how much they had in common.

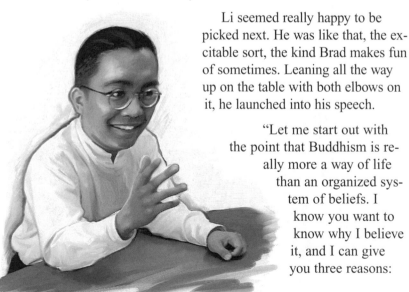

Li seemed really happy to be picked next. He was like that, the ex-citable sort, the kind Brad makes fun of sometimes. Leaning all the way up on the table with both elbows on it, he launched into his speech.

"Let me start out with the point that Buddhism is re-ally more a way of life than an organized sys-tem of beliefs. I know you want to know why I believe it, and I can give you three reasons:

the testimony of people who experienced enlightenment for themselves, the long-established presence of Buddhism around the world, and my innate sense of truth that is so drawn toward Buddhism. But the fact is that Buddhism is all about why life is like it is, and how we should live it. You know what I mean? No matter who you are or where you are, you need to know how to live, right? All right then, here we go.

"Buddhism doesn't have an absolute beginning, because it's always been the truth, but its big advance came from the life of Siddhartha Gautama, a great teacher who lived in northern India about 2500 years ago. He lived in a time when India was a mess of competing religions—no offense, dude," (this was directed to Ravi, who nodded tolerantly)—"and people were really searching for the truth.

"Gautama was like a prince, born into a noble family, the oldest son and heir to his family's land and title. Some wise men had prophesied at his birth that he would either be a worldwide king or a Buddha, a great religious figure. Because his father wanted him to become a king, he sheltered him and pampered him like you wouldn't believe, so much so that he apparently rarely, if ever, saw anyone suffer. But that changed as he grew up.

"Gautama was out one day with his chariot driver and saw an old, broken-down man shuffling along the roadside. Another day he saw a very sick man lying by the road. Finally he saw a dead body. It struck Gautama that a lot of people were really bad off, always sick, poor, and suffering. Not only that, but he realized

that everybody in the world is bound to end up old, sick, and eventually dead. Probably he had been aware of suffering before, but later he said that seeing those people on the road made him start his search for truth.

"He gave up his fortune and his title and went looking for teachers who could show him the meaning of life and the reason for so much suffering. He even had to leave his wife and newborn child. His family, including his wife, thought he had gone totally nuts. It must have been amazingly hard for him to begin his quest with so much opposition."

He realized that everybody in the world is bound to end up old, sick, and eventually dead.

"Do you suppose it was at all hard on his wife?" Guide Girl asked nicely.

"Sure, but Gautama was drawn by a longing for higher truth. Besides, his wife comes back into the story later on." Li resettled himself. "Anyway, Gautama studied under a couple of teachers and learned everything they knew, but he still hadn't reached absolute truth. So he tried several years of what they call 'self-mortification,' meaning basically that he tried to do without food. But that got him nothing but sick and skinny."

I asked why Gautama had thought starving would help in the first place. "It was popular to think that denying the body like that—depriving it of food, or sleep, or good clothes, or whatever—made you more spiritual. You know—if the body is illusion, rubbing it out should stop the illusion. So if riches didn't enlighten, and poverty didn't enlighten, he would take the Middle Path between them—neither overrich nor overpoor." Here Li glanced at Ravi but didn't say anything to him. "Anyway, asceticism didn't work, so Gautama started eating again."

"I was going to say Buddha always looks pudgy in pictures," Brad remarked. Li ignored him and continued.

"Not long afterward, after he had been working for a while at meditating to gain enlightenment, he sat down, determined not to get up until he succeeded. And he did! The story goes that he fought a battle with the tempter god Mara and all his demons of passion, overcoming them with the Ten Virtues gained in his past lives."

"Demons of passion?" Brad asked, befuddled.

"Ten Virtues from past lives?" I asked, equally befuddled.

"Yeah. Sorry, I'm getting there. Mara is the force of desire in the world, the root of all suffering."

"But Buddhism doesn't have individual gods and demons like that, like Hinduism does. You said so," Brad pointed out.

"Right. Mara is not actually another being, he's a—what do you call it? When you talk about something like it's a person, but it's not."

"Personification?" Carla offered.

"Yeah! Mara is the personification of the force of passion. The word means 'illusion' and is used there for a being that embodies the idea. One interpretation in Buddhism is that Mara is a person who actually earned his status as a god by being good and got the privilege of using temptation to purify others. But I just usually think of it as symbolic language. It's like Gautama fought with and overcame evil within himself. He finally conquered all of his own passions. That enabled him to rise above the world and finally see things as they really, really are. He gained enlightenment!"

"But those virtues from past lives, what was that about?"

"Oh! Those were the virtues, the good character traits, that he had perfected during his past lives. They came to the surface that night to overcome Mara."

"So Buddhists believe in reincarnation, just like Hindus?"

"Right. Well, not exactly like Hindus, but we certainly believe beings move through different cycles in the endless chain of being. Gautama, in his previous lives, had accumulated all the traits necessary to become enlightened. That's what *buddha* means—Enlightened One. That's why we call him *the* Buddha, because it means 'the Enlightened One.' "

"Was Gautama the first Buddha?" Guide Girl wanted to know.

"No. He said that, in a past life, he had met the previous Buddha and from him had determined to become a Buddha. He also supposedly met the next Buddha just before entering the world for the last time. When, one day far into the future, Buddhism has been lost again, the next Buddha will come to earth and reach enlightenment—just like Gautama did—and then he'll teach everyone the truth again. Pretty cool, huh?"

"Wow," said Brad. "So, Buddhism isn't really a new religion, but a rediscovered one? There used to be Buddhists before Buddha, and there will be more Buddhists later who follow a different Buddha?"

"Yeah, that's right! Over time, Mara gains a footing as the memories of truth fade, but always another Buddha is on the way. I like to think of it in a symbolic way, too: no matter how much damage is done as humans give in to their passions, the force of purifying goodness will always rebound to steer us toward en-lightenment."

"Do you think Hinduism and the other religions are a result of Mara gaining a footing?" Guide asked next.

"Well, no offense, but that's what the Buddha discovered. Not that you can't find truth without calling your-self a Buddhist. All religions go in the same general direction, and all have some of the same ethics and morals."

All religions go in the same general direction, and all have some of the same ethics and morals.

I wanted to hear the rest of Gautama's story. "Was Buddha, or Gautama, born knowing that he was going to become Buddha? You said he left home wandering, looking for the truth. But if he'd had all those previous lives, why didn't he remember?"

"There are some funny stories about his birth. For instance, he supposedly walked around and said something like 'I am the greatest being in the world' just after being born. But like with all religions, you can tell the difference between stories meant to make a point and stories meant to be taken literally.

"Anyway, no one knows his past lives when first born into the world, because the illusion of desires is so strong in children. But the previous lives are still there, or at least the thread of karma from past lives is there. When he reached enlightenment, Gautama gained the power to see all of his past lives. He gained the power to see past the illusion and see everything as it really is."

Brad cut in. "Could he see everyone else's past lives?"

"Yeah, actually, he could. He knew everything."

"Could he see everyone's future lives?" Guide followed.

"Well, yeah, I guess. I mean, he could tell the future about some things, though I don't remember his saying anywhere that he knew all about everyone's future lives. But he must have.

"The next thing I was going to say was, he really wrestled for a while with whether or not he should teach what he had learned, because people weren't ready to receive it. But he could see the future enough to know that a few people would. One was his wife. His wife became one of his followers. See, I told you she came back into the story."

"If enlightenment showed him everything, why did he have to wonder even for a moment whether or not he should teach? Didn't you say that he came to the world from his former life just to bring the truth to the world, and that at enlightenment he would have realized that too?" I asked.

Li thought for a moment. "Well, he didn't wonder for very long, and he did decide to teach. I think his hesitation was more like a lesson to the rest of us that we should appreciate what he was saying." No one asked another question, so Li resumed his presentation.

"The essence of the Buddha's teaching is the Four Noble Truths. They form a progressive outline of the problem of life and its solution. The Four Noble Truths are the fact of suffering, the solution to suffering, the existence of nirvana, and the way to nirvana. Let me go through them.

"First is the fact that suffering exists. This was what started Gautama on his quest, and it's what drives almost everyone to seek ultimate truth. The term he used was *dukkha,* and it means something like 'illusion,' or a thing that is temporary, rather than suffering. It's more accurate to say that dukkha is the cause of suffering. You see, everything is in a permanent state of change. Everything around us is always changing, and we ourselves are always changing. Think about it: we eat and drink constantly, and our bodies turn the food into body tissues to replace what is lost. Science has shown that Buddha was right by proving that our cells are constantly dying and being replaced. We have a completely new body about every seven or eight years!

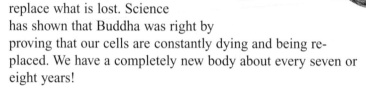

"Science has also backed up Buddha by showing that all physical matter is made up of particles in constant motion. Everything is always moving; nothing is the same from moment to moment or year to year. We see everything wear out, everyone get old; every living thing dies and every material thing decays."

"Your point is . . ." I had to ask.

"My point—really the Buddha's point—is that we have to escape constant change in order to have true bliss. As long as we live inside the illusion, we cannot be permanently happy. All kinds of things make us unhappy, including change itself. Change upsets our comfort and distresses our souls. Even happiness itself is ultimately a cause of suffering, because it can be lost, which is worse than never having been happy at all. So you see, everything is ultimately a source of suffering because everything is illusion. Don't think Buddhists are against being happy; Buddhism encourages being happy and making others happy. But it recognizes that

Everything is ultimately a source of suffering because everything is illusion.

happiness is not a solution to life's problems, because it is always temporary."

We were too busy trying to absorb this to ask questions.

"The Second Noble Truth is the solution to suffering. In a nutshell, the solution is to realize that everything is illusion and that suffering comes from the desires produced by illusion. If you free yourself from the illusion, you will no longer suffer.

"That leads to the Third Noble Truth, the fact of nirvana. Nirvana is the state in which there is no illusion, no constant change, and therefore no suffering. It's the state of total, permanent bliss, because there is no desire. After Buddha left this world, he reached nirvana and was reincarnated no more.

THE FOUR NOBLE TRUTHS OF BUDDHISM

1. Existence is *suffering* and illusion.

2. *Suffering* is caused by earthly *desires,* which deny Truth #1.

3. It is possible to escape earthly *desires* in *nirvana.*

4. To realize *nirvana,* one must follow the Eightfold Path.

"The Fourth Noble Truth is the most complicated, because it is how to reach nirvana. We call it the Eightfold Path because it has eight steps. They are all 'right' things: right understanding, right thinking, right speech, right action, right livelihood, right effort, right mindfulness, and right concentration. These apply both to daily life and to the spiritual life, and they lead, ultimately, to nirvana.

"Next, I should describe what Buddhist society is like. Let me be really clear that an ideal Buddhist society in America wouldn't look just like an ideal Buddhist society in Burma, or Japan, or wherever. It would be different in different countries. Besides, there is no ideal Buddhist society. My point is, Buddhism leads to a better society, but not necessarily an *Asian* society.

"Now, about Buddhist society: Buddhism divides people into the holy order and the normal order. The holy order is made up of men and women devoted to a special holy life. We might call them monks and nuns after the Christian tradition. The holy order is called the *sangha,* or community, after the first small group of the Buddha's followers. The sangha live chaste lives, focusing on prayer and meditation.

"Everybody else just lives ordinary lives, raising families and working. Buddhists seek peace and harmony with everything. They don't hurt anything or anybody.

"Buddhism didn't spread by force, and it didn't provoke any great persecutions or cause any sudden societal upheavals. Peacefully and patiently, on their own merit, the Buddha's teachings won over a large number of followers. One convert was the emperor Asoka, a Magadhan emperor in the third century before the Christian era. He ruled most of modern India. Even he didn't force anybody to become Buddhist. On the contrary, Buddhism changed him from a violent warlord into a peace-loving and benevolent leader. He built huge temples all over what's now India and carved inscriptions praising the Buddha and his Path.

"In later centuries, Buddhism split into two major divisions, which eventually divided into lots of smaller branches. Buddhism is so far-flung over East Asia—and beyond!—that it has taken on a wealth of different forms in many locations.

"The two main divisions are called Theravada and Mahayana. Theravada is the more traditional. With Theravada you stick more closely to the records of what Buddha preached and how Buddhists lived in ancient times. It's mostly in Southeast Asia and Sri Lanka. Mahayana is much broader, both in what it practices and how far it has spread. You're more likely to encounter Mahayana today.

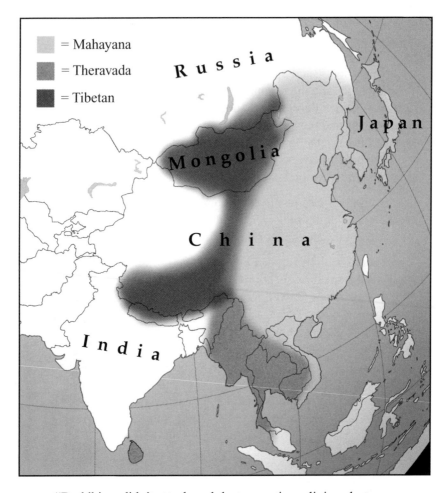

"Buddhism didn't attack and destroy native religions but embraced them and slowly instilled its ethics and morals into them, bringing a higher level of harmony and civility wherever it reached. Distinctive forms of Buddhism exist in different countries, like China, Korea, and Japan. One Japanese form that's gotten popular lately is Zen Buddhism, which you may have heard of.

"Ethics are extremely important to Buddhists. Buddhists are not to harm anyone or to cause suffering in any way. Giving is a very big part of Buddhist ethics. The sangha are supported completely by donations, or almost completely, I should say. It's also important to be compassionate to those in need, especially the sick or injured. Caring for one's family is paramount.

"I guess the last thing I should talk about is meditation. It isn't well understood in the West. People seem to have this idea that meditation is a weird magical act that has you trying to levitate or get better at karate or something. Others think it's a big fraud. But meditation is really a very challenging and fulfilling mental discipline.

"The goal of meditation is to shut down the thinking processes that are instinctive to us in everyday life. Our brains have this innate measuring and categorizing instinct caused by the illusion of the world. We're always trying to analyze and divide things, when in fact, everything is a mirage. In order to gain insight into the way things really are, we have to learn to shut off the thinking process. That is what meditation does."

This was a load of information. Most of it sounded pretty good to me, but Brad had a smart question. "Hey, if you were to boil it all down, what would be the main reason you would give me for becoming Buddhist instead of anything else?"

"I'd say that Buddhism gives you the best of all worlds. It is dedicated to everything peaceful, pure, and loving. Buddhism is orderly to the mind and body. It gives deep fulfillment to the soul and relieves you of pain, worry, and stress. You have security about the future and a guarantee that it is possible to achieve total and eternal bliss. At the same time, it isn't meaningless or empty because you have to work and sacrifice faithfully in order to grow and progress.

"Anything worthwhile in any religion can be found in Buddhism. I would call it the cream of human religion. Whatever kind of person you are, Buddhism offers a way of piety and right-eousness. If you're the kind who likes ceremony and devotion, you have plenty of it. If you like cerebral, private experiences, you fit perfectly into Buddhism. If corporate, societal improvement is your burden, you won't find a more congenial and encouraging religion than Buddhism. And I believe the reason Buddhism offers so much is that it is the perfect expression of religion."

Statues of Buddha are a common sight in China and other predominately Buddhist countries.

Can We Deny Everything?

4

Memory Verses: Daniel 12:2–3

"I know a lot of things about them sound alike, but I think there are some serious differences between Hinduism and Buddhism. For one, Hinduism doesn't have an individual founder, but Buddhism does. For another thing, Hindus often live ascetically, but Buddhism teaches the Middle Path—since Gautama gave up on asceticism." Guide Girl was thinking out loud to Brad and me while everyone took yet another break and got ready for Li's cross-examination.

"Yeah. And Buddhists never had anything like the caste system. Remember when Ravi was on the hot seat?"

"But remember, Brad, that Buddha was supposedly a great king in past lives because he had amassed so much good karma. That means you do move up and down in your human lives, even if Buddhists aren't divided into castes like Hindus."

"This stuff just blows my mind," I threw in. "According to both of these guys, I have lived a load of past lives and now I'm living with karma from them, even though I don't remember them. When I die, I'll go who knows where and be who knows what based on how good I've been in this life. The only way to stop being reincarnated is to realize that all of this is true— even though realizing is somehow more than just knowing it."

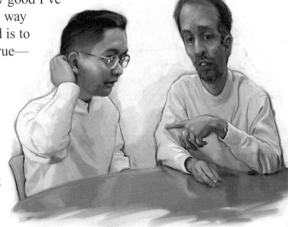

Brad responded, "That is a strong motive to live right. Buddhism seems to have a lot going for it. What do you think?" he asked Guide.

"I think you boys should be concerned with what is *true,* not what has a lot going for it. If Buddhism is true, then you ought to give dedicated effort to learning about it. But if it's a question of what a religion has going for it, you might as well make up your own, since you are assuming that your own preferences determine what makes a good religion."

"How can we possibly know which religion is 'true'? What has anybody got to go on other than his own preferences?" Brad was a little hot, and Guide's eyes flashed, and I thought a good fight was coming, but just then Ted called us back to the table.

I had to choose who asked questions in what order again. Brad wanted me to start with Ravi so we could hear how he saw the difference between Buddhism and Hinduism.

"I suspect my friend Li knows what question I will ask as well as I do," Ravi began. "I will of course draw our attention to the oldest quandary of Buddhists, the individuality of the soul. Need I even frame the question aloud?"

"Yes!" Brad and I blurted together.

Ravi laughed. "Of course, I will. Gautama accepted most of the tenets held by all Hindus, as Li has pointed out: karma, reincarnation, the illusory nature of the physical world, and the need to escape them all in order to escape suffering and death. However, Gautama taught that there is no individual existence of the soul. Is that not true?"

"Sure, it is," Li answered, like he knew where this was going.

"And yet, you believe that individuals pass from one life to the next enduring or enjoying the result of karma from the preceding lives. Furthermore, you believe that upon entrance to nirvana, Gautama passed from existence—but he did not exist already, if what he taught were true. How do you explain such a contradiction?

"Hindus believe in the principle of karma," Ravi continued, "but we agree that each person is real, a spark from the fire of Brahman that is yet the same fire and will be merged with it again. Yet you followers of Gautama must say that all personality, even thought, is part of the illusion destroyed in nirvana. But to reach nirvana requires much growth and advancement over many lives; Gautama even claimed to have lived thousands of times before. How can the same soul pass through different lives, fulfilling its own karma, when it does not exist?"

How can the same soul pass through different lives, fulfilling its own karma, when it does not exist?

Li nodded and glanced away from Ravi's benign *I've got you* smile. "Yeah, that's the old standby for beating on Buddhism. And like you know, there are a lot of different answers to choose from. The problem is that we're in an area that's hard to understand and talk about with the vocabulary and concepts we are used to. The instinct to always measure and categorize everything intrudes on our ability to grasp sublime, spiritual truths.

"My answer is that the solution lies in your own Hindu beliefs, Ravi, my man. Distinguishing the individual from the whole is an artificial concept. There is no *me* and *you* separate from the *we* or the *One*. You believe that, and that is the answer to your question, whatever else differs about our faiths. You and I and everyone are karmic threads in the infinite tapestry of the universe. It's not so much the result of what I did in past lives that follows me, as you well know, but the karmic essence of what I *am* that follows." (As my big brother Phil used to say, "If you can't convince 'em, confuse 'em.")

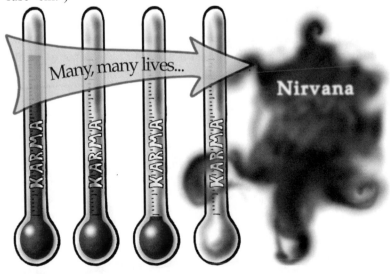

Many, many lives...

Nirvana

KARMA KARMA KARMA KARMA

"Enlightenment is not really becoming a superior being but realizing the truth. It means actually knowing, *experiencing,* that we are not separate entities but all branches of one entity. I can't explain further, and neither can you. I'm not a Buddha. But it doesn't seem to me to be a very strong argument that if the soul isn't an independent being, there can be no karma, no reincarnation, and no nirvana. On the contrary, I think the nonexistence of the soul is not only consistent with but foundational to Buddhism."

I noticed Ted nearly coming out of his seat, and since I didn't understand enough of what Li had said to question him, I told Ted to go ahead. "Yeah," he started, "nirvana and stuff aside, I have a problem with Buddhists in this world. Buddhists are notorious for wasting huge amounts of resources on temples, shrines, and ceremonies of devotion. Spending fortunes on those things supposedly improves one's karma. At the same time you have working people giving so much for the sake of karma, you stifle their ability to produce the things they need to live—things you call illusion! What's worse, you have this enormous number of people living as monks or nuns, dependent on charity. They elicit their charity from ordinary people by promising that it will improve karma, or eliminate karma, however you say it. Aren't these people little more than parasites?"

Ouch. Li took a long breath and said, "OK. It sounds like you are going after the way Buddhists spend their money. That's a fair question; a person's money goes where his values are. I'll try to explain the Buddhist understanding of wealth.

"The world around us and everything in it is an illusion, but that doesn't mean it's irrelevant. Because we are so caught up in it, we are all affected by it. Part of the process of reaching above the world is to use it in such a way that you alter the effect it has on you. Normally, the world aggravates your passions. But you can use the world in such a way that it actually helps you to see that it is all an illusion. Seeing it as an illusion moves you closer to enlightenment.

"To use material things in a way that shows you what they really are, you have to do what is contrary to normal desires. That means giving money away instead of hoarding it or buying things for yourself with it. Charity not only benefits the poor; it also improves the giver.

"That is the reason Buddhists give money to build temples. Temples aren't used to amass wealth or power or fame for the builder. Instead, they serve the spiritual good of the community by giving everyone a place to focus on transcendent spiritual things. Building temples and shrines is a high form of charity.

"As for the sangha, they voluntarily give up many pleasures and comforts. It's not like being a monk is an easy life! Living off charity normally means living at the poverty line. They do without money, families of their own, and most modern conveniences. At the same time, they do a lot for other people, like taking care of orphans and educating children for free. I don't think I would call them parasites."

Li looked unhappy. Ted rolled his eyes around at me like he thought Li was nuts. I looked at Brad.

"I think I'd like to know the purpose for the sangha," Brad said. "Are they people who are farther along the road to enlightenment?"

"I would say usually, but not necessarily. They are people who focus their efforts more on attaining enlightenment than a layperson can."

"Are they reincarnated as monks after not being monks in an earlier life?"

"Well, they certainly weren't monks or nuns in all of their previous lives. Becoming a monk is something you choose. Most often, people in the sangha care more about improving themselves spiritually, but that doesn't mean they are good to begin with. Sometimes a really bad person becomes a monk in order to rid himself of harmful karma through concentrated study and meditation."

Guide Girl asked, "Why would someone *not* want to be a monk? Are laypersons considered spiritually inferior to monks and nuns? I mean, aren't you saying that laypersons are less interested in spiritual advancement—and therefore less likely to advance toward enlightenment—than the sangha, or else they would choose to be part of the sangha?"

"Obviously someone has to feed the sangha, or else they couldn't spend all that time meditating," Li responded. "Hey, I'm not a monk. I've taken some time off to stay at the temple and just read and meditate, like a week or so. But I'm not a member of the sangha. Anyone can advance toward enlightenment."

"Can your gurus, your authoritative teachers, be laypersons?" Guide continued.

"No, I don't think so. At least I've never met a guru who wasn't part of the sangha."

"So it is fortunate that not every Buddhist is excessively interested in reaching enlightenment, or there would be no one to feed and house those who teach you how to reach enlightenment?"

Li shifted in his seat. "I wouldn't say that. Like I said, you don't have to be a monk or nun to advance toward enlightenment. The sangha serves a purpose for the whole community. Everyone is better off because of them; they do good for people other than themselves."

Guide Girl was done, so I had to pick the next questioner. Jack had been so brief last time; I decided to save him for last. "Hey Carla! Go ahead." She didn't need any more prodding.

"Gladly! All right, Li, here's what I want to know: How can the Buddha have discovered the knowledge necessary for enlightenment if progress toward enlightenment requires the suppression of critical thinking and the abandonment of an investigative attitude?

"I realize that many people find peace and contentment in Buddhism. I think that's wonderful. I wouldn't take that away from anybody. But if you want to persuade the rest of us to take up Buddhism for ourselves, you have to answer some serious objections. That's why I want to know how you can even claim knowledge or justify communicating through language when you think nirvana is the *absence* of knowledge and thought. I don't see how, even if Buddhism *were* true for me, I could ever depend on learning it from *you*—or anyone else; nothing personal."

So it is fortunate that not every Buddhist is excessively interested in reaching enlightenment?

I decided then that I liked Carla, but I wouldn't want to get into an argument with her. She thought fast and talked fast, and despite her smile you could tell she was looking for a chance to stab you. Li must have thought the same thing, because he took a few seconds to answer.

"Obviously, we all live in the real world. We have to learn in the language and culture of the world, even if it is illusion. It makes sense, at least to me, that if the world we see is all false, but we are completely convinced that it is real, we must first learn about transcendent truth before knowing how to escape it."

That didn't satisfy Brad. "If we are all stuck in the illusion that everything is real, when really nothing is real, then how did we get in this mess to begin with? You say we have all these lives to go through, and that we can do good or bad in them, but the fact that we have them at all is the truly bad thing because we want to escape from life. But how did this get started in the first place?"

"The Buddha never tried to explain the origin of illusion," was Li's quick answer. "He would have considered your question unanswerable, meaning either it doesn't have an answer or that we cannot comprehend the answer until we reach enlightenment. Buddha used the simile of a man shot by an arrow who demands the identity of the person who shot him and a detailed description of the arrow before letting the surgeon save his life. Some questions don't have answers, at least not answers we can understand."

"Are there other questions like that?" I wondered.

"Yeah—but you are supposed to ask questions, not me!" Li laughed. "You can't trick me into questioning myself!"

I didn't know what to do, and Brad only shrugged. All we had left was Jack's question, anyway. My thinker was tired. Another break sounded good. I told Jack he could ask his question.

That deep, rumbly voice again. "Perhaps Li is thinking of the question of what becomes of one who enters nirvana—Does he exist or not? Does he both exist and not exist? Does he neither exist nor not exist?—for that was in the Buddha's view an unworthy question. But it is not my question; I have another."

"Hey, that's not fair!" Li blurted. "You're just supposed to ask a single question during this phase, not give them ideas for more questions."

"I am merely commenting on a point you yourself raised, and supplying information our Quester requested. Furthermore, I am leading into my own question by focusing our attention upon the Buddha.

"To contrast Christianity with Buddhism is to contrast the Christ with the Buddha. Whatever may be built in the name of either faith rests ultimately upon its founder. Therefore I wish to ask a question by which Li can help us to see the difference.

"What—not just who, but *what*—was Siddhartha Gautama, the Buddha? Of course, I expect you to use his own claims as they have been preserved for us, claims I do not challenge. Based on the teachings of Buddhism, I ask you to define for us, as precisely as possible, what the Buddha was."

"OK, but you don't get to ask any follow-up questions, right? They have to ask the follow-ups?" Li gestured toward us. Jack nodded, but I took it as a personal challenge. Li didn't think we could ask the hard questions!

"What was the Buddha?" Li began. "First, he was a human being. That isn't really necessary to Buddhism, but it's true. Gautama was a man. He was normal in every way. He knew what it was like to wrestle with evil desires and deal with the weaknesses of humanity.

"Second, he was more than human. He had advanced (through previous lives) beyond the knowledge of ordinary people. By steady, focused effort he finally achieved enlightenment. At that point, he was still human, but by transcending the illusion of the world he gained knowledge and power that seem incredible to us. Still, it was what every human could have if we could reach enlightenment.

"Third, he entered nirvana and passed into utter, eternal bliss. At that moment he became something we are not, but beyond that nirvana is indescribable. By reaching nirvana, Buddha has reached the apex of human potential. Whatever he is now is perfection."

I tried to think of a good question. Brad beat me to it.

"Did Buddha start out like us, a long time ago, just as far from enlightenment as we are?"

"Yes, I guess so. Isn't that encouraging? Anyone can reach enlightenment just like Gautama did."

Anyone can reach enlightenment just like Gautama did.

"Then what sets Gautama apart?" Guide Girl asked. "There have been so many people throughout history who claimed to have discovered the truth. How did Gautama become the one to find truth instead of someone else? What made him special?"

"He earned it over many incarnations. If you want evidence, I point to the many people who have found his teachings true and satisfying. I think his system leads to greater peace and a better explanation for the way life is than any other religion offers."

Well, I had to ask the question Jack suggested. "So what became of Gautama when he died? He said he would enter nirvana, but exactly what did that do to him? If I'm supposed to work toward the same thing, I'd like to know."

Li rolled his eyes. "Jack knows that that was another question the Buddha wouldn't answer. Knowing what it's like doesn't help you get there, the Buddha said."

"Did Buddha send any messages back from nirvana?" was Brad's last question.

"Of course not!" Li answered. We waited for him to say more, but he didn't.

"Well, let's see." Ted ended the uncomfortable pause with some needed cheerfulness. "We've already had a cake break. How about a coffee break?"

"You know," Brad started, "it seems like all my friends drink coffee, but I've just never gotten around to trying it."

"Me neither," I added.

"There's no better place to start than my favorite, Colombian Revenge!"

Believe me, it lived up to its name. After the first sip, I felt like my taste buds were being attacked by thousands of angry Colombian coffee growers. "Ted," I gasped, "I hope your taste in ideas is better than your taste in coffee."

"Does this mean I'm next?"

"I guess so," Brad said. "The Quester has spoken. Take the hot seat for a while, Ted."

"Well, I am certainly glad to do so. I'm sure that you all have noticed that I have done quite well in this debate. But as I begin my own presentation, let me make something very clear: my strong performance in this debate is not due primarily to my intelligence. The secret to my success is my education. It has taught me that in the search for truth, we must not begin with

God or the supernatural. Science has not been able to prove that either exists. Therefore, those who place God and religion at the

center of their philosophy inevitably end up constructing a world-view of feelings and hopes that has no basis in fact.

"We must begin with what we know—*that we are human beings and that our greatest power is the power of reason.* Our most important responsibility, therefore, is not to some invisible, unknowable deity. We should concern ourselves with things human, not things divine. Our goal in life must be to preserve and better the human condition. It is irresponsible to assume that the answer to life's troubles is something supernatural, something that cannot even be proved to exist. We cannot trust 'divine guidance' in our search for truth. We must use the only thing that history has proved to be reliable—our capacity for reason empowered by the conclusions of science."

History has never been my best subject, but even I could tell that something was wrong here. It seemed that Ted's claim about history proving his view was pretty vague. Just as I was starting to put a question together in my mind, Brad jumped in.

"OK, let's work on what you've said for a little bit here. If history proves that reason rather than religion is to be trusted, why is it that most people through history have been religious? There have been very few atheistic cultures in the world, and those that have tried to get along without religion haven't done very well. The Communist regimes of the twentieth century were that way. Would you consider those to be a good example of reason being better than religion?"

Yep. Brad was right. Ted was in the hot seat now.

"Of course not," Ted answered. "But there is much more to being a secular humanist than simply rejecting traditional religion."

"So you would consider yourself a secular humanist?" I asked.

"Yes, I am a humanist, and I consider humanism to be the best philosophy of life. Anyway, back to my point. A true humanist has a very optimistic view of human progress and achievement. I believe that man's continual progress is woven into the fabric of the universe. It is in our nature to get better and better. Therefore, unlike the Communists of the last century, I am an ardent proponent of liberty. If people are free, they will progress away from the darkness of superstition and theism toward the light of self-sufficiency and humanism.

"Now concerning your other question, Brad, it is true that most people throughout history have been theists of one sort or another. But it is also true that there have been many humanists throughout history. Humanism is, in fact, quite ancient."

"Older than Christianity?" I asked.

"Yes, much older. It has its roots in classical China and India. Evidence for this early period is a bit sketchy. We get a clearer picture from ancient Greece. The first Greek philosophers that we know of lived during the 500s B.C. They distinguished themselves from earlier thinkers by denying that divine beings—or anything supernatural—produced the natural world. Loosing themselves from the shackles of religion and superstition, they sought a natural explanation for all that happens in nature. These brave pioneers, who were not afraid to ask hard questions, laid the foundation for real progress in philosophy and science. Had the progress resulting from their efforts not been interrupted for over a millennium, there is no telling how advanced our culture would be today."

At this point Ted paused and looked at each of us, no doubt waiting for someone to ask the obvious question. Brad obliged.

"OK, Ted. Who was the 'bogeyman' that messed up humanism for a thousand years?"

"The Christian religion," he said deliberately. "Christianity swept the Roman Empire during the third and fourth centuries A.D.

This new religion taught that humans were basically sinful. Because their minds were twisted by depravity, they could not understand their world through the powers of reason. Humans could come to the truth only by placing unquestioning faith in Jesus Christ and the books of the Old and New Testaments (books supposedly written by God). The teachings of the Greek philosophers, which had been a cornerstone of Roman civilization, came to be viewed as the musings of benighted 'pagans.' But even the obscurantist Christians could not completely deny the merits of these early humanists. Many of the teachings of Plato and Aristotle survived throughout the Christian era. However, they were not used or studied for their own sake. Real philosophical inquiry came to a halt. The works of the Greeks were employed only as an aid to developing Christian theology and religious thought.

"The Christian system of faith destroyed people's confidence in their ability to solve their own problems. It achieved this erosion of confidence through a tyranny of the mind. Early Christians taught that all of human history was the conflict of God's kingdom

Augustine of Hippo (354–430) was one of the outstanding figures of the early Christian church. Although he confined most of his ministry to the city of Hippo, located in North Africa, he proved to be a very influential thinker in the history of Western philosophy. In his most famous work, *The City of God*, he argued that all human history is the story of two cities representing opposing ways of life. One is the city of earth, the home of sinful, unsaved men. The other is the city of God, namely His church. God's purpose in history is to build His city by saving men from sin. These two cities exist side

St. Augustine *by Gaspar de Craeyer. From the Bob Jones University Collection.*

by side in this life but will be separated by God at the final judgment. The earthly city and its citizens will go to the destruction reserved for sinners. Citizens of the heavenly city will go to eternal glory and bliss with God. The effect of this work was to focus Christians on the next life and to lead them to be more concerned with the triumph of the spiritual and eternal than the triumph of the physical and temporal.

and the world's kingdom. Though often troubled and disappointed, the true members of God's kingdom would ultimately triumph, living forever with God in the next life. Those of the world, however, no matter how successful they might be in this life, would suffer eternal punishment.

"This teaching concerning the afterlife had a profound effect on Europe, which comprised much of what had been the Roman Empire after the fall of Rome. The hope of an eternity of bliss led many to a lax attitude toward the human condition. Since the 'here and now' is fleeting and therefore unimportant, the problems of human suffering and injustice were viewed as necessary evils that one should simply endure while anticipating the 'sweet by and by.' The effect that this thinking had on science, technology, and education was devastating. Scientific advancement came to a standstill for a thousand years. And during this time illiteracy soared while superstition reigned.

"I should also mention that the fear of 'burning in hell forever' had a damaging effect on social and political life. People were afraid to question authority—particularly religious authority—because they thought they might go to hell for it. Consequently, religion tyrannically dominated every aspect of human affairs. Churchmen controlled education, artistic expression, and government. At points certain popes, who lived in Italy, were able to tell kings living in England and Germany how to govern their lands. For roughly a thousand years (A.D. 500–1500), the glorious light of Greece and Rome was lost. Those ten centuries are appropriately labeled the 'Dark Ages'—a time when Europe wandered in the ignorance and superstition that always result from religious tyranny."

"Well," I broke in. "It's hard to imagine the pope telling the president of the United States what to do. So what happened? Obviously those days are over."

"I'm sure you all have heard of the Renaissance," Ted began. "That term comes from a French word meaning 'rebirth,' and it refers to the period of time from 1300 to 1600. During this time two factors combined to help bring the dark period to an end. First, medieval Europeans were exposed to something better. Throughout the Middle Ages the works of the ancient Greeks and Romans were studied, as I mentioned earlier. But around 1300 they began to be studied for their own sake. As people gained an appreciation for the culture and intellectual achievements of the 'pagans,' they began to question their authoritarian religion. Belief in man as the measure of all things was at that time 'reborn,' if you will.

"Second, religion discredited itself. Churchmen claimed to be servants of God and shepherds of His people. But very often they were caught in scandals exposing them as selfish power-grubbers. People all over Europe began doubting the wisdom of letting their lives be dominated by teachings that could never be proved."

"So that explains how we got here?" Brad asked.

"No, that explains how we started to get here. From 1600 to 1800 an intellectual movement called the Enlightenment grew and flourished. This led Europe out of the ignorance and superstition of the Dark Ages by reasserting confidence in humanity's ability to solve its own problems. One of the earliest proponents of this new view was René Descartes. He taught that reason was the chief source of knowledge for humans and that it therefore had an incredible potential for unveiling how the universe worked. Reason came to replace religion as man's only reliable path to true understanding. So, in contrast to the preceding ten centuries, these two centuries became known as the Age of Reason."

"Oh, so *reason* is the reason that the Age of Reason is called the Age of Reason." You may have guessed it was Brad who said that. Ted continued as though there had been no interruption.

"During this period science and the scientific method were taken as the chief support for this newfound respect for reason. Francis Bacon emphasized the importance of basing knowledge on experimentation and not on prejudice or tradition. The power of such scientific thinking was demonstrated by the labors of Copernicus, Kepler, Galileo, and Newton. Through reason and careful observation they successfully challenged traditional religious superstitions regarding the movement of planets and other heavenly bodies. Religion tried to stifle this growth of knowledge, but once mankind gets a taste of the truth, it is very difficult to convince him that he'd rather have error.

"What emerged from this period of remarkable discovery was a radically different understanding of the universe. Humans learned that the natural world was not controlled by some deity. It was an elaborate machine governed by unalterable laws.

Galileo Galilei (1564–1642) applied the telescope to astronomy to discover topography on the moon, as well as moons around Jupiter.

"This realization had a profound effect on the human condition. Over the past two centuries since the Age of Reason, knowledge and technology have exploded. Humans have conquered their environment and have been able to significantly reduce poverty, disease, and suffering. They have lengthened life expectancy and have vastly improved transportation and communication. By shaking itself free from the bondage of faith, the human race has begun to discover the potential that reason empowered by science has for making the here-and-now a better place."

"So you don't think there's a God?" I asked.

"I don't think there's any credible evidence for believing in a Supreme Being who created the universe."

"Then where did the universe come from?"

"It's always been."

"It's always been what?" asked Brad.

"It's always been in existence. It hasn't always existed in its present form, of course. But since nothing can come from nothing, we must conclude that matter is eternal. And since there is no evidence for the existence of God, we must conclude that its present form is not the result of divine activity but is rather the result of a continuous process of change—evolution, in other words."

"Why do you think there's no evidence for God?" I began. "I mean, it seems to me that there's evidence for Him everywhere. Just look at—"

"What evidence are you talking about? Have you ever seen God—I mean with your physical eyes? Have those two hands actually touched His face?"

"Well, no. But I see the effects of His working all over the place. The orderliness of the world—from the orbiting of the moon to the regular rhythms of my own heart—this is a universe that seems carefully planned and *made.* Not something that just *happened.* Things that just happen don't have this kind of order." I was very proud of myself at this point. I guess my Colombian Revenge had finally started to kick in.

"Have you ever seen a magic show?" Ted asked.

"I think I'm looking at one right now." Brad, of course.

"Well, at a magic show you see things you can't explain. People seem to get cut in half, but they end up being perfectly healthy. Large objects float above the stage. And somehow the magician's little helpers vanish before your very eyes. A small child looks at that and thinks, 'Wow, it's magic!' A mature adult, however, thinks, 'Hmm. I wonder how he did that?' This is the difference between the theist and the humanist. The theist looks at the marvels of our world and concludes that there must be some unseen, mystical reality (that is, God) making these marvels happen—magic, so to speak. The humanist, however, is mature and skeptical. He's seen enough of the world to know that what seems mysterious at first is in fact the operation of the laws of nature. Every time we investigate some marvel of nature, we discover that it's not the hand of God. It's the operation of predictable, explainable natural laws."

"So there's no God and therefore no divine book for us to guide our lives by," Brad said thoughtfully. "How do we determine what's right and wrong?"

"The only reliable path to knowledge is human reason informed by science. I come to know things through the correct use of my intellect based on the unprejudiced conclusions of scientific experimentation."

"But how do scientific experiments teach a person how to live?" Brad asked.

"Experimentation alone doesn't. We must use reason—careful thinking that follows the accepted rules of logic—together with science. To those who are accustomed to looking to some external authority for moral direction, this may seem strange. I, however, believe in the dignity and self-sufficiency of man. Humans are rational beings who possess within themselves the ability to ascertain truth and morality. I don't see how a thinking person can come to any other conclusion. Science tells us that we cannot look to 'God' for guidance, and experience teaches us that humans are the most intellectually advanced beings on the planet. To look outside of ourselves—or to ignore our powers of reason—is irresponsible. No deity will save us; we must save ourselves."

"Save ourselves from what?" Brad asked.

"Save ourselves from all that plagues the human condition—war, disease, poverty, crime, and deterioration of the environment. These are the woes that impede the progress of the human race, and these are the enemies that every humanist is committed to defeating."

"What about hell? How do we save ourselves from hell?" I asked.

"Reason informed by science offers no credible evidence that humans survive the death of their bodies. Therefore, I believe that talk of heaven and hell is misguided and harmful.

The enemies of human advancement

It distracts people from working to save themselves from the things they do know and understand—like disease and poverty."

"Ted, I don't think you've answered my question," Brad interrupted. "I'm still not clear on how you can tell the difference between right and wrong."

"Since science and reason tell me nothing about a metaphysical world, I must conclude that it cannot be known and therefore either does not exist or is not relevant for us. The goal of life, which is foundational for ethics, must thus be concerned with the here and now. I believe that we all exist to serve mankind's greatest good in the here and now. Ethical conduct should be judged by human reason, based on an understanding of what makes humans happy and leads to social justice."

"So being happy and having justice are the things that tell you what's right and what's wrong?" Brad.

"Yes, I'd agree with that assessment."

"But it seems to me that the two would always be at odds. Whenever justice is served, someone is unhappy, right? I mean, on TV, whenever the judge bangs his gavel, somebody is really mad."

"Well, Brad, it's not as difficult as you're trying to make it sound. The basic principles of morality are universal. All civilizations—whether religious or humanistic—have basically the same understanding of right and wrong, and all civilizations have a similar understanding of what makes people happy. As we all have evolved throughout the millennia of our existence, these moral and aesthetic tendencies have evolved with us. The classic expression of the ideal of human morality is the Golden Rule: 'Do to others what you would want them to do to you.' Or I could state it negatively: 'Don't treat other people in a way that you would not want to be treated.'"

"Hmm. That sounds familiar," I muttered.

"Now, I will grant that occasionally some humans will insist that in their pursuit of happiness they must do something that others believe is unjust. In such circumstances it would seem that happiness and justice conflict. But we do not have to appeal to some religious, metaphysical authority to resolve this conflict. I think this conflict should be resolved by appealing to the objective use of reason based on the Golden Rule.

"For example, suppose a dispute involves two men named George and Bill. To solve the problem, we should objectively ask ourselves whether Bill's happiness involves treating George in a way that any reasonable person would not want to be treated. If so, justice is served by blocking Bill's pursuit of happiness. This act does deny one person's pursuit of happiness, but it preserves the happiness of society in general, because no one would feel safe or satisfied in a society where people are allowed to abuse others for their own satisfaction. Furthermore, this action has the potential of making even Bill happy: it teaches him the importance of valuing the rights of other people. And as we all know, no man can be truly happy as long as he is hurting others.

"So, Brad, what results in all of this is an ethical system that has a strong commitment to freedom but that limits freedom when it threatens the freedom or happiness of others. Since I would prefer to be able to make my own choices without being condemned or coerced, I allow others to enjoy freedom of choice. But since I would not want someone to use his freedom to harm me, I insist that freedom of choice be limited so that no one is allowed to make choices that harm other people."

"If you're so concerned about freedom," Carla broke in, "why is so much of the humanist agenda aimed at denying people their freedoms?"

"Whoa, Carla!" I couldn't believe she was ignoring the rules. "You can't ask questions right now. This is supposed to be—"

"What are you referring to?" Ted asked.

"The whole 'separation of church and state' thing—especially as it concerns education. I think parents ought to be able to send their children to religiously based schools if they want to."

Well, it sounded interesting, so I just thought I'd let them go at it. Besides, at this point it was clear to me that I had pretty much become invisible.

"In the United States they can."

"Not without spending a ton of money on top of their taxes, which are supposed to pay for their kids' education. Ted, it seems to me that a freedom-loving philosophy would allow for religious expression in the public school classroom and in the meetings of our government. It also would not oppose distributing government funds to religious institutions that truly benefit society as a whole."

"Carla, you have to understand that humanism is characterized by two pervasive attitudes: secularism and tolerance. I am a secularist; that is, I believe that public life (government and education primarily) should be kept free from religious expression. As a humanist, however, I am also tolerant. I believe that people should be free to think what they wish and that they should be free to express it. To be intolerant of others' views—religious or otherwise—is to be inhumane."

"That's my point. Your secularism seems to rule out your tolerance."

"No, no, Carla. The opposite is true. My secularism makes true tolerance possible. By insisting that religion be kept out of civil affairs and education, I preserve freedom. We dare not ignore what history has taught us—when one religion gets special favor in the public square, opposing viewpoints are threatened. By insisting that religion stay out of government and education, I do call for a limitation of religious people's liberties. But if those liberties are not thus limited, the whole idea of liberty will soon be jeopardized."

At this point Li spoke up—might as well, right? "Ted, I think we should try going in a different direction for a while. Several times in this discussion, you have mentioned the importance of improving the human condition in the here and now. How does a humanist plan to go about doing that—in particular?"

At this point I decided there was no sense in trying to make everyone stick to the rules that Guide told me about. From here on I just tried to keep up.

"The secular humanist has three key methods for bettering the human condition. The first is the scientific method."

That's when I decided to remind everyone that I still existed: "You know, I've heard a lot about the scientific method in school and stuff, but I'm not really sure what it refers to."

"Have you ever done a science-fair project?"

"Oh, please don't bring that up, Ted," Brad moaned. "Last year I had the grand idea of feeding coffee grounds to mice—you know, to prove that caffeine is bad for you. How boring! All they did was act a little weird. At the fair, when everybody else had some small furry dead thing to show off, I just had normal mice."

"Well, then, you have personal experience with the scientific method. It's simply a systematic procedure for investigating the world around us. The particulars of the scientific method vary, depending on what is being investigated—whether it's the life cycle of certain insects, the growth of cancerous tumors, the orbiting of a comet, or in your case, the effects of caffeine on mice. Generally it involves observing phenomena, formulating a hypothesis based on that observation, experimenting according to certain accepted rules, and stating a conclusion that validates or modifies the hypothesis. Sometimes the scientist's conclusion becomes the basis for a systematic scheme, or a scientific theory. These theories are educated guesses that help us predict the future and give guidance for other observations and experiments."

"Like the theory of evolution?" I asked.

"Right. The theory of evolution is based on a number of carefully documented observations of nature. From those observations scientists have inferred a general explanation that attempts to explain all of these observations."

"And why is this scientific method important for the humanist?" Brad asked.

"Because it is the best method known to man for understanding this world. When I notice that a number of five-year-olds in American public schools are having difficulty learning and behaving well, my first reaction is not to open the Bible and see what it says about kids and their behavior. To me, that is tragically irresponsible. I employ the scientific method—I do an experiment, in other words. If you doubt the superiority of this approach to solving problems and learning more about the world, just look at history. The use of the scientific method has an impressive track record. In the last two centuries, it has been used systematically and extensively. And the results have been astounding. We understand our world better now than we ever have. In fact, we have—"

"Yeah, I know, I know. The Dark Ages, the Age of Reason, and the dread curse of Christianity," Brad said. "What about your second key method for improving the human condition?"

"Free inquiry is also of vital importance. By this I mean freedom of the press, freedom of speech, freedom to organize opposition parties, and freedom to conduct and publish scientific research of all kinds. Citizens should be allowed to freely voice their criticisms of political leaders. Scientists should be free to conduct experiments and studies without being stopped for supposedly 'moral' reasons. Schools ought to be places that invite students to question traditional authority so that they can learn for themselves what they believe. No teacher should be forced to teach under a 'gag order.' Young people should be encouraged to ask any question—especially the hard ones."

"And why is free inquiry so important?" I asked.

"We must respect the right of individuals to express their beliefs—no matter how unpopular they may be—because we are more likely to discover truth if we can freely exchange opposing views. So by defending and encouraging free inquiry, I unshackle humans to follow their natural course of progress and discovery. This, by the way, is true for every aspect of human endeavor. Not just science, but also religion and morality."

"And your last method?" Brad asked.

"Education. This is the most important method we have for building a more humane, free, and democratic society. Through education the humanist passes on to each new generation the living tradition of human knowledge gained through reason and the use of the scientific method. Thus, education is vital for the progress of the human race. If we fail to pass on to the next generation the things we have learned, the social and intellectual development of our race—which has increased at such an impressive rate over the last two centuries—could come to a tragic halt."

"À la the Dark Ages," Brad said.

"Exactly!"

> *Secular humanism's three key methods*
> *for improving the human condition:*
>
> *1. The scientific method*
> *2. Free inquiry*
> *3. Education*

"And that's the reason," Brad began, "that you oppose government funding for education that is pervasively reli—"

"Yes, of course." Ted cut him off.

"And that's the reason that you oppose the teaching of Creationism in science classrooms?" Brad finished.

"Correct. The theory of evolution has impressive support from many different sciences. Therefore, I strongly oppose the efforts by ignorant Christians to insist that Creationism be taught as science. This threatens academic freedom and the integrity of science as we know it. It is inexcusable to represent as science what is in fact nothing more than an article of religious faith. Such a course of action could derail mankind's scientific progress for generations to come."

"OK, Ted, I think we've got a pretty clear picture of humanism," Brad said. "Carla, what's your take on what Ted is saying?"

The skyscrapers that dominate the skylines of many cities in the West remind the humanist of modern man's triumph over nature, poverty, and ignorance.

Carla thought for a moment and then said, "Well, I guess my biggest problem is Ted's misrepresentation of history."

"What do you mean?" Ted asked.

"You talk as though atheism has rescued humanity from being destroyed by religion."

"I do think humanism has rescued much of the world from the tyranny of religious thought. We still have a long way to go, though."

"See, that's my point. There's this ambitious 'take over' mentality that dominates your worldview. 'We still have a long way to go,' you say, as though you're an army general campaigning against some opposing group of human beings. To me that is itself inhumane. You are out to rob other people of their rights, of their individual identity—of the very things that make them happy."

"Well," Ted began, "you obviously haven't been listening very closely to what I've been saying for the past—"

" 'We dare not ignore what history teaches us.' That's what you said at one point. Now let me rephrase it a bit so that it reflects my thinking: We dare not ignore the fact that history demonstrates humanism is a repressive ideology."

"No, no, Carla. Humanism has freed the race through the advancement of science and technology. We are no longer slaves to our environment, slaves to our superstitions, slaves to—"

"Maybe so. But we have in the process become slaves to our technology. The scientific advancements that you are so proud of have nearly destroyed the human race. The frightening, destructive power of nuclear weapons is the result of technology. So thanks to technology, we have exchanged fear of the bubonic plague for fear of nuclear holocaust. Furthermore, I'm not so sure that life in the Middle Ages was all that bad."

"Oh, c'mon, Carla. Those people lived like animals!"

"And most of us today live like machines. Our labor-saving devices multiply our sense of drudgery. Our amusements bore us. And our time-saving devices rob us of the leisure time we need to think and reflect on life."

"Well, at least we don't have to worry that churchmen are controlling our government and our educational system," Ted fired back.

"That, Ted, is a comfort only if you're a secular humanist. This is the same attitude that fueled the oppressive communistic regimes of the twentieth century. Their concern to 'free' mankind from religion motivated them to violate the human rights of anyone who didn't want to be thus 'free.' "

"Obviously you do not understand what today's secular humanism is all about. I happen to have with me the *Humanist Manifestos I and II*. Under 'Democratic Society' on page 19, Manifesto II states, 'To enhance freedom and dignity the individual must experience a full range of *civil liberties* in all societies. This includes freedom of speech and . . . religious liberty.' That sounds like a pretty strong commitment to freedom of religion, if you ask me."

"Wrenched out of context, yes. Let me see that thing." Ted handed Carla his copy of the *Humanist Manifestos I and II*. "Hmm, let's see . . . here it is," she began. "The thirteenth affirmation of Manifesto I, on pages 9–10, is as follows:

Religious humanism maintains that all associations and institutions exist for the fulfillment of human life. . . . Certainly religious institutions, their ritualistic forms, ecclesiastical methods, and communal activities must be reconstituted as rapidly as experience allows, in order to function effectively in the modern world.

"Whoa!" I said. "Say that in English, Carla."

"In other words, it is the mission of secular humanists to take control of religious institutions and make them humanistic. *That* sounds like a strong commitment to violating human rights—if you ask me."

"OK, it is true that when Manifesto I was published (in 1933), it affirmed Communism. In the decades that followed, however, the weaknesses of that system became obvious. Today, most secular humanists in America reject Communism and its tendency to force progress on people by violating their right to freely practice their religion. This is evidenced in *A Secular Humanist Declaration,* which I also have with me. . . . Yes, here it is in the introduction, on page 7: 'This declaration defends only that form of secular humanism which is explicitly committed to democracy. It is opposed to all varieties of belief that . . . espouse rule by dictatorship.' "

"So you've changed your mind since 1933 because you realized that the old kind of humanism was wrongheaded?"

Mao Zedong (1893–1976), Joseph Stalin (1879–1953), and Vladimir Lenin (1870–1924) have gone down in history as the most influential Communist leaders of the twentieth century. Instructively, they also will be long remembered as three of the world's cruelest dictators. Pursuing the idea that an atheistic government should control every aspect of national life, each of these men headed repressive regimes that showed little regard for human life. In an attempt to "free" others from the "vileness" of religion and capitalism, these men enslaved millions with the inhumane abuse that necessarily resulted from their misguided ideology.

"Yes, Carla, you could say that. Experience has taught us to revise our previous theories. That's one of the strengths of humanism. Since humanists do not live by faith, they are open to changing their positions when the evidence is strong enough."

"Well, that's easy for an American humanist to say, who is part of a largely non-humanistic society. The fact is, however, that the atheistic regimes of the twentieth century were pretty dense when it came to realizing the faults of their own governments. They changed only because they had to. And I don't think it would have been any different in America if secular humanism had been allowed to take over the country in the early 1930s. You would have clutched your power—with all of its abuses—right to the end."

"Of course you realize that you have no way of knowing that," Ted answered.

"Let me see your *Secular Humanist Declaration*," Carla said. Ted quietly obeyed. "There are several quotations I'm looking for. . . . OK, here's the first, on page 12:

> Secular humanists believe in the principle of the separation of church and state. . . . Clerical authorities should not be permitted to legislate their own parochial views. . . . Nor should tax revenues be exacted for the benefit or support of sectarian religious institutions. Individuals . . . should be free to accept or not to accept any belief . . . without being compelled by taxation to contribute to those religious faiths with which they do not agree."

"Right. That's a fine statement. I'd agree with that," Ted said.

"Well, I'm not done. Here's the next quotation, from pages 16–17:

> We believe that moral development should be cultivated in children and young adults. We do not believe that any particular sect can claim important values as their exclusive property; hence, it is the duty of public education to deal with these values. . . . Although children should learn about the history of religious moral practices, these young minds should not be indoctrinated in a faith."

"Sounds like good advice to me," Ted added.

"Last and certainly not least are this document's comments regarding the mass media, on pages 22–23:

> Television, radio, films, and mass publishing too often cater to the lowest common denominator and have become banal wastelands. . . . Of special concern to secularists is the fact that the media . . . are inordinately dominated by a pro-religious bias. . . . We believe that television directors and producers have an obligation to redress the balance and revise their programming."

"So are you making a point with all of this?" Ted asked.

"I am—trust me. You say that you are committed to free inquiry and tolerance. And yet you insist on limiting the rights of religious people. You excuse these limitations by saying that without them the liberties of everybody else would be endangered. But what I am observing from these three quotations is that secular humanism practices what it seeks to protect society from—religious intolerance. You say that everyone should have the right to express his views, but you also say that religion should have no part in our government or in the education of our children, and that the presence of religious programming on TV and radio must be significantly reduced. How in your world do people enjoy freedom of religion if they are not permitted to express their religious beliefs in government, education, or the mass media?"

"In the world that I envision, religion has its place. It's just that it should not be forced on others."

The Humanist's Vision for Religious Liberty

"And letting religious institutions be tax exempt or letting them buy airtime on radio and TV is forcing religion on others?'"

"Religion should not be given special treatment. Religious organizations should bear the burden of taxation like everybody else."

"Everybody but you."

"What do you mean, Carla? I pay taxes. I'm not tax exempt because I'm a humanist."

"Well, of course *you're* not tax exempt. No individual is. But humanism's most important means of promoting itself is—*public education*. It's much more than tax exempt. It's part of the government, which means that it is *funded* by tax dollars. And it clearly favors secular humanism. There's not a word in the *Humanist Manifestos I and II* or in *A Secular Humanist Declaration* that would be unacceptable in the public school classroom. But precious little of a religion's statement of faith would be allowed. So when I read that people should be allowed to live 'without being compelled by taxation to contribute to those religious faiths with which they do not agree,' I am struck by the blatant hypocrisy."

"We're just trying to help society progress away from traditionalism and superstition," Ted said defensively.

"What you're saying is that humanists should not be forced to pay for the propagation of others' views, but non-humanists must be forced to pay for the propagation of humanism. That is hypocritical, and it shows that not much has changed since 1933. You may reject Communism, but you still embrace the essence of its repression. You still subscribe to the gist of that frightening statement . . . uh . . . let's see . . . where is that quote? Yes, here it is: 'Certainly religious institutions . . . must be reconstituted as rapidly as experience allows in order to function effectively in the modern world.'"

"I would never impose my beliefs on a religious institution. That would—"

"No, but you would insist that the government pass laws that keep them from educating our youth, from making use of our mass media, and from writing or enforcing our laws."

"Well, we cannot let ourselves regress into the Dark Ages. We must not forsake the heritage left to us by those who pioneered the scientific revolution of the Enlightenment."

"You know, Ted, that was a problem I had with your historical survey," Jack said. "You represented the Renaissance and the Age of Reason as though they were dominated by atheists. That simply is not true. Copernicus, Kepler, Galileo, Newton, and Descartes were all Christians. And if you read their writings you will discover that their religious faith and desire to please God motivated their endeavors. Atheists didn't deliver us from the Dark Ages. For the most part Christians did."

"Umm, excuse me?" Guide Girl interrupted. "Could we possibly let Ravi or Li have a chance to ask a question?"

"Yeah, Carla," Brad added. "I'd say you've had the floor, *the walls, and the ceiling* for the past ten minutes. How about you, Li? What do you think of Ted's ideas?"

"Buddha taught that the material world is a place of bondage. The more concerned we get with material things, the more bound we become, and the more we open ourselves to hurt. If I spend no time thinking about the spirit world (as is evidently the case with Ted), I become attached to desires that cannot be eternally satisfied. I end up loving people who will die, places that will be destroyed, and things that will decay and fall apart. So my question to you, Ted, is how do you keep your preoccupation with the material

Sir Isaac Newton was one of the most brilliant scientists of the Enlightenment. His *Principia* redefined how astronomers viewed the movement of celestial bodies. Near the end of this very influential work, Newton summarizes his ideas in a way that reveals he was no atheist or agnostic. "This most beautiful system of the Sun, planets and comets, could only proceed from the counsel and dominion of an intelligent and powerful Being. . . . This Being governs all things, not as the soul of the world, but as the Lord of all."

world from harming you? How do you deal with life's disappointments and tragedies?"

"I understand what you're saying, Li," Ted answered, "but I don't see that any of us has a real choice here. You speak of the spirit world, but you are unable to produce any evidence for it. Without evidence I am not going to believe in it. I think it's better to desire things that exist for only a short time than to desire things that don't exist at all."

"How about you, Ravi?" Guide Girl asked.

"My concern is much like Li's. Ted, your worldview gives no attention to life after death. You defend your position by insisting that every thinking person must admit that there is no evidence for life after death. But I see things very differently. To me, any thinking person cannot help but ponder life after death. All of us will die someday, and we will spend much more time beyond this life than in it. Therefore, it seems irresponsible to say that consideration of an afterlife is irrelevant. I believe I have a good basis for being more concerned about the next life than I do about this one. Furthermore, if philosophy is the study of ultimate questions—"

"Hold on," Brad said. "What are 'ultimate questions'?"

Humanism fails to give an answer to one of philosophy's most important questions— "Where am I going?"

"Questions about ultimate reality. The most common are the following three: 'Where did I come from?'; 'Why am I here?'; and 'Where am I going?' It seems that humanism fails to ask a very important ultimate question, the last of these three, 'Where am I going?' What good is a philosophy that refuses to seek an answer to one of the world's most important ultimate questions? Now, Ted, it may be that I am misrepresenting your views. So I shall ask you directly: do you think that this ultimate question is irrelevant?"

"It is true that I refuse to ask that question—yes," Ted answered. "However, to me, that refusal is a mark of intellectual maturity. Since there are no good answers to that question, I refuse to seek one. And this takes me back to Carla's unfair tirade. She says that I'm being hypocritical because I insist that government, education, and the media be dominated by secularists. I do not see this as hypocrisy, because secularists are more objective than religious people. Those who are committed to a religious tradition are committed to wishful thinking. They believe in life after death and in the existence of God not because there's good evidence but just because they want to. Such people should not be in charge of our government or the education of our children, nor should their unsubstantiated beliefs about the world be allowed to saturate television programming."

"What makes you think there is no good evidence for God's existence?" Jack asked.

"As I said before, reason informed by science offers no credible evidence for believing in a Supreme Being who created the universe. Such a statement doesn't mean that I'm stubborn. I'm willing to be convinced of anything—if the evidence is compelling. So, for example, I used to doubt that smoking was bad for a person's health. Now, however, I'm convinced that it is harmful. But it's not because a holy book somewhere said so. Sound reasoning and evidence convinced me. Study after study has demonstrated that there is an impressive positive correlation between tobacco use and various kinds of cancer. I have not yet seen any such evidence indicating that there is a God."

"That is a very simplistic view of knowledge," Jack said.

"How do you figure that?"

"Seeing clear physical evidence is not the only way that we come to know that something exists. It is extremely simplistic to say that you must be able to see or feel something before you can believe in it. Different entities are proved to exist through different means. Many entities that we all believe in cannot be proved in the fashion you just described. The uniformity of nature, laws of morality, laws of logic—these are all things that each of us would defend as real, but none of them can be seen or touched."

"That's not what I'm saying. I simply mean that we should not be convinced by anything that does not make proper use of the laws of logic or does not offer good evidence."

"So logic is very important to you in proving something?" Jack asked.

"Well, obviously. Logic is the only way to prove whether something is true or false," Ted answered.

"Really? My question to you then is, How do you prove that statement itself?"

"Prove what statement?"

" 'The use of logic is the only way to prove something'—that one. How do you prove that statement?"

"Well, I don't think I should have to. The statement is obvious and self-verifying."

"Ted, I don't think you realize the philosophical bind you've just put yourself in. You're on the horns of a dilemma for which your worldview has no good answer."

"Oh, don't be ridiculous. My worldview is the only objective one available. It's the only one that does not depend on circular reasoning. You're a Christian. If you're like most Christians, you will try to argue for the validity of your worldview by asserting that it is taught in the Bible. The argument goes something like this: 'The Bible is the Word of God; therefore, all that it says is true. The Bible teaches that it is the Word of God and that Christianity is the only true religion; therefore, the Bible is the Word of God and Christianity is the only true religion.' This is not based on sound reasoning; it's embarrassingly circular."

"You say," Jack began, "that reason is the only valid way—"

"Neither is your worldview based on solid evidence or valid experimentation," Ted interrupted. "Of course, you'll probably try to say that you have good evidence for what you believe by pointing to the created order, the effect of the Bible on history, the many instances of fulfilled prophecy, and the personal change that the Bible has on the lives of many individuals. But these too depend on circular reasoning. Each requires a supernatural explanation, and this is the key question in the debate between atheists and theists—*does the supernatural really exist?* You cannot argue for your supernaturalistic worldview by appealing to the supernatural. That's circular reasoning. You cannot use what you are trying to prove as a part of your proof."

"You say that reason is the only valid way to examine a statement that claims to be true, right?" Jack began.

"Right. Absolutely," Ted answered.

"Then my question to you is, How do you prove that claim itself? If you claim that reason proves the statement, then you are reasoning in a circle. You are using reason to prove that reason is the only valid way to prove something. If, on the other hand, you claim to be able to prove the statement without the use of logic or reason, then you have effectively refuted the statement. In that case reason would not be the only valid way of proving something."

Christianity's Circular Reasoning

1. **What the Bible says is true.**

And

Therefore

2. **The Bible claims that it is true.**

"So you think we should just forget reason. Just be unreasonable and try to—"

"No, not at all," Jack interrupted. "Reason is very important. Without it we would not be able to have this discussion. The laws of logic are real and must be carefully followed or else there can be no meaningful communication. My point is to prove that even you engage in circular reasoning. We all do at points. It is unavoidable. Every worldview begins with a set of presuppositions."

"Presup-uh—what?!" I asked.

"Presuppositions. Things that we assume to be true without being convinced by evidence that they are true. Every worldview begins by believing in a number of things that it does not attempt to prove. Ted dismisses the Christian worldview as indefensible because it presupposes that the Bible is the Word of God. But, of course, I can just as easily dismiss his worldview because he assumes that reason informed by the scientific method is the only reliable path to truth."

"OK, Jack," Ted began, "so it seems that you believe there are other paths to truth. Name one."

"Divine revelation. What God says is to be trusted because God is absolutely true. This revelation is preserved for mankind in the sixty-six books of the Old and New Testaments."

"See! There you go with that circular reasoning. Before you can use the Bible as evidence, you must prove that it is the Word of God."

Humanism's Circular Reasoning

1. Reason is the only way to find the truth.

And

Therefore

2. This statement is reasonable.

"And there you go with *your* circular reasoning. When you say, 'prove that the Bible is the Word of God' you mean, 'use reason aided by the scientific method.' Thus, you assume that this is the only path to truth, and that is your unproven assumption. You see, Ted, you think that your worldview is the only one that is not ultimately founded on faith, but you're wrong. You too have your presuppositions, and therefore you too live by faith."

"I do not live by faith. I live by *evidence!*" By this time Ted was definitely getting hot.

"But your presupposition that reason is the only path to truth defines for you what legitimate evidence is. That amounts to faith. It's not a question of whether you live by faith. You do—we all do. My faith is in the Bible and the God that it reveals. Yours is in reason and science."

"Well, even if what you say is true, all you've done is demonstrate that we both base our views on faith. You haven't demonstrated that your worldview is *better* than mine."

That's when I decided to step in. "Let's not go there yet, Ted. I think Jack will get his chance to talk in a little while. I want to hear from Carla first. She had some pretty interesting things to say about humanism. I'll bet her view of the world is something worth listening to."

Brad then gave the official invitation: "OK, Carla, you're up to bat."

"Well," she began, "let me start out by setting a historical context for my beliefs. I'd like to give you a brief history of the study of episte-mology by focusing on the thinking of a few very influential individuals."

"Episte—what?!" I asked.

"Epistemology. It's one of the most important aspects of any philosophy or worldview. It is the study of the nature, basis, and extent of knowledge. Have you ever wondered, 'What is truth?' or 'How can I know what is real and what is unreal?' or 'Is it possi-ble to know that something is true and it still not be true?' "

"Like how can you know there is a God, or how can you know that a histori-cal event really happened, or—"

"Yes, I think you've got the idea. These are the kinds of questions that epistemology asks. Biology studies the structure, function, and growth of living organisms; epistemology studies knowing. It aims to determine what we can know, how we can know it, and—ultimately—what it means to know something.

Epistemology is the study of the nature, basis, and extent of knowledge.

"To begin with, let me say that I see myself as one who is actively involved in a major epistemological shift in the history of the West—by *West* I mean basically Europe and the United States. This culture's understanding of itself and of epistemology is now in the middle of a radical change. The 'modern era' seems to be coming to a close. It appears the West is now entering a 'postmodern era.' "

"Wait a minute here," I said. "*Modern* means 'right now.' So how can any current movement or school of thought be '*postmodern*'?"

"Of course, the word *modern* can refer to that which is current. But in the history of the West, philosophers and historians have regularly referred to the time period stretching from 1500 to their own present as the 'Modern Age.' But now that the philosophical ideas that have dominated the West from 1500 to the end of the twentieth century are being questioned and rejected by many, it seems only natural (even though it sounds a little weird) to call this new era of thought the 'Postmodern Age.' Anyway, let's start by talking about the time period just before the dawn of modernity—the Middle Ages."

"And this is the part of history you really like, right?" I asked.

"Why would you say that?"

"Well, you spent a lot of time telling Ted that he was wrong for being so negative about this period—you know, the 'Dark Ages' and all that."

"Right, but that doesn't mean I really like this time period. My point with Ted was that it is wrong to think of the Middle Ages as the disease and modernity as the cure. It is indeed tragic that the medieval period was dominated by religious superstition—there's no doubt about that. But the modern period has been dominated by rationalistic superstition—and in my mind there's certainly no doubt about that either."

"But you defended Christianity and the rights of Christians against Ted's attempts to keep religion out of government, education, and the media," I said.

"I was defending the rights of human beings from other human beings who think it is their right to rob people of their rights. Well, we'll get to my religious beliefs in due course. I want to return to my historical survey now.

"Let's see . . . where were we? Oh, I remember: epistemology in the Middle Ages. During this 'premodern' period, the foundation of knowledge was the being and character of God. So if you were to ask a premodern how it was that a person could know something, he would say something like this: *God exists and He knows all things perfectly.* As human beings made in His image and loved by Him, we are able to know things because *this God communicates some of His knowledge to man.* He communicates to man through several different means—nature, the church, the Holy Spirit, history—but chiefly He communicates through the Scriptures. Our finite knowledge is a subset of His infinite knowledge, given to us through the Holy Scriptures. Now, as you can see, all of this is based on the assumption that an infinite, all-knowing God exists.

Premodern Epistemology

"Well, as has already been suggested, one of the things that bridges the premodern and modern periods is the Renaissance. During this time people in the West began doubting publicly things that formerly were not doubted. One of these was the assumption that such a God exists. By 1600 there were quite a few agnostics and atheists in Europe. To deal with these doubters, René Descartes proposed a new foundation for knowledge: 'Cogito, ergo sum!' His proposal proved to be one of the most influential statements in the history of philosophy.

"You may not be familiar with his exact wording. It's Latin, the language of scholars in those days. It means, 'I think, therefore I am.' He was saying that because he could think, he was confident that he existed. You see, he was trying to figure out

René Descartes (day KART)
(1596–1650)

some way to communicate with people who didn't believe in God and who therefore didn't have the foundation for epistemology that premoderns had. So he asked himself, 'What is the one thing that I cannot doubt?' His answer was that he could not doubt that he existed so long as he was a thinker who was thinking."

"Why not just say, 'I see myself in the mirror, therefore I am'?"

"Because that can be doubted," Carla answered. "Our eyes can play tricks on us. We've all seen things that turned out not to exist. Descartes acknowledged this and said that the operation of an individual mind is the only solid foundation for epistemology. *Because I think, I can be confident that I exist.* On that basis Descartes intended to build a system of arguments that would prove the existence of God and the legitimacy of the Christian faith to atheists and agnostics."

"And this changed the world?" Brad asked suspiciously.

"Yes, it certainly did—or at least it *coincided* with a change in the development of Western philosophy. You see, premoderns took the existence of God and His communication to man as their foundation for knowledge: *I know because God knows all and has spoken to man.* But, with the influential work of Descartes, moderns tended to take the reasoning capacity of the individual knower as the foundation of knowledge. *I know because I can think; or, I know something is true because it is reasonable.* The foundation for knowing was no longer God but the individual human knower."

Modern Epistemology

"Did Descartes succeed?" I asked.

"Yes and no. He succeeded in convincing almost everyone that something other than God and the Bible should be the foundation of all knowledge. He failed, however, to convince people that this starting point should be human reason. He also failed to convince people that any foundation for knowledge could lead to belief in God and the Christian religion.

"In considering what happened after Descartes, I don't want to get bogged down in too many details. What you need to remember is that from roughly 1650 to the late 1900s, Western philosophy agreed with Descartes that a foundation for knowledge was necessary, and they more or less agreed that this foundation should be reason."

"But we're not in the late 1900s anymore, so I guess Western philosophy is different now?" I asked.

"For the most part, yes—very different. And this is due to a number of factors, not the least of which was the philosophy of Friedrich Nietzsche. Nietzsche (who died in 1900) was quite different from most of the thinkers who preceded him. He was an outspoken atheist, and he called into question the whole idea of knowledge. He was about as different from Descartes as a philosopher can be and still be a philosopher. He rejected the idea that reason was the foundation for all knowledge—in fact he denied that there was a foundation for knowledge. He claimed that what we view as knowledge is only a human creation. Language is not the communication of real ideas; it is only an endless circle of interpretation. Nietzsche also rejected the idea of universal morality. He thought that morality differed profoundly from one person to another. In the end, Nietzsche denied that there was any discernable unity

Friedrich Nietzsche (NEE chuh) denied that reason was the foundation for knowledge and thus undermined modernity's view of epistemology.

to the world, and he believed that humans have no access to reality whatsoever.

"Now, that's how we got to the twentieth century. In the decades following Nietzsche's death, Western philosophers tended to be, like Nietzsche, boldly atheistic. But unlike Nietzsche they seemed convinced that it was possible to know reality through reason and the scientific method. By the middle of the century much of the earth's population was ruled by governments taking this view of the world."

"Communism, right?" I asked.

"Right. And from here you should know the story pretty well. By the 1970s the legitimacy of Communism was being questioned throughout the West. One reason was that European— especially French—philosophers had begun to see the epistemological problems that Communism had. It denied that there was any convincing proof for the existence of God. But it failed to realize that its belief in Marxism and the progress of the human race had no more proof. Another reason was that Communism's flagship regime, the Soviet Union, was frighteningly cruel. Evidence of shocking atrocities kept pouring out of the Soviet Union until even liberal European and American philosophers became unsympathetic with Marxism."

"And, of course," Brad added, "the collapse of the Soviet Union in the early 1990s didn't help."

"That was, I suppose, the final nail in the coffin. It was a sad day for the humanists of the world. Marxism was a philosophy of history for a huge segment of the West. It was a religion of sorts for them. The fall of Communism represented their loss of hope. Theistic philosophy lost its foundation for knowledge through the Enlightenment and the Age of Reason. Atheistic philosophy lost its foundation for knowledge in the late twentieth century. History now seemed to have no goal. Once again, the world had lost its center. Just as premodernity had given way to modernity, so now modernity gave way to postmodernity.

"Now, at the beginning of this historical survey, I told you that I see myself as playing an active role in a major epistemological shift in the history of the West. Well, this is that shift—the move from modernism to postmodernism."

"Postmodernism. OK, so what is it?" I had been waiting to ask this question for a very, very long time.

Carla paused for a moment and then spoke. "That's a hard question to answer. The word is used in many different ways. It can refer to certain kinds of architecture, art, and entertainment."

"Well, I guess we'd be interested in the postmodernism that refers to philosophy," I said.

"Yes, of course. But even there we find some significant disagreement. What I'll do is tell you about the kind of philosophical postmodernism that I most agree with—which in my understanding is also the most influential kind."

"OK, let's hear it," Brad said.

"Postmodernism is basically a rejection of modernism," Carla began.

"And what, again, is modernism?" I was very glad Brad asked that.

Postmodernism is basically a rejection of modernism.

"Well, that is very hard to answer too. But I think I can capture the essence of it by describing it in terms of epistemology. Modernism is a worldview that, with Descartes, takes reason as its foundation for knowledge. Now, of course, experience and the scientific method figure in too, as a sort of help to reason. I guess the best expression of it would be Ted's mantra: 'Reason informed by science is the only way to know that something is true.' "

"And rejecting this as the foundation for knowledge is what postmodernism is all about?" That was my question.

"No, not really. There is something even more basic. Postmodernism also involves a rejection of modernism's ontology."

"Postmodernism has a special view of cancer?"

Carla laughed. "You're thinking of *oncology,* the study of tumors. I said *ontology,* the study of the nature of being. It's not just that postmoderns don't view knowledge like moderns. They also don't view the nature of being in the same way. And this difference really is the fundamental distinction between modernism and postmodernism.

"Boy, this stuff just gets weirder and weirder."

"I'm with you, Brad. Weird."

"Modernism thinks of the world as a unified place," Carla began again.

"How so?" I asked.

"It thinks that there is an all-inclusive system of explanations that tells people where the world came from, why it exists, and what it will one day become."

"And postmoderns don't?" I asked that.

"No. The world just isn't like that. It's not single or unified. It's fractured and contradictory. Any attempt to put all the pieces together produces harm, not good. *All attempts to construct a metanarrative are misguided and should be abandoned.* I guess you could say that that statement is the fundamental tenet of postmodernism."

"Metanarrative?"

"In this context I'm defining a *narrative* as the story of something's existence. Everyone has a narrative. You have a narrative, your family has a narrative, your school has a narrative, your country has a narrative. *Meta* means 'beyond.' So what I'm saying is that there is no single narrative beyond all narratives, into which every other narrative fits. Now this conclusion can be verified from history. Every attempt to construct a metanarrative has failed. Take Christianity and

Communism. Christianity's metanarrative states that God made the world, that the world rebelled, but that He has a plan to redeem the world through His Son. Well, two thousand years ago His Son came to earth, taught His people how to live, died for the sins of the world, and then went back to heaven. The problem is that His people never lived the way He told them to. The metanarrative promised heaven on earth; it in fact delivered oppression and hate."

"And Communism?"

"Just as bad. It claimed that the universe had always existed and that mankind was earth's most advanced being. As the most advanced being, man must continue the universe's evolution by freeing human society from religious faith and ensuring the growth of human knowledge. Again, the result was a complete failure. It promised freedom, equality, and progress. It delivered just the opposite."

"And this proves that—"

"That the ontological understanding of the modernists is very problematic. The world is not unified by a single set of all-inclusive explanations. There is no metanarrative."

"OK, well, we spent a lot of time talking about epistemology. How does modernism's epistemology fit into this ontology stuff?" If it turned out that all of Carla's talk about epistemology didn't matter, I was going to scream.

"Because I reject modernism's ontology, I also reject its epistemology. The key modernistic thinkers assumed that the world was a unified thing, and they therefore assumed that some foundation for knowledge existed. If some unifying purpose is woven into the fabric of the universe, then there must be some way for us to discover that purpose. Based on that assumption, Descartes and others proposed *reason* as that way—as the foundation for knowledge."

"But since there is no unity in the world, there's no reason to think that a foundation for knowing the world exists," I said, basically just thinking out loud.

Carla followed up immediately: "Since there is no unity, no foundation is possible. The whole idea of a single foundation assumes that what is to be constructed is singular and unified. A single concrete slab cannot serve as a foundation for a tri-level in Michigan, a double-wide in Georgia, and a two-story villa in Spain. Because the structure is not singular, the foundation cannot be singular.

"I think you will find that history supports what I am saying. Descartes sought a foundation for knowing, but all he really did was start philosophy on its very unsatisfying attempt to answer the question, 'How can I know that I know?' "

"Do you have a satisfying answer?" Brad asked.

"Yes—one that satisfies me at least."

"Let's hear it."

"No."

"No what?"

"No, there is no way to know that you know something."

"And that satisfies you?"

"Absolutely. It frees me from trying to accomplish what I cannot do. Namely, find a foundation for knowledge. You could call me a confident *antifoundationalist.* I reject foundationalism, the idea that knowledge rests on a set of beliefs that cannot be doubted. Ah, yes. Let me tell you, it is a liberating feeling."

Postmodern Epistemology

"So you never use the words *know* or *knowledge?*" I asked.

"Oh, I use them all right. But my understanding of the words is different from the modernist's."

The Tenets of Postmodernism

I. Rejection of Modernism's Ontology

II. Rejection of Modernism's Epistemology
- A. Rejection of the certainty of knowledge
- B. Rejection of the objectivity of knowledge
- C. Rejection of the goodness of knowledge

"Well, you'll have to tell us your meaning, because from the sound of it, we're much closer to modernism than postmodernism." That was Brad's statement, though I was thinking it too.

"Postmodernism rejects the three basic modernistic assumptions regarding knowledge. It denies that knowledge is certain, objective, and that it is necessarily good."

"So when you say that you know something, you don't mean that you are certain it's true?" I asked.

"Right. Knowledge is a humanly constructed image; it is not something that corresponds to reality. Knowing is like looking at a drawing of an atom. What you see is not actually an atom but a *model* that has been made to look like what we think an atom—the structure of which no one has ever seen—looks like."

~~Knowledge is Certain~~

"Weird. OK, let's test your idea. I *know* that George Washington was America's first president. So are you trying to tell me that that fact is just an image—that it's not certain he was the first president?"

"That's right, Brad. And it's because there's no foundation for knowledge. Haven't you been listening?"

"Well, of course I have," Brad answered right away. "And, yes, your statement about the foundation for knowledge is *very* familiar by now, but I was wondering—"

"Brad, if there is no foundation for knowledge, then knowledge cannot be certain—just as a house without a foundation cannot be stable. Let me deal with it this way: Why do you think that you know for certain that George Washington was the first president?"

"Because everybody says so. All of today's history books say so, stuff written back then says so, and a bunch of people between then and now have said so."

"And to you it would be completely unreasonable to suppose that he was not, right?"

"Exactly! It would be totally unreasonable."

"I agree."

"Carla, you can't agree—you're a postmodernist! You think that knowledge isn't certain."

"But I do agree. It is only reasonable to say that George Washington was the first president. My point, however, is that reason is not the foundation for knowledge. So the fact that what you say about George Washington is reasonable doesn't mean that it's certain. I'll even say that I *know* that George Washington was the first president. I will not, however, say that that means it's certain."

"Carla, if something is reasonable, it is certain."

"And that, Brad, would make you a modernist. You evidently believe that reason is the foundation for knowledge."

"Well, maybe I do. Why don't you?"

"For one thing, reason is not universal. What is reasonable to one person isn't to another. Let's move away from George Washington for now. His historicity is not controversial, so he isn't a good example anymore. Let's talk about Communism. This is a system based on the assumption that government should control the wealth in society, redistributing it so that all people are equal. Hence, the sacred mantra of Communism: 'From each according to his ability; to each according to his need.' Pursuing such an ideal, say the Communists, will lead to utopia. The poor will have their needs met, and the rich will be saved from the corruption that results from having wealth. Pretty reasonable, eh?"

It was all I could do to stay in my seat. "No way, Carla. All that does is reward laziness and punish hard work. What ends up happening is everyone becomes poor because people know that if they work hard they can't keep what they make, and if they don't work, their needs will still be met."

"Hmm. You sound like a capitalist."

"How could a reasonable person be anything else?" I said in triumph.

"And here we begin to come to the point—what is reasonable to one person is not to another. A capitalist attempting to enter a Russian university in 1979 would have been scorned for the reasoning you just employed. His fellow Russians would have thrown away his application without considering it. But if an American in 1979 heard about this outspoken Russian capitalist, he would have come to a completely different conclusion. The American would have concluded that that same reasoning was a sure sign of remarkable intelligence."

"Well, it's obvious *now* who's right," Brad answered. "No one believes in Communism anymore. You just can't deny that capitalism is a better way. Communism has fallen apart."

"There are still many Communists in the world, and many powerful politicians even in America would still defend the mantra that I quoted a few minutes ago."

"But what could they say about the fall of the Soviet Union and the poverty of the North Koreans?"

"The same thing you would say if the American economy fell apart. They would say that people failed the system, not that the system failed the people—or something like that. They would be incapable of questioning the system itself. That would be against reason as they know it. Now please don't get me wrong. I'm not opposed to using reason in the construction of knowledge. But you have to understand that what results is not something that's certain. And that is my point—*knowledge is not certain.*"

"OK, let's go back to George Washington. So you wouldn't tell a group of first graders that George was the first president?"

"Of course I would! Just as a chemistry teacher would tell a group of eleventh graders that a drawing of an atom is an atom. George Washington as the first president is a model—a useful fiction. It fits our social context well and helps us function in the community where we find ourselves.

"Ah, yes. And this brings me to postmodernism's second rejection of modernity's epistemology. Postmodernism denies that knowledge is objective. Modernism's commitment to the objectivity of knowledge goes all the way back to Descartes. You can hear it in his famous statement: 'I think, therefore I am.' The emphasis is on *I,* the individual knower. To the modernist, knowledge is possible only when the knower strips himself of his historical background, his personal convictions, and his philosophical commitments. He is to be a dispassionate observer. He must stand outside the historical process as an unconditioned specialist. Then and only then, says the modernist, can knowledge be possible—because knowledge must be objective."

Knowledge is Objective

"And you think this is impossible."

"Yes. But I also think it's undesirable. You see, our background and our emotions are not the enemy. They actually help us and motivate us in the process of discovery."

"Well, I've got to know more about these 'convictions and commitments,' " Brad said. "It seems to me that we can let go of them."

"Two things need to be said. First, we must realize the role that community plays in the production of knowledge. Second, we must realize that a desire for power inevitably colors our thinking in the production of knowledge.

"All right. Let's start with the community thing. Knowledge is culturally based; it is socially constructed. We cannot rise above the human communities that have produced us."

"And why not?" Brad again.

"Because all human systems (for example, language, logic, and morality) are social constructions. That's the reason that the Russians and Americans in the previous illustration could not understand each other. Each is produced by a different community that defines reason differently. We'd like to think that all human systems are *referential*—that they refer to objects in reality. But they are not; they are instead *reflexive.* They don't refer to reality; they just point back to themselves. They point back to the communities that have framed them."

"OK, how about an example?"

"This is perhaps best seen in interpretation of texts. Do you have any idea how difficult it is to get two people from different communities to agree on the interpretation of a text? Take, for example, a freshman literature course at a typical university. The teacher reads a poem by John Donne and then asks Susie from Illinois to tell the class what she thinks it means. Then the teacher asks Abdul from Saudi Arabia, and then Jean-Louis from France, and then finally Katie from southern California. Each gives a radically different interpretation. And I say that's because each is the product of a radically different community."

"Aaaaaagh! Carla, you don't figure out a poem by listening to what different readers think about it. You're supposed to find out what the *author meant.*" I was impressed. Brad was holding his own pretty well—for the moment at least.

"Brad, who's to say that knowing what the author meant is the goal of interpretation? That poem—or any text—does not have its origin in the author's intentions or his thoughts. The community that produced the author produced his thoughts and therefore his poem. The poem does not refer to reality—only to the human systems that the community has chosen to construct. Consider that famous sentence from the Declaration of Independence: 'We hold these truths to be self-evident, that all men are created equal, that they are endowed by their Creator with certain unalienable rights, that among these are Life, Liberty, and the pursuit of Happiness.' So what does that mean?"

"That all men are equal and therefore should be free," Brad answered.

"Well, that's not interpreting according to the author's intent. That doesn't seem to be how Thomas Jefferson viewed things. He owned slaves when he wrote that."

"So what is the goal of interpreting?"

"To show what I have just shown. That all texts are filled with contradictions." Truly a stunning statement by Carla.

"Why interpret anything then?" I asked.

"A text—whether a poem, a narrative, or a philosophical treatise—is a stage where people from different communities can get together and express their ideas. No interpretation can legitimately be said to have certain and final authority. The way that human language works just doesn't allow for that approach. Human language is not human communication. It is the ever-contradictory interaction of ideas."

"How can you live with that view?" Brad asked.

"I think I probably enjoy life with my understanding more than you do with yours. Realizing that knowledge is not objective—that it is determined by one's community—is a good thing. It allows us to see that our only source for guidance is the inheritance we have received from our fellow humans and the conversations we endeavor to maintain with them. This realization encourages us to focus on *conversation* with other communities, rather than *confrontation.* We shouldn't be trying to change other people's minds. We should be learning to appreciate the beauty of the way their communities have taught them to think."

"Whew!" Honestly, that was all I could think to say. I guess that was my community training coming through.

"Now let's talk about the second reason I think knowledge cannot be viewed as objective. Every knower is motivated to some extent by a desire for power. The modernist assumes that knowledge can be objective because he thinks it's possible for a person to interact with the world dispassionately—with only his intellect. But any honest thinker has to admit that one's emotions and desires inevitably intrude. This is where the writings of Michel Foucault become very important.

"He asserted that knowledge and power are tied together. Knowledge is constructed and communicated as a means of exerting power over other people and things. People seek and spread knowledge not because they sense a need for 'truth' but because they want power—whether they realize it or not. That's why Jefferson and his community produced the Declaration of Independence. Together they held up the ideal of liberty—that all people are equal and therefore should be free—not because it was 'the truth.' Their own contradictory behavior demonstrates that. They fabricated the 'self-evident' ideal of liberty as an exertion of power. They wanted to be released from Britain's power so that they could exert their own. All 'knowledge,' whether it concerns ethics or particle physics, is about power."

"Particle physics too?!" Brad exclaimed. "Oh, c'mon, Carla, don't be a cynic. We study particle physics because that's just the way the world is. We go to school to learn how the world works. Particle physics is an important part of that. So we learn about particle physics."

"Particle physics is in your high school curriculum because scientists and governments in the early twentieth century wanted to blow people up. Our knowledge of the atom exists largely because we wanted to win a war."

"Well, that's just an isolated example. This knowledge has also been used to give electricity and comfort to millions of people. That's a good thing."

"It's still the desire for power though—power over nature for the sake of our own comfort. And what do you think would happen to particle physics if some discovery made all study of the atom useless for national defense and the production of electricity?"

"Dunno."

"No more particle physics. Governments and wealthy investors would stop funding the research, and eventually there would be no more search for or communication of knowledge concerning particle physics."

"That'd be cool." Seemed like the right thing for me to say at the moment. "OK, so what does this prove?"

"That the desire for power is fundamental to the production and communication of knowledge. No power (or prospect of power), no knowledge. Well, obviously, given this situation, you cannot expect knowledge to ever be objective."

"All right, Carla," I said. "Let's try to wrap this up pretty soon. Didn't you say there was something else that you reject about modernism's epistemology?"

"Postmodernism denies that knowledge is necessarily good. As you could tell from Ted's talk, education is a very important thing for modernists. We must flood our society with knowledge and then train individuals to think and reason correctly. A better society, they say, is then sure to result. More knowledge is bound to produce a better world."

"Not true, evidently?"

"If the twentieth century teaches us anything, it tells us that knowledge can be a very bad thing. Technology often does as much harm as it does good, and sometimes its harmful effects far outweigh its benefits. When we learned how to split the atom, we opened the door to nuclear holocaust and the problem of dealing with a dangerous new kind of nondisposable waste. Who knows what dangers we will face because of what we are now learning about the human genetic structure?"

"So we should stop learning, stop going to school?" Brad asked.

"No, of course not. We should realize, however, that it is not enough just to grow in knowledge. We must also grow in *respect*. We must learn to respect our fellow human beings. All human communities, no matter how different from our own, are valuable—are *beautiful*. Gaining this respect will help to keep us from being abusive with our knowledge."

"Now, Carla," Brad began, "all of what you've said has been pretty interesting, but it's also been very theoretical. You've told us how postmodernism thinks. But I think we should also know what postmodernism *does*. Does postmodernism have a mission?"

"Yes. To expose modernism."

"Really?"

"Absolutely."

"But aren't you also looking to make a better world?"

"No. Not right away at least. We first must demonstrate that the status quo has problems. Only then can we move on to the positive side."

"And what about modernism do you want to expose?"

"That it cannot live up to its claims. That there is no foundation for knowledge. That modernistic ontology is indefensible. That modernistic epistemology must be rejected. That knowledge is not certain, is not objective, and is not necessarily good. That—"

"OK, OK, OK! We've been there already, Carla." I thought that if I had to go through any of that stuff again, my brain would explode. "I think our question right now is *how* do you propose to make your case?"

"By proving that it is the margins that constitute the text."

Postmodernism wishes to expose modernism by proving that it is the margins that constitute the text.

"Yet another completely useless statement." Brad.

"Think about a page from a book. Where is the text on the page—crammed in the top right corner, squished along the left edge of the page?"

"No, it's in the center," I said.

"Right. And how do you know it's centered on the page?"

"I guess because there's a consistent margin all around it that frames the text on the page." Me again.

"That's how life works too. And it is my purpose in life—or at least one of them—to critique cultural units (accepted ideals, institutions, and personalities) by demonstrating that it is the 'margins' that place the 'text' in the center of the cultural page. You see, these units are not legitimized by actual appeals to truth but by an active process of exclusion, opposition, and repression."

"We're going to need an example." Brad.

"Take the ideal of individualism, a favorite in American culture. This is the belief in the primary importance of the individual and in the virtues of self-reliance and personal independence. When a person holds up this idea as good, he is engaging in an opposition—he implies that being 'your own man' is opposed to being one part of a community. He is also engaging in repression—he is denying that the community has made the individual what he is, though of course it has. And he is engaging in exclusion—he is asserting that it is better to be self-reliant than to depend on one's community for identity and satisfaction."

"And by doing this we—"

"We show that much of what we assume to be good and useful about our societies is actually false, unstable, and even immoral. We also end up discovering that there are some very important ideas, institutions, and people that we have repressed and excluded. And we learn that we should be removing them from the 'margin' and placing them at the 'center.' "

"OK, well, this is still pretty fuzzy in my mind. Umm, are there any movements or groups in society that you think are doing a good job with this margin-to-the-center thing?" Brad asked.

"I'll mention three: multiculturalism, the gay rights movement, and feminism. Gay rights and feminism represent two classes of people who have traditionally been opposed, repressed, and excluded in the West. These movements—for the most part—do an admirable job of attempting to take these 'margins' and bring them to the center of the 'text' of society. Multiculturalism is similar, but instead of dealing with marginalized groups within the West, it deals with cultures in the world that the West has marginalized. It endeavors to show that there are communities all over the world that the West has wrongly tried either to ignore or to change. It also shows that these cultures have a beauty and an authenticity that ought not to be tampered with. They are valuable and viable as they are."

Key Postmodern Movements

- Multiculturalism
- Gay rights
- Feminism

"And what else?" I was really hoping that this was the end.

"Well, of course, I could go on for hours, but—"

"I think you already have." Brad, naturally.

"But that's all that really needs to be said, I think," Carla finally concluded.

"OK, Brad, shall we open it up for the eggheads?"

"Be my guest."

Salvadore Dali's The Ghost of Vermeer of Delft Which Can Be Used as a Table *(1934) anticipates in art postmodernism's rejection of absolute standards of rationality.*

Can We Live with No Foundation?

8

Memory Verses: Romans 1:22–25

It only seemed right to give Ted dibs on grilling Carla. "Ted, do you have anything to say?" I asked.

"I guess the thing that intrigued me most about your presentation, Carla, was what you said about knowledge not being objective."

"I know that goes against your grain, Ted, but sooner or later we all have to face the fact that objectivity in knowledge just is not possible. I, like you, grew up thinking it was possible. But I later learned that objectivity assumes a foundation for knowledge, and it does not reckon with the fact that knowledge is culturally based. We cannot rise—"

"—Rise above the human communities that have produced us," Ted finished her sentence. "Yes, I was listening. And the reason you gave for this was that logic is socially constructed. Is that right?"

"Right. Contrary to your thinking, I don't view logic as providing us with an unobstructed view of the truth. It's like a painting painted by a blind man; it's not a lens clearly focused on the truth. But it's more than logic that I'm talking about here. It's *all human systems*. That would include language. Human language is not communication. This is the reason I'm opposed to making the author's intent the goal of interpretation. Understanding what the author meant to communicate is not possible in interpretation, and it is not desirable. Now, Ted, I recognize that this is diffi—"

"Uh, Carla, I hate to interrupt, but I think I really need a glass of water. Would you please get me one?"

Certainly seemed like an odd request, but Carla didn't appear to mind. She left the table and within a minute returned with water for Ted. I must admit it was touching to see these two, who obviously had big philosophical differences, acting like friends.

Sort of gave me hope for world peace. It was a hope that died right after it was born.

"Carla, why in the world did you just do that?"

"Do what?"

"Give me a glass of water."

"Because you said you wanted one!"

"Well, I know that's what I said, but that's not what I meant. I meant for you to tell me more about your understanding of ontology."

"Ted, you are weirder than anyone gives you credit for."

"No weirder than you suppose all of us to be, Carla." And I thought this part of the discussion was going to be boring! Ted continued: "You say that the goal of interpretation is not the author's intent, because knowing intent is neither possible nor is it desirable. But I've just disproved both.

"It is desirable to know the author's intent—no conversation can be possible without it. If asking for water actually means asking for more on ontology, then the meaningful discussion that we've had around this table could not have happened. I have also demonstrated that knowing the author's intent is possible. All of us—including you—assume that all the time, and that assumption is verified by our daily experience. I surprised everyone at the table just now by asserting that my meaning was impossible to determine from my wording—that I didn't really want water. You responded to my claim (my claim that I actually wanted a discussion of ontology) by concluding that I was weird—that I must be an absurd thinker. And you're right. Only a crazy person would use human language in a way that didn't communicate. But you know what? I was kidding. I really did want water! Thanks—and thanks for helping me make my point." With that, Ted took a long drink from the glass that Carla gave him.

"Ted, you're just having a hard time forsaking your worn-out worldview. You are stuck in an unworkable modernistic epistemology."

Ted looked down at his glass and spoke with a smile: "Carla, I'm so glad you've come around to my way of thinking."

"I am not coming around to your way of thinking!"

"Well, that's how I'm reading you when you say, 'You're stuck in an unworkable modernistic epistemology.' After all, human systems (like language and logic) are not *referential*. They are *reflexive*. Your *words* spoke of my worldview as unworkable, but I know that those words weren't *referring* to anything in *reality*. They were only pointing back to the community that produced you. Since it's not possible to know any author's intended meaning, I'm just using your 'text' as a stage on which to display the thinking of my community. I really was hoping that you would respond by attempting to appreciate the beauty of the way my community has taught me to think."

"I refuse to appreciate a 'community' that is ridiculing my thinking." Carla was not happy.

"And how do you know that I'm ridiculing you? You're not trying to interpret my statements according to my intended meaning, are you?"

"Ted, I admit that we are able to communicate with a high level of understanding because the two of us come from the same community. If, howev—"

"Oh, so we're from the same community, are we? Well, as I listened to you rage against modernism, I felt pretty sure that you didn't agree very much at all with people you call 'modernists'—people like me. Judging from your presentation, I'd say we're from very different communities. And yet we still understand each other, don't we? I *know* that Ravi and Li come from communities quite different than yours. Yet you've had meaningful interaction with them too around this table.

"You know, Carla, that brings up another important point. You said that it's not possible for us to rise above the communities that have produced us. But the fact is that people do change communities. That's what you've done. You were raised in a more-or-less modernistic context, but somehow you got convinced to leave it. Doesn't this prove that there is something about logic that transcends one's community? Logic can't be constructed by each community if people from different communities can communicate and sometimes even convince one another."

"But still, Ted, we cannot say that knowledge is objective."

"Why not? If I can listen to a speech or read a book and understand the author's intended meaning, then I can know something objectively. It's not *my* meaning that I've discovered; it's the *author's*. It's therefore not subjective; it's objective. If I can do that in interpreting texts, why can't I do it in other endeavors too?"

"But, Ted, you're just not reckoning with the profound effect that one's community has on the knowing process."

"Not to mention the effect that the desire for power has," Jack inserted, surprising everyone.

"Yes, that's right," Carla said. "Wait a minute, Jack, you're not supposed to agree with me, are you?"

"Well, I agree that Ted doesn't reckon with the difficulty of maintaining objectivity in the knowing process. In fact, in a way I don't think you have reckoned with the difficulty of it."

"What?!" said Carla, Ted, Ravi, Li, Brad, Guide Girl, and I.

"As a Christian," Jack continued, "I am acutely aware of the difficulty humans have in knowing something objectively. And the problem, as I see it, is far more profound than one's community and the desire for power. *Sin* is also a huge factor. The Bible teaches that all humans are sinners, unwilling to face the truth about themselves and the holy God who made them. 'The heart is deceitful above all things, and desperately wicked: who can know it?' That's what God has to say about mankind and epistemology. We're so evil that we cannot even know ourselves. So the idea that we can be dispassionate observers—that we must stand outside the historical process as unconditioned specialists—is to me totally unacceptable."

"Well, this is certainly unexpected," Carla said. "So you would agree that knowledge cannot be objective or certain?"

"No."

"No?! You have to come to that conclusion, Jack. If the barriers to objectivity are even greater than I've said, then you have to agree with me."

"No, I don't. I think your conclusion is extreme. We do face huge obstacles in the knowing process, but experience tells all of us that certain and objective knowledge is possible."

"Not as I see it. Experience teaches me that objectivity and certainty are impossible. Whether you're talking about interpreting the Declaration of Independence or studying particle physics, we just don't know what we think we know. People in Jefferson's time thought he meant freedom for rich white males. But people in the North during the Civil War said he was talking about black people as well as white people. And it wasn't until much after the Civil War that anybody thought 'all men are created equal' referred to Native Americans. And when it comes to studying the atom . . . well, let me just say that nearly everything that physicists 'knew' about the atom a century ago, they now no longer 'know.' "

"In my mind, Carla, what you're saying does not challenge the idea of certainty or objectivity in knowing."

"Jack, I just don't know how you can say that."

Postmodernism often engages in the either-or *fallacy.*

"You are presenting us with an age-old logical fallacy—what many people call the *either-or fallacy*. What you're saying is, *Either* we know something completely, exhaustively, and absolutely, *or* we do not know it at all. Well, of course, you can always disprove the 'either' clause. If I say that Jefferson *meant* to include African slaves and Native Americans in his famous statement, you can always counter that he owned slaves and never evidenced a concern for the plight of the Indians. If, however, I say that Jefferson *meant* to exclude those two people groups in the Declaration of Independence, then you could say that he may have intended them too but that he didn't act like it because he knew that his fellow Americans were not ready for that yet.

"So, yes, I agree that I cannot know what Thomas Jefferson meant exhaustively or absolutely. But I refuse to think that my only other choice is to say that I am lost in a befuddling wilderness of dangerous uncertainty—that I cannot know for certain anything that Jefferson meant. There is no simple 'either-or' here. I have another choice: I can say that I know what he meant *to a degree.* I know that he was at least arguing for the freedom of aristocratic white males in the American colonies."

"Well, that's not very much."

"I'd say that's quite a bit," Jack answered. "It's all I really need to know to understand the significance of the Declaration of Independence in that time period. The same goes for particle physics. It is true that much has changed in this area, but you yourself admitted that not everything has been overturned. You said, '*Nearly* everything that physicists "knew," they now no longer "know." ' So evidently at least some of what they 'knew' they truly knew. Furthermore, if we can know nothing for certain, on what basis can we claim that previous theories have been overturned? Carla, what I'm saying is that there are degrees in knowing. And knowledge does not have to be exhaustive to be true knowledge. Certainly this is something that our daily experience bears witness to—as Ted's harsh but effective trick has demonstrated quite well."

"But it seems to me that your Christianity wouldn't allow for this. Isn't it true that if I can't know even my own heart, I can know nothing?"

"OK, you're referring to the biblical condemnation about the human heart, 'Who can know it?' Well, I think this should not be understood in an absolute sense. God isn't saying that we cannot know *anything* about ourselves. He is saying that we cannot know ourselves completely—particularly the extent of our own depravity. But God certainly expects humans to know many things. Take, for example, what Jesus Christ said to some of the Jews of His day."

Jack pulled out what looked like a very small black Bible. "I think it's in the sixteenth chapter of Matthew," he said as he flipped through the pages. "Yes, here it is. Listen to this.

> The Pharisees also with the Sadducees came, and tempting desired him [that is, Jesus] that he would shew them a sign from heaven. He answered and said unto them, When it is evening, ye say, It will be fair weather: for the sky is red. And in the morning, It will be foul weather to day: for the sky is red and lowring. O ye hypocrites, ye can discern the face of the sky; but can ye not discern the signs of the times?"

"Hmm," Brad broke his long silence. "Not the sort of Bible lesson one would expect from Jack. Any connection to what's been said?"

"Yes, absolutely," Jack answered. "You see, long before Christ came to earth, mankind had learned—through reason and a primitive kind of scientific method—that a red sky in the morning indicated bad weather ahead. Despite all the barriers that humans face in the knowing process, Christ did not question that these Jews truly knew there was a cause-effect relationship between a red sky and bad weather. In fact, He rebukes them for not knowing more. He asserts that since they could figure out one aspect of earth science, they should have figured out one aspect of 'God-science' (or theology)—that God had sent His Son into the world and that He was that Son.

"Anyway, Carla, my point is that Christianity—even with its severe statements about human epistemology—does still allow for the certainty and objectivity of knowledge."

"In fact," began Ravi, "when all is said and done, I think we must conclude that even Carla believes that knowledge is certain."

"Really?!" Carla said weakly. She'd been through a lot. I half expected her to ask for some protein blaster, but then I thought that doing so would just remind everyone of her fiasco with Ted. She never asked for anything.

"Carla," Ravi continued, "you have condemned modernism for being arrogant and overly confident about knowing. But you have

Postmodernism does believe in certainty of knowledge: it "knows" that knowledge cannot be certain.

shown a similar arrogance. You think so hard about thinking that you arrogantly claim that knowledge (traditionally understood) is not possible. You are convinced that we cannot be convinced. You know that we cannot know. Thus, you admit that you do know something for certain—*that knowing cannot be certain!*"

For once, Carla was silent.

That's when Guide spoke up: "Uh, Li, you're the only one that hasn't participated in this examination of Carla's views. Do you have anything to add, or anything to ask?"

"Yes, I do. Carla, you said that morality, like language and logic, is a human system and that it is just a social construction. Frankly, I find this very disturbing, and I think it makes your worldview unlivable. We simply cannot live in a world that allows each community to make up its own laws of morality."

"Why not? I believe that I do."

"*9-11-01.* Does that date have any meaning for you?"

"Obviously, that was a very great tragedy, but—"

"How can you, with your worldview, say that it was a tragedy? It was simply the clash of two communities, each with a different definition of morality. The United States had constructed its own moral laws, and so had the radical Muslims gathered around Osama bin Laden. There was nothing dark or evil about what the terrorists did. They were just following the dictates of their own community. Their own *beautiful* culture!"

"Certainly what the terrorists did that day was not 'beautiful,' " Carla was quick to answer. "September 11 *was* a tragedy, and there's nothing in my worldview that keeps me from saying that. In fact, if more people in the West had my worldview, I think what happened that day could have been avoided. If Americans had been more committed to multiculturalism, these 'radical Muslims' (as you called them) would not have felt so ostracized and abused by us. Instead of belittling them over the past decade or two, we could have been interacting with them—showing them that each community has something valuable to contribute to the world."

The forever-changed skyline of New York City stands as a monument to postmodernism's inability to account for universal moral laws.

"Li, you are definitely right," Jack began. "This is a very important point. Carla, you have claimed that there is nothing universal or transcendent about morality—that ethics and moral laws are merely social constructions. But, Carla, there is no way that you can live with this view."

"I can and I do."

"You can't and I know for a fact that you don't. Your point about knowledge not being good and your point about 'bringing the margins to the center' both reveal that you believe in at least one universal moral law. You are convinced that no one should be marginalized. You believe it is wrong to repress or exclude anyone. That is a moral belief, and it is a belief that you wish to apply universally. Part of the agenda of feminism, the gay rights movement, and multiculturalism is to go into other communities and change their thinking about those they have repressed or excluded. You have demonstrated that by what you've said about the Islamic extremists and the September 11 attacks."

"No, I refuse to be a part of this power play. You're just using your understanding of logic and 'truth' to force me into your mold. This is the sort of thing that Michel Foucault spoke of again and again. This discussion isn't about 'truth' and 'knowledge.' It's about getting power over other people and maintaining the status quo. Well, I'm not going to play that game."

"What game will you play then?" Jack asked. It was plain to me that Jack was not simply trying to win a debate, like Ted. He seemed like he was really trying to help Carla think through these important issues.

"What do you mean?"

"If your worldview is correct, then no matter what we do, we're ultimately just playing someone's game. And let me tell you, you do not want to play Foucault's game."

"And why not?"

"He's dead."

"As are most philosophers, Jack."

"But he died early, at the height of his writing career. And you know why, don't you?"

"He died of AIDS. Jack, please don't try to make something of this. It's cruel, and you'll only embarrass yourself."

"Carla, I will make something of this, and no one should take it as cruel. Discussing philosophy often has an edge to it because we're talking about our most cherished beliefs. Once we have chosen to seek answers to ultimate questions in a public debate, we have chosen to hear some things that will make us uncomfortable."

At this point Jack started addressing all of us at the table. "In the tradition of Nietzsche, Foucault claimed that what we view as knowledge is only a human creation. He denied that there was a universal morality. He thought that morality differed profoundly from one person to another. He therefore viewed the moral pronouncements of religion as nothing more than an exertion of power. The religious claim that certain actions are 'sin' is not a revelation of true morality, he said. It is a power play—an attempt to regulate the behavior of others by a fabrication, an 'invention of truth.' Foucault flaunted his rebellion against this 'power play' by giving

Michel (mee SHEL) Foucault (foo KOH) died on June 25, 1984, a victim of his own philosophy.

free reign to his homosexual impulses. After several years of this kind of lifestyle, he contracted AIDS."

"Jack, as if it weren't enough for people to persecute Foucault while he lived, you actually feel you must persecute him beyond the grave."

"What sort of persecution are you talking about?"

"Inventing knowledge, moral knowledge, in order to condemn him—that's persecution. He just didn't fit your mold, so you feel you have to appeal to 'morality' to make him fit it."

"Well, Carla, have you ever considered that perhaps the *world* has a mold? That the world is constructed in such a way that if you choose to do certain things, you cannot fit in the universe, and you therefore cannot prosper?"

"What do you mean?"

"You speak of Michel Foucault as a persecuted and wronged man. But the fact is that the greatest harm he experienced did not come from other human beings or their worldviews. He died because he engaged in acts that his body was not made to do. By living an immoral life, he thought he was exposing the sinister nature of others' thinking. In fact, he exposed the sinfulness of his own. Religion—Christianity in particular—did not kill Michel Foucault. Postmodernism did."

"Oh, Jack, at this point there are so many things I could say to refute what you've just said. But I'm going to leave this Foucault thing alone and instead focus on something that has not been discussed—something far more important. There's been a lot of talk about my view of knowledge being unworkable. But you all seem to have forgotten that what I have said about knowledge is based on what I said about foundationalism. *There is no foundation for knowledge.* History proves that pretty well, I think. Jack, you may not like where my worldview ends up, but you cannot deny where it starts."

"Carla, I have to admit that this really is one of the finest points that you develop. I think you have done an excellent job demonstrating that modernism's epistemological foundation has real problems. You have shown that reason cannot function as the foundation for knowledge. It takes *faith* to say that, and the history of Western philosophy demonstrates that this is a faith not everyone shares. Furthermore, if reason alone is the foundation, we are not able to verify some of the things that are most important to our existence. We have no explanation for the laws of logic, the laws of morality, and the uniformity of nature. These three things are things that modernism holds dear but cannot defend if reason informed by science is the foundation for all knowing.

"So, Carla, I agree with your observations regarding the problems in modernism. I disagree, however, with your conclusion. You say that modernism's foundation is indefensible, but then you conclude that there must not be a foundation for knowledge. *I cannot agree with this, because it is unlivable.* If you say there is no foundation for knowing, then you must conclude that we cannot know—that therefore logic, morality, and science are all uncertain, variable, and subjective. And the fact is that no one can live consistently with that view. Sooner or later we all have to face the fact that we cannot live without truth. In fact, trying to do so can kill a person—as it killed Foucault."

"OK, then what is your foundation for knowledge?" Carla asked in a critical voice.

The problem with postmodernism is that it is too much like modernism.

"*God*—to state it simply. You see, the problem with postmodernism is that it is too much like modernism. Modernism started by pushing God to the side and placing reason at the center, as the foundation for knowledge. In time modernism couldn't find any place for God. Thus, it endeavored to live all of life without God. Postmodernism came along and said, 'Hey, if modernism is right about God, then it must be wrong about reason and knowledge.' Hence, it concluded that we must become willing to live without truth. My contention, however, is that postmodernism isn't radical enough. It needs to realize that modernism was *not* right about God. *We cannot live without truth, and we cannot have truth without God.*"

"I'm not sure I can hold any more," I said as we three kids left the table for a seat at the snack bar. "My head's full of philosophy stuff. It's all smearing together, like when I pour too much gravy over my potatoes and it makes soup with the peas, and gets my bread soggy, and mixes—"

"Stop!" Brad snapped, looking disgusted. Normally a gross sort of guy, Brad gets a weak stomach when he eats. I love to make him sick.

"I know what you mean," Guide Girl said. "There is a lot to keep straight. But welcome to the real world, guys."

Brad laughed. "You're one to talk about the real world, Miss I-Don't-Know-My-Name. You've already admitted to not being real, and you're talking to us about the real world?"

"Honestly, Brad, you must realize how complicated your world is. It takes some effort to learn anything of value."

"Excuse me for respirating. And just what do you think is the truth in my world? Can you guide us to anything more useful than a table full of talking heads?"

"Probably not. The table is likely to be the most helpful device I can show you, because the discussion there deals with the most important topic possible. Do you realize that any other worthy question you may have asked would have led to a similar discussion? All worthy questions hinge on ultimate questions, because how one answers ultimate questions determines one's worldview. That's what these people differ over: their worldviews. Call them religions or philosophies or whatever, worldviews determine how you think and act about everything.

"As for guiding you into truth, I point you to the people at the table. Even if you refuse to believe that any of them has the answer, they have at least showed you how to investigate the problem."

"Do you think any of them has the answer?" I asked her.

"Yes, I do. You have saved for last the one I think is right."

"Jack, huh? He's the Christian, right?"

"I'll let him tell you, Brad." Guide got up, ate her last cracker, and headed back to the table.

"I would love for all this to suddenly be clear," I told Brad.

"I have a feeling it won't be. Sometimes I think it will take a miracle for anyone to know the truth." We headed back to the table.

Jack looked at us for a long second after we sat down. Then that low, rich voice began.

"I am very happy to outline for you the history and tenets of the religion called Christianity. For the sake of this discussion, I do not intend to limit my description to any particular denomination or sect, just as my colleagues have attempted neutrality within the scope of beliefs they represent. I will begin with the testimony of history, if I may for the moment assume its relevance. Later I will show why Christianity allows history to be a credible witness." Jack smiled kindly at Carla, who raised her eyebrows.

"Christianity properly begins with God's creation of the universe and world. Christianity includes everyone who has ever been in a right relationship to the one true God, reaching back long before the term *Christian* existed. God chose one particular nation, called Israel, for the accomplishment of His purposes. Of course, many people outside that nation have been right with God, and many within Israel have not been right with Him. I shall explain the purpose of Israel toward the end of my presentation. For the tracing of history it is necessary to know only that Christianity is the continuation of a single faith that began with the dawn of humankind.

"At the birth of Jesus of Nazareth some two thousand years ago, the Christian era began. Exactly who Jesus was and why He was important I will also explain momentarily, but know that many people believed Him to be a figure prophesied in the holy writings of Israel. This figure bears the title *Messiah* in the language of Israel, a word meaning 'anointed' or 'designated.' Translated into Greek, the common language of the day, Messiah is *Christ.* Thus Jesus is called the Messiah, or the Christ. His followers came to be known as Christians.

"We know that Christianity spread from Palestine north to Armenia and Russia, east to India and China, and south to Africa. But we know relatively little about the history of those early movements. The spread of Christianity westward is well documented, for it was Europe that embraced it most. Christians grew increasingly numerous in the Roman Empire until the Emperor Constantine found it politically expedient to legalize Christianity in the year 313.

"Christianity eventually became the official religion of the empire, not long before the empire's dissolution at the hands of invading barbarians. Thus two great movements occurred in parallel: religious transformation by the spread of Christianity, and political disintegration

due to the fall of Rome. By the time the Roman Empire was gone, the church in Rome, which had enjoyed the most prestige, was gradually recognized as the preeminent church of Christianity. Gaining state sanction had mixed effects on the Christian church; on the positive side, Christianity spread to the masses of barbarians and sank deep roots into European culture that shaped all of subsequent western history. Those barbarians were, of course, the ancestors of the great majority of modern Europeans, North Americans, Latin Americans, and Australians. On the negative side, official recognition diluted Christianity's authenticity because everyone was required by law to be Christian.

"Though political control disintegrated into the feudal system, the church remained a unifying force and a preserver of knowledge and piety. During the Middle Ages, the eastern churches split off from Rome and formed what is now known as the Eastern Orthodox churches. Toward the end of the Middle Ages, two new movements coincided in Europe. In the political realm, nations formed, leading to a surge of intellectual and economic activity. In religion, groups of Christians broke away from the Roman church in what is known as the Protestant Reformation, which began in the early 1500s. Reacting against false doctrine, excesses, and abuses in the church hierarchy, the Reformers founded a number of new denominations.

The Christian church . . . is actually larger and more widespread than ever before.

"Largely through the reach of European imperialism, Christian missions spread all around the world in the following centuries. Imperialism is over, but the cultural influence of the West continues, much of which arises from Christianity. The Christian church may appear weaker than before—perhaps its political influence has indeed waned—but it is actually larger and more widespread than ever before."

"Wait, Jack; what is *imperialism?*" I asked.

"Imperialism is the political and economic dominance of one nation by another. From the eighteenth through the twentieth centuries, European countries established empires of colonies around the world. Imperialism had many bad effects on the subjugated lands, but some benefits as well. For example, the imperial colonies generally enjoyed more peace and prosperity than they had before. The greatest benefit, as I see it, was that the Christian gospel was able to spread more quickly and widely than it had before. Of course, one must agree that Christianity is good before he will agree with that.

"Now, if I may leave history and turn to the heart of the issue before us, I will summarize key Christian beliefs. As I said earlier, I intend to say what Christians purportedly believe. (*"Purportedly?"* I whispered to Guide Girl. "It means *supposedly,*" she whispered back.)

"First, let's discuss what Christians believe about the Bible. The Bible is composed of sixty-six books written by at least forty authors over fifteen hundred years. It contains many different types of literature and has sophisticated internal relations—each part must be understood in its place within the whole. It is not simply a guidebook or a list of dos and don'ts; it is God's revelation of Himself to man."

Brad asked his favorite question: "How do we know it introduces God? Who says so?"

"The Bible says so. At this point I do not wish to offer logical reasons to believe the Bible (though they are available), but simply to explain what the Bible claims and what Christians believe.

"The Bible also teaches that it is a collaboration of God with human authors. God worked through the human authors, in different ways at different times, to produce the Bible exactly as He wished it to be. Sometimes He spoke directly; often He steered the authors to write what He wanted without speaking directly. We get this picture from verses like II Peter 1:21: 'The prophecy came not in old time by the will of man: but holy men of God spake as they were moved by the Holy Ghost.' Christian theologians call this process *inspiration,* the English word used to translate a very specific Greek word used in II Timothy 3:16. It literally means 'breathed out by God.' The image is something like a musician playing a saxophone. Musician and saxophone are different things, but the two work together in one action. The musician supplies the guiding creative thought as well as the breath, while the saxophone is his instrument. However we picture it, inspiration is a supernatural synthesis of God's work with man's. It results in a document that can and should be called 'the Word of God.' "

"Is only the Bible inspired like that?" Guide Girl asked.

"Yes. We can trace the process by which the books of the Bible were recognized as such by the church, but ultimately the Bible's existence is a miracle. No human gave it authority or validity. It is what it is by the activity of God."

"Well, that's what *you* say," Brad corrected Jack.

"No, that's what the Bible says about itself," Jack corrected Brad's correction. "The verses I just quoted demonstrate that the books of the Bible were God's Word when each was written. What individuals, churches, and councils did afterwards was simply to *recognize* what God had done."

"But still, what you're saying is convincing only if you *assume* that the Bible is reliable," Brad corrected Jack's correction of Brad's correction of Jack. "You first have to prove that the Bible is a reliable book—something that we ought to trust, right?"

"That really is outside the parameters of what I'm trying to do in this presentation, Brad. I'm telling *what* Christians believe, not *why.* But since your question is very important, I will at least begin to answer it. Let me start by asking you a question. What sort of proof would convince you that the Bible ought to be trusted?"

"Well, I don't know. I mean, I guess a couple of things. The Bible should be logically consistent, obviously. And it ought to make some really impressive claims and then live up to them."

"What kind of claims?"

"Accurately telling the future would be pretty impressive."

"Well, Brad, you have just demonstrated that you are indeed a modernist. You see, your answer indicates that you take reason (with the help of science) as the foundation for knowing. Or, to change the analogy a little, you view reason/science as the 'machine' that makes the 'uncertain' the 'known.' When you encounter something that claims to be true but that you doubt, you want to stick it into the 'reason/science machine.' If it comes out of the machine with the stamp 'reasonable,' then you take it as true. If it doesn't, then you say it's not true—or that it at least cannot be called 'known.' "

"And this is the wrong view?"

"It's not the Christian view, that's certain," Jack replied.

"So reason and science aren't important to Christians?"

"Oh, no. I didn't say that. Sound reasoning and good evidence are very important in the Christian worldview. The Bible uses both repeatedly. In fact, the two criteria you mentioned for proving the Bible—logical consistency and predicting the future—are both found in Scripture from beginning to end."

"OK, so reason is important to Christians, but it's just not *really* important," Brad said with a confused look on his face.

"Reason is important to the Christian worldview, but it is not taken as the foundation for knowledge—as it is with the modernist's worldview."

"Then what is your foundation for knowing?"

" 'The fear of the Lord is the beginning of knowledge.' That's what Proverbs 1:7 says, which I take to be the thesis statement for the Book of Proverbs. This is a very important book in the Bible. It's a philosophy book of sorts. Through several lengthy discourses and through many short aphorisms (proverbs), it aims to prepare young people for productive, successful lives. Like any treatise on philosophy, some of it is speculative and some of it is very practical. Now, of course, fundamental to any serious discussion of philosophy are one's beliefs regarding epistemology. The Book of Proverbs is no different. It begins its treatment of philosophy and how it relates to success in life by talking about the basis for knowing something. But unlike many philosophical treatises, Proverbs boldly states that knowledge is not founded on experience or reason. *The foundation for all knowing is 'the fear of the Lord.'* "

"Jack, I'm afraid none of us know what this 'fear of the Lord' thing is," I added to the conversation.

"It means to fear God—but not just any God. Behind the English word 'Lord' is the Hebrew word *Jehovah*. This is the personal name for the God of the Bible. By 'the *fear* of the Lord' Proverbs means something like '*total devotion* to this God.' So what is being said here is that the foundation for knowing is nothing other than a right relationship with Jehovah. A human is able to 'know' only if he is totally devoted to the God of the Bible."

"Whoa! So you are the only person here who *knows* anything?" It didn't take Brad long to connect the dots.

If one does not fear the Lord . . . , then one cannot know something with certainty.

"Yes. But let me add that I do not doubt that you *think* you know many things. And since many of those things are things that I know to be true, I don't doubt that they are true. My point, however, is that without the fear of the Lord a person does not have a good reason for knowing what he thinks he knows. Certainly secular thinkers have come to a similar conclusion. Postmodernism states that 'knowing' cannot be justified— that knowledge should not be viewed as certain. If one does not fear the Lord (as late modernists and postmodernists do not), then one cannot know something with certainty. I think that the fundamental assertions of postmodernism are a secularist restatement of Proverbs 1:7. Our secular society does not fear the Lord, and our secular society is left without a 'beginning' for knowledge."

"OK, well, where is all this going? I think I've lost track of what we're supposed to be talking about." I really was lost.

"A few minutes ago I said that the Bible is God's Word, and Brad said that that was just my opinion. I told him that it was what the Bible taught. Then he countered that unless I could prove that the Bible was reliable, it was still little more than just my opinion. Then I demonstrated to him that he was trying to examine the Bible with an epistemological foundation that the Bible does not hold to."

"And why did you do this?"

"To demonstrate that you cannot prove the Bible's reliability unless you approach knowledge the way the Bible does—unless you agree that knowledge is possible only if you are rightly related to Jehovah. I could have given you and Brad an impressive list of reasons for believing the Bible is true, but I chose not to. For though these reasons are *impressive,* they are *convincing* only if you view the world the way the Bible says you must—only if you begin where it begins: 'The fear of the Lord is the beginning of knowledge.' "

"Well, this is certainly interesting," Brad concluded. "Go ahead and tell us more about your worldview and your ideas about knowledge."

Jack cleared his throat and continued. "A Christian's basis for believing in reliable knowledge is the Being and Person of God. In other words, because we believe in God, who created everything and knows everything, we believe that it is possible to learn and know truth. It is not difficult to believe that what I see or what someone tells me can be true, because the universe consists of knowable facts. What God knows to be true is what is true; therefore, it is possible for me to share God's knowledge and, as a result, know truth.

"At various times in history, God has demonstrated that He can communicate in any form He chooses. He may use dreams or visions, He may appear and speak directly, He may send an angel or a prophet, or He may inspire a divine book for us to read. I am not presently attempting to prove that the Bible is true, but only that if we posit the existence of an absolute God, the existence of a book revealing Him to man is perfectly acceptable.

"I said I would validate the use of history. Let me do so now. History books are not inspired revelation like the Bible. They are potentially fallible because human beings make errors and even tell lies—the Bible says so. However, if it is possible for human beings to know something that is true, then it is also possible for them to record and transmit truth. When history comes from multiple corroborating witnesses, it becomes *likely* that history is reliable, at least in part. Therefore, the Christian worldview allows for the use of history as a witness to truth, though never as the final authority on truth."

Jack paused and waited for questions, but we had none. He gathered his thoughts and continued. "Now that I have set before you what the Bible claims about itself, let me explain what it says about God and man. There is no elaborate treatise on God; instead, the Bible reveals what He is like through records of His words and actions. Christian theologians often summarize the Bible's portrait of God with lists of His characteristics, which they call attributes or perfections. God's perfections tend to fall into two general

EXAMPLES OF GOD'S PERFECTIONS	
Non-moral	Moral
All-powerful	Good
All-knowing	Merciful
Eternally existing	Wise
Never-changing	Patient
	Just
	Generous

categories, those that are independent of morality and those that are of a moral nature. The first category usually describes God's abilities: He is all-powerful, all-knowing, eternally existing, and never-changing. The second category contains endless superlative qualities, such as good, merciful, wise, patient, just, and generous. This great and good God is the Creator of all, the Preserver of all, and the governing Lord of all.

"God's relationship to man began with His creation of man. God created mankind as male and female, gave them the unspoiled earth as their home, and provided everything necessary for their happiness. They are commonly referred to by the names Adam and Eve. They were perfectly righteous. It was their inherent nature to be and do good. They were made in God's own image."

"Made in God's image? And that means . . . uh . . . what?" This was from me.

"The context of Genesis 1–2 indicates that the image of God in man is a group of characteristics that makes man different from the rest of God's creation. When we look at Scripture as a whole, and at the things that make us different from the other creatures, we learn that it is most likely that combination of intelligence, will, and emotions that enables one to interact with God. It does not mean that we are just like God. It does mean, however, that humans are like God in many ways—in enough ways that it is possible for them to enjoy a relationship with Him.

"However, God also made Adam and Eve in such a way that it was possible for them to disobey Him and so lose their righteous condition. Through the temptation of a third party, a being later identified simply as *Satan* ('the Enemy'), the first man and woman failed their test.

"In rebelling against God, they became rebellious by nature. It became instinctive for them to be and do evil. Not that they immediately began to do as much evil as they possibly could have, for the continued presence and activity of God counteracted the damage done by evil. But the natural bent toward sin passed to their offspring. God had designed living things to reproduce their own kinds. Consequently, righteous parents would have produced righteous children, but instead evil parents produced evil children.

This evil nature became manifest in the first human son, Cain, who murdered his brother Abel. The sinful nature has passed to all succeeding generations of humans."

Brad broke in. "Oh, that's just great! Christianity says that everyone suffers because one couple made a mistake. Supposedly, we are all bad because of something someone else did?"

"Not a mistake, Brad—a rebellion. Nothing compelled our first parents to sin, but they did. Had Adam and Eve chosen obedience, they would have passed a righteous nature to us all. It was their privilege, by God's design, to set the course of their race. But because of their sin, all of us are born sinners. We sin because it is natural for us to do so."

"Why didn't God just not make a way for them to sin?" I asked. "Then they would have passed on righteousness to us, right?" I thought that was a good question.

God . . . does not always explain Himself to His creatures.

"Ultimately, I cannot say why. God has His reasons for all He does, and He does not always explain Himself to His creatures. I can say, however, that it is wrong to suppose that God should have done differently. You see, to say that God failed Adam and Eve by making them as He did is to question the moral uprightness of God. And to question God's morality is to assume that there is an absolute moral standard outside of God. But in the Christian worldview there is only one absolute moral standard in the world, the character of Jehovah. Thus, to question God's goodness is, in essence, to question the foundation on which the Christian worldview is built.

When a person does that, he begins rejecting what the Bible claims as its epistemological foundation—*fearing Jehovah*. For a Christian to question Jehovah's goodness is like Ted saying that he cannot trust reason as a reliable path to truth. Once a person starts questioning God, he loses his reference point for knowing, and he is no longer capable of seeing the world as it is."

"So what's the answer?" Guide Girl asked eagerly. "How did God rescue man after his sin?" Obviously, Guide knew about Christianity already. This was her faith, I remembered.

Jack smiled at her. "God had to punish sin. Nothing evil can be in God's presence. Only perfect righteousness can live with God and love Him. If man were to be restored, man needed to re-gain his righteous nature. At the same time, every sin had to be punished, and even one sin condemns the sinner eternally."

"Bad situation," Brad sarcastically commented.

"Indeed it is," Jack replied smoothly. "So bad that only God is capable of solving it. His solution—the only solution—was to take human form upon Himself, thereby creating new perfect humanity, which He can give to human beings, raising them to the righteous status necessary to be in His presence eternally. At the same time, as a human He could take a human's punishment for sin. But being God, He could absorb the punishment for all human sin in one moment of time."

"Whoa! What was that again?" I was too tired to swallow that much brain food in one gulp.

"By becoming human as well as being God, God was able to overcome both obstacles to man's salvation; He took the punish-ment we deserve and earned the righteousness we need."

"The punishment was destruction, wasn't it?" I asked then. "How was God destroyed?"

"Yeah, tell them about the punishment," Ted sneered. He had been trying to stay quiet, but failed.

"The punishment for sin is not ceasing to exist. The punish-ment is eternal suffering in the lake of fire."

"Oooh, sounds painful," Brad responded lightly. "The Bible really says that?"

"But God saved us all, right?" I asked before Jack could answer Brad.

"God does not save all human beings, if that is what you mean," Jack told me. He wasn't excited or yelling. He was very sober, and spoke very slowly and clearly. "Just as Adam and Eve could not remain righteous against their wills, so no one can be saved from sin against his will. The only way to be saved is to trust Jesus Christ for your salvation."

"What does He have to do with it?" I asked.

"He has everything to do with it because He was God in human form. God's taking on of human nature required His being born as a human and living as a human. That was the chief purpose of the nation of Israel, by the way: to provide the matrix out of which God in human form might enter the human race. Jesus of Nazareth was that miraculous fusion of divine and human natures into one Person for the sake of our salvation."

Brad: "And what exactly do I have to do to be one of the saved people?"

Jack: "You have to trust Jesus Christ to save *you* on the basis of who He is and what He did. He is both perfect human and perfect God. He lived a perfect life, earning perfect human righteousness. He died undeservedly on the cross, bearing the punishment for sin. The price that would take us eternal suffering to pay, He paid in His one death, because He had the infinite capacity of God. He rose alive from the dead—that is called the

Resurrection—and so demonstrated that He can overcome death with life."

Me: "OK, what would I have to do to be a Christian?"

Jack: "I assume you are using the term *Christian* in a broad sense. As far as most people are concerned, anyone is Christian who claims to be, whether Protestant, Catholic, Orthodox, or another denomination. But if you mean, as Brad asked, what you must do to be *saved,* my answer is obviously the same—trust Jesus Christ."

"Sure, but how?" I was getting a little annoyed.

"You already know how to trust. You do it all the time. You trust a chair to bear you without breaking, a car to carry you without exploding, food to provide nourishment without poisoning you. Likewise, you must trust Jesus Christ to save you."

"And I'll be saved when I die?"

"Yes, but you will be saved *now,* too. For to be freed from sin and have the righteousness of Christ given to you is to transform what you are. Herein is the supernatural aspect of Christianity, which I cannot explain logically. Salvation takes mental assent, but it is far more than your decision. It is a spiritual rebirth. You will no longer be separated from God. You will know Him, as human beings were meant to know Him all along."

Central to the Christian worldview is the person and work of Jesus Christ—"in whom are hid all the treasures of wisdom and knowledge" (Col. 2:3).

God Is God

10

Memory Verses: Romans 11:33–36

For a change, the three of us stayed at the table while the others walked around. We were discussing Christianity. "I'm glad this is the last one," Brad said to me from the depths of his folded arms.

"Yeah, it's been a lot. New words, new ideas, all bumping together. I never realized how much some of these . . . uh . . . worldviews were at odds with each other. These people really argue!"

Guide Girl asked, "What did you think of Jack's presentation?"

"Great," Brad mumbled, head still down.

"Christianity fits together pretty well," I said. "But there are some things I want to ask. Some things just don't make sense to me, but I know the others will ask good questions. Tell me something, Guide: Do you think Christianity can answer every problem? I mean *every* problem. Like why there is war and poverty, why the rottenest people get away with whatever they want, and what we're supposed to do about it. Or even smaller problems, like figuring out what to do with our lives or who we're supposed to get married to."

Guide was thoughtful for several seconds. "I don't know that Christianity can provide an answer to all questions. Like Jack said, God doesn't always explain Himself.

> *I believe that even when Christianity doesn't have an answer, Christ Himself is the answer.*

Maybe Jack could tell you more. But I believe that even when Christianity doesn't have an answer, Christ Himself is the answer."

"How's that?"

Her forehead wrinkled. "If what the Bible says about Jesus Christ is true, then He is the answer to all questions. To use your examples, I cannot explain why there is war, but I know that Christ is King and that He will one day bring perfect peace and justice. He can cure poverty—even better, He can make a poor person rich in spiritual treasure and happier than many rich men. Someday He will judge everyone who ever lived, so I know that even when someone seems to have gotten away with evil, Christ will make it right."

"Promises, promises," Brad murmured, then raised his head. "Why should I listen to someone who isn't even real? Are there no real people who are Christians? Can somebody with real problems, in the real world, be a Christian?"

"Brad, I'm a composite of real people, remember? That doesn't mean I'm a fake; it means I represent several different real people, people who happen to be Christians. I'm like a fable. I may not correspond to one individual person, but I could be any one of many people; thousands of people, in fact. By the way, has it occurred to you that perhaps *you* aren't real? I mean—"

She had to stop because at that moment Ted sat down and said, "All right, let's wrap this thing up!" The others took their seats. It was time to start Jack's cross-examination.

I wanted them to ask questions in the same order they had aired their views, so Ravi led off. "Jack, dear fellow, let us begin by looking more closely at the Christian Bible. You seem to stake all of Christianity on it. But is it really unique, I wonder? And if it is not unique, what remains to Christianity? What then makes the Bible unique? You claim it was written by God, yet you conveniently acknowledge that it was also written by men. If men could write it, how is it specially God's book?

"Does its uniqueness lie in high moral content? No, I say, for your Bible is quite laden with immorality. It condones and even promotes behavior that is elsewhere condemned by it. However, I do not condemn the Bible's value on that basis, for I level the same charges so often directed at Hindu writings. I can accept that your Bible is complex, artistic, sublime, mysterious, and that those traits justify its content. My only charge is that the Bible is *not unique;* it contains nothing but what men wrote and lacks anything to set it above the holy writs of other faiths. In summary, my question is, Why is the Bible alone God's book?"

Jack addressed the group without hesitation. "The progressive writing of the Bible, by different real humans in real-life situations over many centuries, yet making a consistent and coherent whole, *is* the uniqueness of the Bible. It is a miraculous conjunction of human and divine, analogous to the union of deity and humanity in Jesus Christ.

"To show the parallel importance of a divine-human Book and a divine-human Savior, I ask two questions. First, do I wish to pray for mercy and deliverance to a God who is wholly other than I, or to one who knows by experience what it is like to be human? And second, do I want to read for wisdom and guidance for life in a book written by a distant God, or by a God who, in the very writing of His book, addressed genuine human beings through other human beings and gave real solutions to real problems? In both cases I want the latter, the divine-human Savior and the divine-human Book.

Come on, what do those humans know about being an insect?

"The question then reverts to Ravi's second challenge: the Bible's morality. To rephrase his question, Is the content of the Bible worthy of its claim? In the first place, the question assumes a moral foundation against which we may judge the Bible. This is obviously impossible, because the Bible claims to be the expression of God's mind, and God's mind *is* the source and standard of morality. We cannot assume another standard without rejecting the Bible's claim from the outset. On the other hand, Ravi charges that it is inconsistent; morals in some parts seem to be violated in others. I simply point out that the Bible accurately records many sins without approving of them. Just because a major Bible figure does a certain thing does not make it right in the eyes of God. On the contrary, many characters serve to illuminate God's patience. He saves sinners, not saints. It is true that the Bible describes and records evil, but God is never evil."

Any hopes I had held of finding Jack easy to follow were smashed beyond recognition. Brad had a question. "This sounds like just another way of saying two things at once. You had a problem with that when Ravi did it, but now you say that Christianity does the same thing."

Jack answered, "The difference is that Hinduism affirms everything at once: everything is part of an ultimate reality. That reality is everything that we call human and divine, male and female, good and evil, or whatever. The Bible is the product of both human and divine activity, but it is only one thing—a book. Likewise, Jesus is both fully human and fully God, but just one Person. Jesus is not equivalent to the Bible. You and I are not parts of Jesus. He is distinct from all other persons, just as we are distinct one from another."

"But Jesus is only part of God, right?"

"The Bible presents three Persons that are together the one God—God the Father, God the Son, and God the Holy Spirit. Frankly, I cannot understand a relationship of three distinct Persons in one God. The Bible makes it clear that there is only one God, that Christ is God, and that Christ is distinct from the Father and the Spirit. It's a mystery to us how those things can all be true, but to deny any one of them is to deny the Bible."

Well, what do you say to something like that? I decided to go back to a slightly different point. "Jack, I'd like to know if our only source for knowledge about the Christian God is the Bible."

"General revelation, through creation and conscience, also tells us about Jehovah. General revelation means the evidence of Himself that God has placed for all mankind to see. Creation refers to the universe in all its infinite detail, from the largest galaxies to the smallest subatomic particle. Creation is there, it is beautiful, and it is obviously designed by some guiding intelligence. Though it tells us nothing of God's moral character or of the way of salvation, it testifies to His existence.

"Conscience rests in every one of us, giving us the inner certainty that there is right and wrong, even if we struggle to define what they are. Why would there be any sense of guilt, of justice, or of retribution if we were mere animals? Conscience has no explanation without a higher moral reality.

"Yet conscience does not explain the way of salvation either. That falls to the Bible, which we call special revelation. Since it is intelligent communication of thought, it goes to individuals only as they give attention to it, whether in written or spoken form. Hence it is not general, but specific, or special."

I had a follow-up question. "So am I supposed to know God exists even without the Bible? That sounds just like what Ravi said about Hinduism: I should know it on the inside."

"Because we are sinners by nature, the general means of revelation never lead us to God by themselves. They demand special revelation, which is the Bible. The Bible illuminates what creation and conscience tried to tell me my whole life, but which I could not understand because my very heart was bent against it."

"But not everyone who reads the Bible becomes a Christian. What does it take to change that evil nature, as you call it?"

"A miracle. An act of God in which He makes a person into a new being by giving him life in Christ. We have no part in performing that miracle, but amazingly, there is something we can do to bring it about." He stopped.

"And that is . . . ?"

"Trust Jesus Christ."

I wasn't sure where to go from there, so I told Li to go ahead.

"Jack, I have a simpler question, one that to me makes Christianity's concept of God impossible. If God is both all-knowing and all-powerful, how do you explain the existence of suffering? If God knows about all suffering—even before it begins—and *can* prevent it, why doesn't He? It seems to me that the only explanation is that God wants people to suffer. But if you believe God is good and loving, that explanation won't do, will it?"

That's when Brad jumped in. The emotion in his voice showed that he was being more than academic. "That's right, Jack. How can you expect me to look at the suffering of the world and believe that God exists? Or if I believe He exists, that He isn't mean, and loves to watch us suffer our whole lives and then die?"

"So the problem of evil makes you doubt the Christian worldview? Well, Brad, let me ask you: have you ever considered that denying the Christian worldview leads to another problem—the problem of good?"

"Good is a problem?"

"It is if you deny God's existence. If there is no higher power or purpose, and if existence is bereft of any meaning, then 'evil' cannot logically be said to exist—so there is no 'problem of evil.'

But how then can you explain the presence of 'good' in the world? You speak of suffering, hatred, and injustice, but all of these ideas exist in your mind because you assume that there are such things as pleasure, love, and justice, and that these positive ideas ought to characterize the world. But where does that understanding come from if there is no absolute Being whose character defines the absolute standards of morality? You see, if you deny God's existence, *good* becomes an even greater problem than evil."

Since Ted had been third to present his worldview, he was third to grill Jack. "What I want to do is go back to the end of my presentation of humanism. Jack, you claimed that my worldview is faith based. Now let's suppose I concede that point (which of course I don't). Nevertheless, you still haven't demonstrated that your worldview is *better* than mine. We both have worldviews based on presuppositions—or so you say. Can you now convince me that your presuppositions are better than mine?"

"I cannot convince you to become a Christian—that is, to embrace my worldview. Only the supernatural working of the Spirit of God can do that. I can, however, demonstrate that only Christianity offers a consistent worldview. I can show that your presuppositions ultimately fail, whereas mine do not."

"I'm all expectation, Jack," Ted said smugly.

"Your key presupposition is that reason with science is the foundation for all knowing. Since you cannot find any compelling evidence for believing in God, you deny that He exists, or at least you deny that positing His existence is relevant to explaining and understanding our world. But I contend that the very entities you hold most dear in your worldview cannot be justified by your worldview. Without God, you cannot account for laws of logic, the uniformity of nature, or laws of morality. You say that reason and science are fundamental to knowing, but without God you cannot justify using reason and science in the knowing process."

"Oh, that's absurd. I don't need to posit the existence of God to justify my belief in logic and in the uniformity of nature. The idea of God is the result of wishful thinking. He's what you call an *immaterial* Being. In other words, a Being for which we have no evidence. We have abundant evidence for sound reasoning and nature, however."

"Are the laws of logic composed of matter?"

"Well, of course not. A law can't be material."

"Then how is it in a materialist's universe that—"

"Whoa!" Brad interrupted. "What's 'a materialist's universe'?"

"A materialist is someone who believes that only material entities (things composed of matter) are real," Jack answered. "And what I want to know is how is it in such a universe that one can justify the existence of logical laws. These are universal, invariant, and immaterial entities. They—"

"Whoa again!" Brad again. "Define 'universal' and 'invariant.' "

"Certainly. They apply universally—in all places, times, and situations. To be coherent, all persons must reason logically. These laws also are invariant: they do not change from person to person, or from group to group. So, Ted, how do you as a materialist justify your use of the laws of logic—things that are immaterial, universal, and invariant?"

"Well, I think that laws of logic exist by human consensus. Humans get together and examine the world and choose what they will consider to be reasonable. You don't need a God to have logic; you need only human consensus."

"Well, then you are a postmodernist. That's exactly what Carla was claiming. Each human community constructs its own understanding of logic. But, Ted, you scorned Carla for that view. It's absurd to suppose that logic and reason exist by human consensus. If that were so, meaningful discourse between two people from different communities would be impossible. We all sense that there is something universal and invariant about these immaterial entities. That sense explains why we're here arguing. We believe that we can have a meaningful discussion of worldviews around this table because we know that the laws of logic are not simply consensual. They're binding on us all—that is, after all, the reason we call them *laws* of logic."

"OK, Jack, then how do you justify your use of logic?"

"God. He is the absolute, universal, invariant, and immaterial Creator and Ruler of the universe. He made humans in His image and thus gave them the capacity to reason according to His own character. Logic is logical—reason is reasonable—because it reflects the thinking of the universal, invariant, and immaterial God. And that is how my worldview is able to justify these universal, invariant, and immaterial entities that your worldview cannot account for."

"Well, that's just nonsense as far as I'm concerned. I don't see how—"

"On what basis should we consider it nonsense? To say that something does not make sense is to assert that it is not logical. To assert that something is not logical is to assume that there are universal, invariant standards by which we are to judge things that claim to be reasonable. But your worldview is not able to justify such standards. So how can you say that my explanations don't make sense? I have a basis for claiming that someone's ideas do not make sense. You, however, do not."

"Jack, this is going nowhere. Let's change tracks. What about the uniformity of nature?"

"OK, do you believe in the uniformity of nature?"

"I do believe that the natural world is stable—that it will continue to be in the future what it has been in the past. Science would not be possible without such a belief."

"OK, what basis do you have in your worldview for saying that the future will be like the past?"

"From my practice of the scientific method. We've observed the uniformity of nature over many centuries of doing experiments. We conclude from science that this uniformity is part of the inherent nature of matter. The material world has certain properties that do not change. Therefore, we have every reason to expect that the future will be like the past."

"But, Ted, you're an evolutionist. You believe that our world is the result of a long chain of random changes in the natural order.

Fundamental to your explanation of the world's origin is the idea that in the past the future has *not* been like the past. On what basis then can you claim that in our day the future will be like the past?"

"Well, I would say that—"

"But even if you were not an evolutionist, you still could not account for the uniformity of nature. You say that past observations show that in the past there has been uniformity in the natural world; therefore, we should expect our future to be like our past. But this is begging the question. You're using probability to justify the uniformity of nature, but probability rests on the assumption that the future will be like the past. You see, you haven't justified the uniformity of nature. You're attempting to prove that the future will be like the past by assuming it. That's not good logic, Ted. And thus if reason is the foundation for knowing, your belief in the uniformity of nature cannot—according to your worldview—be considered something that you 'know.' You cannot justify it."

"And you can?"

"Certainly. In the Christian worldview, an absolute Being made the material world as a stable place. I can justify my belief in the uniformity of nature—and therefore my use of the scientific method—because I believe in and fear Jehovah, the God who created and upholds the universe by His all-powerful hand. You see, Ted, the irony is that you have to borrow from my worldview in order to use reason and the scientific method for the purpose of trying to prove that my worldview is wrong. My worldview can account for reason and the scientific method; yours cannot."

Ted just shook his head and then turned and looked away. Carla was the only one left. She looked impatient, I thought. I assumed she had something to do after the debate. "Jack, I've tried to see where you're coming from. I'm glad for all the contributions Christianity has made to world culture. I agree that the story of Jesus, with His gentle life, His execution at the hands of the establishment, and His Resurrection, is one of the most beautiful stories I know. But I believe we are examining Christianity, not Christ.

"My question is, very simply, what makes Christianity different from any other religion? Christianity became the very thing Jesus fought against and was victimized by—an entrenched religious hierarchy by which the elite held power over the people by inspiring both terror and hope. Will you try to persuade us that Christianity is better than the other views present around this table? Ted has to defend pogroms and concentration camps, but how do you explain the Inquisition? Ravi admits the problems of the caste system; do you admit the atrocities of the Crusades? Li can't explain how a soul can both not exist and continue indefinitely, but can you explain how a supposedly good and merciful God can condemn people to hell forever and ever, with no hope of ever getting out?

The thought of prisoners suffering in a World War II concentration camp may prompt people to ask, If God is good, why does He allow evil?

"And why does God supposedly do this—a worse atrocity than Hitler, Stalin, or Pol Pot ever dreamed of? Because of something called *sin?!* Just what is sin, anyway? You say God decides what sin is, but isn't it true that the clergy gets to say what it is that God says, either by interpreting the Bible or by getting messages from God? Furthermore, why is there evil in the first place? You say your God is all-powerful and entirely good. Since He's good, He should want the world to be a good place. Since He's all-powerful, He should be able to make it so. Yet there is evil. Why? I know you've already dealt with this in answering Li and Brad. But, to be frank, I found your answer less than satisfying. You've said that Ted's worldview fails because it cannot justify reason

> *How can your God send people to hell for being evil when, if He were really good and powerful, He would not have allowed the possibility of evil in the first place?*

and science—the very things it holds most dear. Well, it seems to me that your worldview offers no good answer for the existence of evil. Does this make your worldview fall apart? How can your God send people to hell for being evil when, if He were really good and powerful, He would not have allowed the possibility of evil in the first place?"

Jack took a thoughtful moment. He didn't look disturbed. I guess he was used to Carla's venom by now. "Let me begin with your first concern. Carla, I certainly do not agree that our subject is Christianity instead of Christ. While Christianity may be a large and complicated thing, it has nothing of value to offer apart from Christ. Oh, it has much to contribute to every field of human endeavor, as you hinted, but all of it is bound to the Christ, the Redeemer of fallen man, the rightful Ruler of the world, and the embodiment of knowledge and wisdom.

"If no human being had ever followed Jesus Christ, He would still be the only way of salvation. If everyone who did follow Him continued to commit awful sins, He would still be utterly just and righteous. In short, Christ is independent of Christianity. The message of the Christian church is not an exaltation of its own righteousness but of the One who has mercy on helpless sinners. Conversely, even if Christianity had a spotlessly moral record to point to, without Christ it has nothing to offer to you, me, or anyone around this table.

"I could defend the church with examples of good things it has done, from its earliest times to the present day. But that leads only to endless bickering over the deeds of people long gone. I am much more concerned to focus attention on Christ and on God the Father.

"Speaking of whom, I will now address your charge, Carla, that God is guilty of a crime beyond any conceivable evil. You ask how a good God can send people to hell forever? Well, Carla, let me remind you that in your universe there is no problem of evil

146

because there is no evil. You have no basis for criticizing the moral choices of my God because you deny that there is an absolute standard of morality. The deeds of Hitler, Stalin, and Pol Pot may have caused pain, but you cannot condemn them as evil, nor can you say that it is wrong for the Christian God to send people to hell. When you claim that my worldview fails to deal with the problem of evil (as Ted claimed as well), you admit the existence of something that your worldview cannot justify—laws of morality. And as I have already demonstrated, only the Christian worldview can justify such laws."

"Jack, you have not demonstrated that your worldview can justify moral laws."

"Yes, I have. In my worldview there is an absolute, good Being named Jehovah. His character defines right and wrong. Behaving according to His character is good, and living contrary to that character is evil."

"OK, well, I guess what I mean is that you have not shown why evil exists. How, in a universe ruled by an omnipotent and benevolent God, can there be evil?"

"Carla, to be honest, I don't know," Jack said, but without any fear or shame in his voice.

"You've got to be kidding! That makes your worldview no different from any of the others you've criticized around this table. This is perhaps the most important question for you to answer, and your worldview doesn't even address it?!"

"No, Carla, that's not true. The Bible does address the problem of evil. But it addresses the issue in a way that most people may find surprising. Consider the treatment of the problem of evil in the Book of Job. Nowhere in that book does God explain to Job why he is suffering—why he is being touched by evil. When Job questions God's goodness and wisdom, God reminds him that *He,* not Job, is the absolute and infinite ruler of the universe. For Job, the key lesson to learn was that when faced with the problem of evil, man must humble himself and trust God. The apostle Paul deals similarly with the problem of evil in his letter to the Romans. After anticipating that his readers will want to question God's goodness, he replies, 'Nay but, O man, who art thou that repliest against God? Shall the thing formed say to him that formed it, Why hast thou made me thus?' Carla, I'm convinced that there is an answer to the problem of evil. But whatever it is, God has chosen not to reveal it to His creatures."

"Sounds pretty cruel to me," she shot back.

"To those who have chosen not to fear Jehovah, I suppose it does. But leaving this problem unanswered does not amount to a problem for the Christian worldview. It rather substantiates its claims."

"And how in the world can it do that?"

"My worldview asserts that an absolute, divine Being created and rules the universe. It teaches that we are His creatures, made in His own image. When such a Being chooses to withhold an explanation from His creatures, His creatures ought not to question His goodness. As Paul said, it is not man's place to question God. We owe Him everything; He owes us nothing—and that includes an explanation for the problem of evil. You see, not having an answer for the problem of evil does not threaten my worldview, because my worldview posits a God who has all the answers but who does not need to share them all with me. In that vein, Carla (and all of you, really), let me ask you to consider carefully the following three questions.

"First, do we want a God who knows no wisdom beyond what we humans can understand? Or do we want a God who is so great and wise that He will, to some degree, do things that are beyond our understanding? Not that our longings determine what God is; far from it. God is immensely great and wise as a matter of fact. But I think that it is a happy and comforting thought, not a frightening one, that God knows more than we do.

"Second, do we want a universe in which evil—*any* evil—is tolerated? Once I came to understand evil as God does, to see it as a corruption of what He made to be absolutely holy and pure, then I too wanted evil completely eradicated. I want it gone from myself. I want to be purged of every last trace of evil, and I want to live in a universe free from evil forever. The existence of hell makes possible a universe that is free from evil.

"Third, who is responsible for our sins? We human beings are entirely at fault for our own sins. If God had not even made a way for us to be saved, He would have been entirely justified. He could have obliterated our race and started over, or just let us run our course until we destroyed ourselves, as we would have many times over if not for the continuing intervention of God to restrain evil. But God didn't end the human race. He chose instead to make a new race out of its midst. What is really hard to believe is that He saves any of us. Yet the truth is that He saves many of us—everyone who repents of sin and trusts Jesus Christ. His command to the entire human race, as it always has been, is to repent.

"In conclusion, I think you should consider that God has chosen Himself to be the major victim of the evil that results from sin. He sacrificed Himself to make our salvation possible. We are able to repent and be saved because of what He has done. God is thus doubly justified for punishing sinners in the eternal lake of fire; first, because we sin voluntarily apart from any compulsion; second, because we refuse God's gift of salvation, despite its being purchased by the sufferings of His own dear Son, Jesus Christ."

Conclusion

Jack was done. If there were to be any more questions, they had to come from us. Christianity was different somehow, though I couldn't quite figure out why. . . . Fortunately, Brad thought of a question. "So what does that mean for the people around this table? Are they all going to this eternal fire lake?"

"*I* would go to the lake of fire but for the sacrifice of Jesus Christ on my behalf. Nothing I have done has saved me from eternal punishment. Nothing makes me any better or worthier than any other human being. All that distinguishes me is the work of Christ, who will save everyone who repents of sin and trusts Him."

"Is that a *yes,* then? All these people, me too, will go to the fire lake unless we become Christians?"

"Unless you *trust Christ,* yes. That is what the Bible says."

Brad looked at me. "Clear enough? I'm done if you are."

"Yeah, I guess I am," I said.

"Great," Ted said as he got up. "Hope this has been helpful. Let—"

"Wait!" I said. "I do want one more thing. I want each of you to tell me, in a nutshell, what makes your worldview different from all of the others. Tell me how it is different as it concerns my original question about ultimate reality. You can go first, Ted."

"Sure," he replied, still standing. "Bottom line: I believe in what I can know. They all believe in things no one can know. How's that?" After I nodded, Ted walked away from the table and just sort of disappeared. I guess I shouldn't have been surprised.

I looked at Li next. He said, "Buddhism is the only one that gives true peace. None of the others really do away with suffering." He shrugged, rose, and was gone.

I looked at Carla. "All of them are ways a few people have tried to force their ideas upon and hold power over others. Mine is the only worldview that sets everyone free." With a toss of her head, she walked away and vanished. I noticed that the whole room was getting dark, though other people still moved in the background.

Only Jack and Ravi were left. Ravi arose with slow dignity, and with a smile delivered his final comment. "Only Hinduism fully satisfies the human soul, for only Hinduism realizes that man is one with the ultimate, absolute reality. All others either lessen or deny that glorious truth." He slowly walked away and faded into the growing darkness.

Finally Jack stood and smiled gently down at us. "In the Bible, God is God, and He is the Creator, Governor, and Finisher of all things. He is entirely free and independent. Glorifying Him is the purpose for human life. He has brought us salvation by His own power at His own expense. In all other worldviews, man is his own god: man is the measure of right and wrong, man is the agent of his own salvation, and man will ascend to deity." After a last long look, Jack turned and was gone.

The room was pretty dark now. The only light still on was the one right over our heads. Brad took the empty chair beside me and let out a deep breath. I pushed back from the table and looked at Guide Girl.

"What will it be?" she asked. "You've gone from being the Quester to being the Quaestor, you know." She said the two words just alike, but I remembered that they are different.

"Yeah. And the second one is a judge, right?"

"Well, in a manner of speaking, but not exactly. He really is a finance officer, like a treasurer or accountant."

"And that means he has to do what, exactly?" Brad asked.

"Do the work of a quaestor, of course. It's been charming getting to know you boys. I hope you enjoyed yourselves; I surely did. But I hope you remember that matters of worldview are not games. Worldviews are extremely serious business, and they determine how we live. Anyway, cheerio to both of you! I hope we meet again some day." With that, she rose and departed just like the others.

"So how do we get out of here, Mr. Quaestor? What do you do to wrap all this up?" Brad went on without waiting for my answer. "All this has shown me is that there is no difference between all these 'worldviews.' There's no way to decide which one is right. All of them are matters of opinion. I suppose that makes me most like Carla, even though I'd probably choose Buddhism if I wanted a religion."

"But, Brad, that proves they aren't all alike. Don't you see that you have to reject the others in order to accept any one of them? At best, Hinduism and Buddhism might be mixed, but you have to decide which of them is ultimately correct because they can't both be. That postmodernism stuff allows anyone to hold any worldview *unless* that worldview believes it alone is true for everybody and the others are wrong—in other words, all of them!"

"Yeah, that's it exactly: there is no way to know the truth. Do you have a way to tell me which worldview is right? Couldn't it be another one entirely, like Judaism or Islam or something no one has invented yet? Don't try to convince me you have it all figured out. I've had enough of this! I'm looking for the door." He got up and walked away into the darkness.

I don't know if I have ever felt more alone. All these ideas and no one left to share them with. I didn't have it all figured out, I knew that. But now what? *Like a treasurer or accountant,* Guide had said, *not really a judge.* In that case, let's count them up.

Hinduism: I am part of the one absolute being. Everything is illusion; there is no real good or evil. I will eventually be absorbed into the one being.

Buddhism: I am a karmic entity trying to escape the illusion of reality by realizing it is illusion. I will eventually enter nirvana, a state of bliss because it is nonexistence.

Humanism: I am an evolved animal working for the betterment of humankind. I will cease to exist when I die.

Postmodernism: I am a unique being, free and good, in a world full of other unique, free, and good beings. I don't know what will happen when I die.

Christianity: I am created by God, but I'm a sinner. I have to be saved by trusting Jesus Christ. If I do, I'll know God and be eternally happy after I die; if I don't, I'll be eternally miserable.

As I think back through them, one fact stands out to me. If any of the first four are true, what happens to me after death is going to be the same whether I believe them or not. They all have a general requirement that I be a good person and not hurt other people, but my future is pretty much set. Only with Christianity do I have to do something really, really different now, while I'm still alive. That doesn't mean Christianity is true, but it means I have got to know whether or not it's true. But how? How can I know? I have to be bigger than I am. I have to know more than I do . . . more than I possibly can!

That's the end of the story. The Quester, the kid who narrated the story throughout and never had a name, has reached a point at which he must make a decision. He hasn't followed all of the arguments presented along the way (although you should try to), but he has understood the gist of the debate. He realizes that he cannot be neutral toward Christianity—I should say, toward Christ—but he also cannot know in himself whether or not it is true.

He has reasons to believe in Christ. For one, only the Christian worldview is fully consistent, because it presumes an absolute God who is the origin of everything and the standard of right and wrong. For another, only Christ gives a satisfactory solution to the problem of sin and evil. However, as the Quester observes, those reasons aren't sufficient to make him personally trust Christ. That takes something more. It takes what Brad wanted but refused to search for—a miracle.

Photograph Credits

The following agencies and individuals have furnished materials to meet the photographic needs of this textbook. We wish to express our gratitude to them for their important contribution.

Bob Jones University Collection
Corbis
Frazer Photos
Sara Lundblad
National Archives
PhotoDisc, Inc.
The Salvadore Dali Museum
2002-www.arttoday.com

Chapter 1
Corbis 22

Chapter 2
PhotoDisc, Inc. 28; ©2002-www.arttoday.com 30; photo ©ADC/KEYSTONE
Canada/FraserPhotos 32

Chapter 3
Corbis 46

Chapter 4
PhotoDisc, Inc. 51, 55; Corbis 52

Chapter 5
From the Bob Jones University Collection, photo by Unusual Films 60;
PhotoDisc, Inc. 72

Chapter 7
Collection of The Salvadore Dali Museum, St. Petersburg, Florida, Copyright
2002 Salvidore, Inc.; 2002 Salvdore Dali, Gala-Salvadore Dali
Foundation/ARTISTS RIGHTS SOCIETY (ARS), New York 106

Chapter 8
Sara Lundblad 115

Chapter 9
From the Bob Jones University Collection, photo by Unusual Films 134

Chapter 10
PhotoDisc, Inc. 139; National Archives 145

LOS 5 LENGUAJES DEL amor
DE LOS JÓVENES

El secreto para amar a los jóvenes con eficacia

Gary Chapman

Unilit

Publicado por
Unilit
Medley, FL 33166

© 2017 Editorial Unilit (Spanish translation)
Primera edición actualizada 2017

© 2000, 2005, 2010, 2016 por *Gary D. Chapman*
Originalmente publicado en inglés con el título:
The 5 Love Languages of Teenagers
Publicado por *Northfield Publishing, 820 N. LaSalle Blvd., Chicago, IL 60610.*
(This book was first published in the United States by Northfield Publishing, 820 N. LaSalle
Blvd., Chicago, IL 60610 with the title The 5 Love Languages of Teenagers, *copyright*
© *2000, 2005, 2010, 2010, 2016 by Gary Chapman. Translated by permission.)*

Traducción: *Federico Henze y Nancy Pineda*
Edición de la versión actualizada: *Nancy Pineda*
Diseño de la cubierta: *Faceout Studio*
Diseño interior: *Smartt Guys design*
Fotografía de la portada: *Boone Rodriguez (boonerodriguez.com)*
Fotografía del autor: *P.S. Photography*

Las citas bíblicas se tomaron de las siguientes versiones:
NVI: Las citas bíblicas seguidas de NVI® son tomadas de la Santa Biblia, Nueva Versión
Internacional ®. NVI®
Propiedad literaria © 1999 por Bíblica, Inc.™
Usado con permiso. Reservados todos los derechos mundialmente.

LBLA: Las citas bíblicas señaladas con (LBLA) son tomadas de *La Biblia de las Américas*®.
Copyright © 1986, 1995, 1997 por The Lockman Foundation. Usadas con permiso.
www.lbla.org.

RV-60: El texto bíblico señalado con RV-60 ha sido tomado de la versión Reina Valera
© 1960 Sociedades Bíblicas en América Latina; © renovado 1988 Sociedades Bíblicas
Unidas. Utilizado con permiso.
Reina-Valera 1960® es una marca registrada de la American Bible Society, y puede ser
usada solamente bajo licencia.

Producto: 495887
ISBN: 0-7899-2386-6 / 978-0-7899-2386-8

Categoría: Relaciones / Crianza de los hijos
Category: Relationships / Child-rearing

Impreso en Colombia
Printed in Colombia

Contenido

A Shelley y Derek, sin quienes nunca habría escrito este libro

Colección de Los 5 LENGUAJES *del amor*

Los 5 lenguajes del amor: Edición para hombres

Los 5 lenguajes del amor de los niños

Los 5 lenguajes del amor de los jóvenes

Los 5 lenguajes del amor para solteros

Para más libros de Gary Chapman,
visita 5lovelanguages.com

Reconocimientos

A través de los años, la gente me ha preguntado: «¿Cuándo va a escribir un libro sobre la crianza de los adolescentes?». Mi respuesta clásica ha sido: «Cuando termine con los míos». Ahora que nuestros hijos son adultos y están casados, creo que estoy lo bastante alejado del proceso para que pueda escribir de manera objetiva de mis éxitos y fracasos. Karolyn y yo no fuimos padres perfectos. Nuestros años con los adolescentes no fueron sin trauma, pero a través de todo eso buscamos el amor, y el amor marcó la diferencia. Hoy disfrutamos nuestra relación con nuestros antiguos jóvenes como maduros y preocupados jóvenes adultos. Nos proporcionan mucho gozo y aliento. Escribo este libro con la seguridad de que si los padres tienen éxito en amar a sus jóvenes, tendrán éxito como padres.

Mucho de lo que leerás en este libro lo aprendí de Shelley y Derek. Sin mi experiencia de caminar a su lado por los años de la adolescencia, no sería capaz de empatizar con otros padres, ni escribir con pasión. Por lo tanto, les dediqué este libro a ellos.

Aprovecho esta ocasión para reconocer en público mi deuda con cada uno de mis hijos por permitirme «practicar» con ellos. Debido a lo que me enseñaron, espero hacerlo incluso mejor con mis nietos.

También estoy muy agradecido al doctor Davis McGuirt, quien prestó una ayuda invaluable como mi asistente de investigación en este proyecto. Su experiencia en la exploración de estudios actuales e históricos sobre la crianza de los hijos adolescentes, y sus habilidades excepcionales para organizar y resumir este material, hizo mucho más fácil mi tarea. «Gracias, Davis. Espero que todas tus investigaciones sean de gran ayuda para ti y para Mary Kay mientras crían a sus propios hijos adolescentes».

Como siempre, estoy muy agradecido de los padres que me comentaron sus éxitos y luchas en la crianza de adolescentes. Tanto en la oficina de consejería como «en el camino», cientos de padres fueron mis maestros. Su dolor me hizo más sensible. Sus éxitos me estimularon.

Le debo un tributo especial a Tricia Kube, mi asistente administrativa quien me ayudó en la edición original, y a Anita Hall, quien me asistió en esta edición revisada.

Unas últimas palabras de agradecimiento para Betsey Newenhuyse, cuyas habilidades de redacción mejoraron un buen libro. Su actualización de las estadísticas y la modificación del contenido ayudaron a que esta última edición sea relevante para los padres de hijos adolescentes contemporáneos.

Introducción

La crianza de los adolescentes siempre ha sido difícil. Sin embargo, los adolescentes de hoy están entrando en un mundo diferente al mundo de las generaciones anteriores, incluso sus padres que en su mayoría son de la generación-X. Se trata de un mundo global con internet móvil, televisión vía satélite, y mucho más. La tecnología moderna está exponiendo a nuestros adolescentes a lo mejor y peor de todas las culturas humanas. Ya no existe el ambiente homogéneo del sureste ni del extenso noroeste. Los límites étnicos de los jóvenes del medio oeste son muy diferentes a los del pasado. El pluralismo, la aceptación de muchas ideas y filosofías en igualdad de condiciones sin que esté ninguna por encima de las otras, ha sustituido a las creencias y los patrones tradicionales como la oleada del futuro. Nuestros adolescentes viven en un mundo mucho más diverso, incluso en sus propias escuelas. Se enfrentan a enormes presiones para lograr y entrar en la universidad «adecuada», que presumiblemente los equipará para un trabajo en una economía que ha experimentado cambios más o menos vertiginosos en la última década. No duermen lo suficiente. Algunos se enfrentan a la intimidación a través de las redes sociales o al peligro de la violencia armada. Mientras que han mejorado algunas medidas de salud social para el adolescente (por ejemplo, el embarazo adolescente ha bajado mucho desde su punto culminante en la década de 1980), han surgido otros problemas: el narcisismo, la propagación de las pantallas, las cuestiones relacionadas con la sexualidad.

A pesar de todos los cambios y desafíos, mi opinión es que nunca antes los padres de los adolescentes han sido tan importantes. Más que nunca, los jóvenes necesitan a sus padres. Todas las investigaciones indican que la influencia más importante en su vida proviene de sus padres. Solo cuando los padres no se involucran en su papel principal de guía, es que lo sustituye otra persona o alguna otra cosa (la pandilla, el grupo de compañeros, los medios de comunicación social). Estoy profundamente comprometido con la premisa de de que se atiende el mejor interés del adolescente cuando los padres asumen su papel como líderes amorosos en el hogar.

Debido a que llevo a cabo seminarios para matrimonios en toda la nación, muchos de los padres que me encuentro están aterrados. Esto es cierto sobre todo de los padres que descubren que sus adolescentes tienen enfermedades de transmisión sexual, están embarazadas o han tenido un aborto. Algunos padres han descubierto que sus jóvenes no solo usan drogas, sino que la venden en el instituto. Otros se quedan consternados cuando reciben una llamada del departamento de la policía local informándoles que a su adolescente lo arrestaron y acusaron por posesión de armas de fuego. La pregunta que se hacen esos padres no viene de un interés filosófico, ajeno de sí, ni intelectual de los problemas sociales actuales, sino más bien fluye de fuentes profundas de angustia personal: *«¿Qué hicimos mal?»*.

«Tratamos de ser buenos padres; les dimos todo lo que querían. ¿Cómo fueron capaces de hacerse esto a ellos mismos y a nosotros? Solo no lo entendemos», dicen. Después de haber sido consejero matrimonial y familiar por los últimos cuarenta años, compadezco mucho a esos padres. También siento una gran empatía por los miles de padres cuyos jóvenes no participan de manera específica en esos comportamientos destructivos antes citados, pero que viven con la realidad de que si les pasó a esos jóvenes, podría también pasarles a los suyos.

Este libro se centra en lo que creo que es el fundamento más elemental para forjar una relación entre padres y jóvenes: el amor. Creo que la palabra amor es, al mismo tiempo, la más importante en el castellano y la más incomprendida. Mi esperanza es que este libro elimine alguna de la confusión y ayude a los padres a centrarse con eficiencia en la manera de suplir la necesidad emocional por el amor de su hijo adolescente. Creo que si se satisface esa necesidad, esto influirá de manera profunda en la conducta del joven. En la raíz de los malos comportamientos de muchos jóvenes está un tanque vacío de amor. No sugiero que los padres no amen a sus hijos adolescentes; me refiero a que miles de jóvenes no sienten ese amor. Para la mayoría de los padres, no se trata de un asunto de sinceridad, sino más bien de falta de información sobre cómo comunicar amor con eficacia en el plano emocional.

A menudo, una parte del problema es que muchos de los padres no se sintieron amados. Su relación matrimonial la han saboteado y el amor emocional no fluye con libertad entre mamá y papá. Fue esta necesidad de comunicar con eficiencia el amor emocional en un matrimonio que me motivó a escribir mi libro original: *Los 5 lenguajes del amor: El secreto del amor que perdura*. Este libro, del cual se han vendido hasta el momento más de doce millones de ejemplares, les ha cambiado el clima emocional a millones de matrimonios. Esas parejas han aprendido la manera de hablarse el uno al otro su «lenguaje primario del amor» y descubrieron que, al hacerlo, se convirtieron en eficientes comunicadores del amor emocional. Como escritor, esto ha sido muy gratificante para mí, en especial al escuchar las historias de parejas que estaban enemistadas entre sí, pero que encontraron la renovación del amor emocional cuando leyeron y aplicaron los principios de *Los 5 lenguajes del amor*.

Después de mi libro *Los 5 lenguajes del amor de los niños*, el cual escribí junto con Ross Campbell, vino una madre y me dijo: «Doctor Chapman, su libro sobre los cinco lenguajes del amor de los niños nos ayudó de veras cuando nuestros hijos eran pequeños. Sin embargo, ahora tenemos dos adolescentes y no es lo mismo. Hemos tratado de hacer lo que siempre hemos hecho, pero los adolescentes son diferentes. Por favor, escriba un libro que nos ayude a aprender a amar a nuestros adolescentes con más eficiencia».

Esta mamá tenía toda la razón. Los jóvenes son diferentes y amarlos con eficiencia requiere un nuevo tipo de perspectivas. Los jóvenes atraviesan una tremenda transición, y los padres que serán eficientes en amarlos deben también hacer las transiciones en la manera que expresan su amor. Espero que este libro haga por los padres de los jóvenes lo que el primer libro hizo por los millones de matrimonios y lo que hizo el segundo libro por los padres de los niños. Si esto sucede, recuperaré con creces la energía que invertí en este volumen.

Ante todo, escribí para los padres, pero creo que los abuelos y los maestros de escuela, incluyendo a todo adulto que se preocupe por los jóvenes, van a amar con mayor eficiencia en sus relaciones mediante la lectura y la práctica de los principios que se encuentran en este libro. Los jóvenes no solo necesitan sentir el amor de los padres, sino también el amor de otros adultos importantes en sus vidas. Si eres abuelo, recuerda que los adolescentes necesitan muchísimo la sabiduría de los adultos de más edad y madurez. Muéstrales amor y escucharán tus palabras de sabiduría.

En este libro entrarás por las puertas cerradas de mi oficina de consejería y conocerás los resultados de padres y adolescentes que me permitieron comentar su viaje hacia la comprensión y el amor. Por supuesto, todos los nombres se cambiaron a fin de proteger la privacidad de esos individuos. Cuando leas el cándido diálogo de esos padres y jóvenes, creo que descubrirás cómo los principios de los cinco lenguajes del amor pueden obrar de verdad en la vida de tus hijos adolescentes y de la familia.

Y AHORA UN VISTAZO PRELIMINAR DE HACIA DÓNDE NOS DIRIGIMOS...

En el capítulo uno, explorarás el mundo en el que viven tus jóvenes, tanto en los cambios que tienen lugar dentro de ellos como en el mundo en el que crecen. En el capítulo 2, aprenderemos la importancia del amor de los padres en el desarrollo emocional, social y espiritual del joven.

En los capítulos del 3 al 7, analizaremos los cinco lenguajes que comunican amor y las maneras adecuadas para expresarles esos lenguajes del amor a los jóvenes.

El capítulo 8 ofrecerá sugerencias sobre cómo descubrir el lenguaje primario del amor de tu joven, la manera más eficaz de llenar su tanque de amor emocional.

Por último, examinaremos los asuntos críticos de la independencia del joven, estableciendo límites apropiados, lidiando con el enojo y ayudando a tu joven a enfrentar el fracaso, todo a través del lente del amor. Además, ofrecemos ayuda en especial para padres solteros y familias mixtas.

Considero que si a través de los años de la adolescencia se satisface la necesidad emocional por amor de los jóvenes, navegarán las aguas del cambio y saldrán al otro lado de los rápidos como jóvenes adultos saludables. Esa es la visión en común de la mayoría de los padres. Creo que esta es tu visión. Ahora, lancémonos de inmediato a las aguas, entremos en el mundo de los adolescentes y aprendamos los retos y las oportunidades para comunicarles amor a nuestros jóvenes.

GARY CHAPMAN
Winston-Salem, Carolina del Norte

1

Comprende a
los jóvenes de hoy

Los adolescentes ni siquiera existían hace setenta años... bueno, en cierto modo. Al menos, no se les dio su propia distinción generacional aparte hasta un pasado muy reciente. La palabra *adolescente* se hizo popular por primera vez alrededor de los años de la Segunda Guerra Mundial. Aunque han ocurrido muchos cambios desde que los primeros adolescentes llegaron de manera formal al escenario social, hay muchas similitudes entre los adolescentes de los años de 1940 y los del siglo veintiuno.

Desde los primeros días que emergió la cultura del adolescente hasta su homólogo contemporáneo, los problemas subyacentes han sido los mismos: *independencia* e *identidad propia*. A través de los años, los adolescentes en nuestra sociedad estadounidense han estado activos en la búsqueda de su identidad mientras tratan de establecer su independencia de los padres. Ninguno de estos problemas se escuchaba con fuerza en la época de la «preadolescencia».

Antes de la era industrial, los jóvenes trabajaban en las fincas de sus padres hasta que se casaban, recibían o heredaban su propia extensión de tierra. La identidad no era algo que buscaban los adolescentes; era un campesino desde el momento en que tenía la suficiente edad para trabajar en los campos. El adolescente era un niño hasta que se casaba; entonces el niño se convertía en adulto.

LA BÚSQUEDA DE INDEPENDENCIA E IDENTIDAD

Hasta principios de los años de 1940, la independencia era impensable antes que se casara el joven. Sin embargo, mucho de eso cambió con la llegada de la industrialización, la identidad se volvió más en una cuestión de elección. Uno podía aprender un oficio y trabajar en la fábrica, de modo que se transformaba en maquinista, tejedor, zapatero, etc. La independencia era también más una realidad, pues la seguridad de un trabajo significaba mudarse a un pueblo vecino donde, con el dinero ganado, uno se podía establecer en una residencia aparte de los padres. Por lo tanto, los grandes cambios culturales fueron el telón de fondo para el surgimiento de una cultura del adolescente.

Desde los años de 1940, los adolescentes han seguido este paradigma del desarrollo de la independencia y la identidad, pero lo hicieron así en un mundo que cambiaba con rapidez. Uno tras otro, la electricidad, el teléfono, los automóviles, las radios, los aviones, la televisión, las computadoras y la internet han expandido las posibilidades de desarrollar nuevos estilos de búsqueda de independencia e identidad. El joven de hoy vive en una sociedad global de verdad. Lo interesante, sin embargo, es que su atención continúe en él mismo: su identidad y su independencia. Habrá mucho más sobre esto más adelante.

Los lugares donde el joven expresa independencia e identidad han cambiado a través de los años, pero los medios siguen siendo, en esencia, los mismos: música, baile, moda, novedades, lenguaje y relaciones. Por ejemplo, el género musical se ha expandido a través de los años desde las grandes bandas hasta los géneros musicales de *rhythm and blues*, rocanrol, folclórico, campesina, *bluegrass*, metal pesado, *rap*, etc. El joven sigue teniendo mucha más variedad de la cual escoger. No obstante, puedes tener la seguridad, sea lo que sea, que el gusto musical del joven será diferente al de sus padres: esto es un asunto de independencia e identidad. El mismo principio es cierto en todas las demás esferas de la cultura de los jóvenes.

Entonces, ¿qué caracteriza la cultura contemporánea de los jóvenes? ¿En qué tu hijo adolescente es similar y se diferencia de los jóvenes de otras generaciones?

ANTES Y AHORA: CINCO SEMEJANZAS

1. El afrontamiento de los cambios físicos y mentales

Los desafíos básicos que afrontan los jóvenes de hoy son muy similares a los que tú afrontaste cuando eras adolescente. En primer lugar, está el reto de aceptación y adaptación a los cambios que ocurren en el cuerpo de un adolescente. Algunas veces, los brazos y las piernas, las manos y los pies crecen a un ritmo desproporcionado, provocando la realidad de «la torpeza de la adolescencia» (la cual puede ser una fuente de extrema vergüenza para el adolescente). Se desarrollan también las características sexuales, las cuales quizá produzcan excitación y ansiedad. ¿Y qué padre no sentía dolor cuando veía a su adolescente luchar con ese devastador enemigo, el acné?

Estos cambios fisiológicos originan numerosos interrogantes en la mente del adolescente. «Me estoy volviendo adulto, ¿pero qué aspecto tendré? ¿Seré demasiado alto o demasiado bajo? ¿Tendré orejas muy grandes? ¿Serán mis pechos demasiado chicos? ¿Y mi nariz? ¿Son demasiado grandes mis pies? ¿Soy demasiado gordo o demasiado flaco?». El continuo desfile de preguntas marcha a través de la mente del adolescente en desarrollo. La manera en que un adolescente responde esas preguntas tendrá un efecto positivo o negativo sobre su identidad propia.

A este crecimiento físico, lo acompaña también un «acelerado crecimiento» intelectual. El joven está desarrollando una nueva manera de pensar. Como una niña, pensaba en función de acciones y hechos concretos. Como adolescente, comienza a pensar en función de conceptos abstractos como la sinceridad, la lealtad y la justicia. Con el pensamiento abstracto viene el mundo expandido de las posibilidades ilimitadas. Ahora el joven tiene la capacidad de pensar en cómo las cosas podrían ser diferentes, a qué se parecería un mundo sin guerra o cómo los padres comprensivos tratarían a sus hijos. El mundo de las posibilidades expandidas abre todo tipo de puertas para la identidad propia. El joven se da cuenta: «Yo podría ser un neurocirujano, un piloto o un recogedor de basura». Las posibilidades son ilimitadas y el joven puede visualizarse en numerosos entornos vocacionales.

2. La entrada a la edad del razonamiento

La adolescencia es también la edad del razonamiento. El joven es capaz de pensar con lógica y ver las consecuencias naturales de las diferentes actitudes. Esta lógica no solo se aplica a su propio razonamiento, sino también al de sus padres. ¿Ves el porqué un adolescente se podría percibir a menudo como «contencioso»? En realidad, está desarrollando sus habilidades mentales. Si los padres comprenden esto, pueden tener significativas e interesantes conversaciones con sus jóvenes. Si no lo comprenden, es posible que desarrollen una relación antagónica y el adolescente tenga que irse a otra parte a flexionar sus nuevos músculos intelectuales. Con este rápido crecimiento de su desarrollo intelectual y la cosecha de nueva información, a menudo el joven se cree más inteligente que sus padres y, en algunos aspectos, quizá tenga razón.

Este avanzado nivel de pensamiento conduce al joven a toda una nueva arena de desafíos en el campo de las relaciones sociales. Por un lado, la discusión de «ideas» con sus compañeros y el escuchar sus puntos de vista dan lugar a un nuevo nivel de intimidad y, por otro lado, da paso a la posibilidad de una relación antagónica. De este modo, el desarrollo de grupos exclusivos (pequeños y cercanos grupos sociales) entre los jóvenes tiene mucho más que hacer que estar de acuerdo en ideas intelectuales que con cosas como los colores del cabello y de la ropa. Los jóvenes, al igual que los adultos, tienden a sentirse más a gusto con los que están de acuerdo con ellos.

3. El confrontamiento de la moralidad y los valores personales

La capacidad intelectual para analizar ideas y acciones de una manera lógica y la proyección de los resultados de ciertas creencias da lugar al surgimiento de otro desafío común en el joven: el examen del sistema de creencias con los que se criaron y la determinación de si vale la pena comprometerse con estas creencias. «¿Tenían razón mis padres en sus puntos de vista de Dios, la moralidad y los valores?». Estos son asuntos profundos con los que debe luchar cada joven. Si los padres no comprenden esta lucha, a menudo se convertirán en una influencia negativa y apartarán en realidad al adolescente.

Cuando el joven cuestiona a los padres acerca de las creencias básicas, los padres sabios aceptan las preguntas, procuran dar respuestas sinceras sin autoritarismo y animan al joven para que continúe explorando esas ideas. En otras palabras, aceptan la oportunidad para el diálogo con el joven acerca de las creencias que han adoptado a través de los años. Si por otra parte los padres censuran al joven por hacerles preguntas, quizá acumulando culpa sobre él por pensar siquiera que las creencias de los padres son indebidas, el joven se ve obligado a ir a otra parte a fin de plantear sus preguntas.

4. La forma de pensar acerca de la sexualidad y el matrimonio

Otro desafío importante para el joven es cuando comienza a comprender su propia sexualidad mientras aprende los papeles sociales masculinos o femeninos. ¿Qué es lo apropiado y lo inapropiado con relación a los miembros del sexo opuesto? ¿Qué es lo apropiado y lo inapropiado al lidiar con sus propios pensamientos y sentimientos sexuales? Estas preguntas, que a menudo no toman en cuenta los padres, no las puede pasar por alto el joven.

La sexualidad emergente del joven es parte de su ser, y la relación con el sexo opuesto es una realidad siempre presente. Casi todos los adolescentes sueñan con casarse algún día y tener una familia. Hace unos años, cuando en una encuesta se les pidió a los jóvenes que clasificaran una serie de asuntos importantes en su futuro, «ochenta y seis por ciento manifestó que tener una familia estable sería el elemento más importante en la planificación de su vida futura»[1]. Trazar el recorrido desde los primeros años de la adolescencia hasta el matrimonio y la familia estables que desean los jóvenes ocupará muchas horas de sus pensamientos.

Los padres que desean ayudar usarán el flujo normal de la conversación en familia para tratar asuntos relacionados con la sexualidad, el noviazgo y el matrimonio. También guiarán a su adolescente a los adecuados materiales impresos y páginas web que hablen al nivel del joven mientras proporcionan información práctica y sólida. Para los jóvenes involucrados en la iglesia o grupo de jóvenes, los adultos a su cargo y los ministros de jóvenes a menudo ofrecen sesiones relacionadas con la sexualidad, el noviazgo y el matrimonio. Estas clases brindan un contexto social donde los jóvenes pueden aprender y discutir este importante aspecto de su desarrollo de una manera franca y amable.

5. *El cuestionamiento del futuro*

Existe otro desafío común que enfrentaron los jóvenes del pasado y que afrontan los del presente. Luchan con la pregunta: «¿Qué haré con mi vida?». Esta pregunta involucra la elección vocacional, pero es mucho más profunda que eso. Al fin y al cabo, es un interrogante espiritual: «¿En qué vale la pena que invierta mi vida? ¿Dónde encontraré la mayor felicidad? ¿Y dónde puedo hacer la mayor contribución?». A pesar de lo filosóficas que quizá parezcan estas preguntas, son muy reales para nuestros jóvenes. Con más urgencia, los adolescentes deben contestar estas preguntas: «¿Iré a la universidad, y si es así, dónde? ¿Debo unirme al ejército, y si es así, en qué rama? ¿O debo conseguir un trabajo, y si es así, qué empleo?». Por supuesto, los jóvenes comprenden que todas esas opciones conducen a alguna parte. Hay algo más allá del próximo paso y, de alguna manera, este influirá en dónde terminarán. Es un imponente desafío para esas mentes jóvenes.

Los padres que quieran ser útiles les hablarán algo de sus propias luchas, desilusiones y sus propios gozos. Como padre, no puedes ni debes ofrecer respuestas fáciles, pero puedes estimular la búsqueda del joven y quizá presentarles a tu hijo o hija personas de distintas profesiones que puedan comentar sus travesías. Puedes alentar a tu hijo a que aproveche los consejeros vocacionales, tanto los del instituto como los de la universidad más tarde. Por último, debes animar a tus hijos a seguir el ejemplo de Samuel. El anciano profeta hebreo escuchó la voz de Dios cuando era un adolescente y respondió: «Habla, que tu siervo escucha»[2]. Los hombres y las mujeres que han hecho el mayor impacto en la historia humana fueron los que sintieron el llamado divino y lo vivieron en su vocación.

CINCO DIFERENCIAS FUNDAMENTALES

Con todas estas semejanzas, no olvidemos que existe un enorme abismo entre los jóvenes contemporáneos y los jóvenes del pasado (incluso del pasado reciente); ese abismo es el escenario cultural moderno donde los adolescentes enfrentan los retos antes mencionados. ¿Cuáles son algunas de esas diferencias culturales?

1. La tecnología

Una de las más notables diferencias es que los jóvenes contemporáneos han crecido en un mundo con una tecnología sumamente avanzada. Sus padres crecieron con teléfonos móviles, televisión por cable y el despunte del internet, pero el joven contemporáneo «nacido en la era digital» apenas ha conocido un mundo sin internet móvil, medios de comunicación social y aulas conectadas a la red. Cada película producida está disponible a través de transmisión en tiempo real; cada canción cantada alguna vez se puede escuchar mediante la aplicación Spotify, cortesía del teléfono inteligente siempre presente del adolescente.

Los jóvenes de hoy también han crecido sin recuerdos previos del internet; tanto el adolescente como la internet han llegado juntos a la mayoría de edad. Lo que solíamos llamar la «autopista de la información» se ha convertido en una gran red móvil con influencias positivas y negativas para el joven contemporáneo. Además de darles a nuestros jóvenes acceso inmediato a lo último en películas, moda, música y deportes, les permite hasta una segunda actualización sobre dónde están sus amigos y quién rompió con quién. Es más, con la proliferación de las redes sociales y la puesta al día móvil, la internet no solo ha superado al teléfono tradicional como el método de comunicación de los jóvenes con amigos y la discusión de ideas, sino que literalmente ha tomado el control. Es mucho más probable que veas a tu adolescente enviando mensajes de texto, navegando por la internet y jugando videojuegos (a menudo al mismo tiempo) con su teléfono, que hablando. Estas realidades tecnológicas ponen a tu hijo adolescente en contacto con el mundo y al mundo en contacto con tu adolescente. El joven contemporáneo está mucho más expuesto a los estímulos culturales de lo que jamás soñaron sus padres a su edad.

2. El conocimiento de la violencia y su exposición a la misma

Una segunda diferencia cultural es que tu hijo adolescente está creciendo con mucho mayor conocimiento acerca del violento comportamiento humano. En parte, esto se debe a los avances tecnológicos, es decir, se informa más violencia a través de los medios de comunicación, pero por otra parte solo refleja nuestra sed cultural, casi obsesiva, por la violencia. A menudo nuestras películas, canciones y novelas se precipitan hacia las escenas violentas. Una reciente encuesta juvenil reveló que 36 % de los adolescentes vieron el mes anterior una película o un espectáculo televisivo conteniendo gran cantidad de violencia.

Lo interesante es que la encuesta indicó que ocho de cada diez adolescentes, el 78 %, le manifestó a la organización Gallup que «no tenían problemas viendo películas o programas de televisión de violencia». Sin embargo, el 53 % de los mismos adolescentes estuvieron de acuerdo en que «la violencia en la televisión y en las películas enviaba mensajes erróneos a la gente joven». La misma encuesta indicó que el 65 % de los adolescentes encuestados cree que «las películas y la televisión ejercen una gran influencia en la apariencia de los jóvenes de la actualidad»[3].

La exposición a la violencia no se limita a los medios y a las películas. Muchos jóvenes de hoy han experimentado la violencia a nivel personal. Han observado cómo sus padres maltratan físicamente a sus madres o ellos mismos sufrieron maltratos físicos de sus padres, padrastros u otros adultos. La mayoría de los jóvenes reconocen que muchas veces la escuela pública es la escena de comportamientos violentos.

Incluso, algunos jóvenes son perpetradores de violencia, incluyendo el homicidio. Mientras que en general la tasa de homicidios ha permanecido un tanto estable en Estados Unidos durante los últimos treinta años, el índice de homicidio juvenil sigue en aumento. El período de mayor crecimiento fue entre mediados de 1980 a mediados de 1990, cuando el homicidio juvenil creció a un 168 %. El FBI informó que hay alrededor de

23 000 homicidios al año en Estados Unidos y que los autores del 25 % de estos asesinatos son de veintiún años o menos[4]. Por fortuna, en los años más recientes, las estadísticas muestran un descenso en la violencia juvenil, pero en muchas comunidades, sigue siendo el desafío más serio.

3. La familia fragmentada

Un tercer factor cultural que influye en el joven de hoy es la naturaleza fragmentada de la moderna familia estadounidense. De acuerdo con una reciente encuesta juvenil del Instituto Gallup, cuatro de cada diez adolescentes estadounidenses (39 %) viven solo con uno de los padres. En ocho de cada diez casos, el ausente es el padre. La misma encuesta indica que el 20 % de los jóvenes estadounidenses viven con un padrastro u otro adulto masculino que convive con su madre[5].

Los sociólogos han observado que «en cantidades sin precedentes, nuestras familias son disímiles: tenemos a padres trabajando mientras que las madres se quedan en casa; padres y madres trabajando fuera de casa; madres o padres solteros; segundos matrimonios que aportan hijos de distintos antecedentes; parejas sin hijos; parejas no casadas con hijos o sin hijos; y padres gay y lesbianas. Vivimos a través de un período de cambios históricos en la vida de la familia estadounidense[6]. Otro investigador señaló: «Los datos no son hasta ahora la fragmentación residual, sino un punto de vista sociológico que sugiere un enlace directo con muchas de las tensiones sociales que vemos cada día. Algunas de las actitudes, estrés, alejamiento [...] y lapsos más cortos de atención están directamente relacionados con las tensiones del ajuste a los nuevos tipos de familias»[7].

No es noticia que el adolescente de hoy crece a menudo sin la presencia de la familia extendida. James Comer, director del *Yale Child Study Center*, ve este resquebrajamiento como un factor casi tan crítico como el del núcleo familiar. Hablando de su propia infancia, Comer dijo: «Entre mi casa y la escuela había por lo menos cinco amigos íntimos de mis padres que informaban toda cosa inaceptable que yo hacía. Ya ellos no están para los niños de hoy en día»[8]. En el pasado, los adolescentes podían contar con las familias extendidas, vecindarios sanos, iglesias y grupos comunitarios. Muchas veces, el joven contemporáneo (y los padres) no posee estas redes de apoyo.

4. El conocimiento y la exposición a la sexualidad

La exagerada atmósfera sexual actual, en la que crecen nuestros adolescentes, es una situación muy diferente. Los procedentes de la explosión de natalidad de los años de 1960, se rebelaron contra las tradicionales costumbres sexuales de sus padres, pero recordaban cuáles eran las reglas sexuales y a veces hasta sentían culpa cuando las violaban. Sin embargo, el adolescente contemporáneo ha crecido en un mundo sin reglas sexuales. Las películas, los medios de comunicación y la música consideran a las relaciones sexuales iguales al amor y como una esperada parte de una importante relación de noviazgo. Por lo tanto, muchos adolescentes son sexualmente activos.

Los adolescentes que no son sexualmente activos luchan con pensamientos tales como: *¿Me estoy perdiendo algo importante? ¿Hay algo malo en mí?* Mientras tanto, los jóvenes que están sexualmente activos tienen otros sentimientos negativos: A menudo se sienten usados, maltratados y vacíos.

El adolescente actual vive en un mundo donde el acto sexual no es solo una parte esperada en una relación de noviazgo, sino que la convivencia antes del matrimonio se ha vuelto algo cada vez más común, y las relaciones homosexuales se promueven como un estilo de vida alternativo. Por cierto, las palabras bisexual y transexual están en el vocabulario común de los jóvenes modernos. En un sentido muy real, las relaciones sexuales se han vuelto las diosas de los estadounidenses, y los altares y lugares de su adoración son tan variados como la mente sea capaz de imaginar. Este es el mundo donde el joven contemporáneo debe navegar las ya temibles aguas de su emergente sexualidad.

5. La moral neutral y los valores religiosos

Por último, el joven contemporáneo crece en un mundo verdaderamente poscristiano. En el campo de la religión y la moral, no hay nada seguro. En las generaciones pasadas, la mayoría de los estadounidenses podría haber definido tanto la conducta moral como la inmoral. Estos juicios morales se basaban ante todo en las Escrituras judeocristianas. Esta no es la realidad para el adolescente contemporáneo. Por primera vez en la historia de los Estados Unidos, una generación entera está creciendo desprovista de ciertos valores morales. Los valores a menudo son neutrales; se le dice al joven que lo que se siente bien, es bueno. Lo bueno y lo malo son relativos.

La adolescencia siempre ha sido el tiempo para explorar las creencias religiosas. Los jóvenes se hacen preguntas acerca de las creencias religiosas, o las incredulidades, de sus padres. Como en otros aspectos de la vida, procuran aclarar su propia identidad. La diferencia en el mundo contemporáneo es que debido a la naturaleza global del mundo actual, nuestros jóvenes están expuestos a numerosas creencias religiosas, tanto a través de la tecnología moderna como por medio de amigos involucrados en otros grupos religiosos.

La religión es importante para el joven contemporáneo. Una reciente encuesta indica que alrededor de la mitad de los adolescentes (51 %) considera importante la fe religiosa en la formación de su vida cotidiana[9]. Más de las tres cuartas partes de los adolescentes (82 %) se identifican con un grupo religioso organizado. Un tercio de los adolescentes (36 %) dice que se siente «muy» o «extremadamente» cercano a Dios y más de la mitad ha hecho un compromiso personal para vivir su vida para Dios (55 %)[10]. Cuatro de cada diez adolescentes (40 %) informaron que asistían a los cultos religiosos de adoración al menos una vez a la semana[11]. Los jóvenes de hoy en día están más interesados en la naturaleza relacional y experimental de los grupos religiosos que en la creencia religiosa abstracta. Si el grupo es acogedor, amable y comprensivo, se sienten atraídos al grupo espiritual aun cuando no estén de acuerdo con muchas de las creencias religiosas del grupo.

LOS PADRES *PUEDEN* GUIAR

Este es el mundo en el que tu joven tiene que llegar a la mayoría de edad. La buena noticia es que los jóvenes contemporáneos están mirando a sus padres por dirección. En una reciente encuesta, los jóvenes informaron que los padres poseen una mayor influencia que sus compañeros en los siguientes campos: si asistir a la universidad, si asistir a los servicios religiosos, si hacer deberes escolares y si beber. Los padres también influyen en los jóvenes en cuanto a sus planes de empleo o de carrera. Los amigos tienen mayor influencia en sus decisiones en función de asuntos inmediatos tales como ir o no a las clases, con quién salir, el estilo de peinado y qué tipo de vestimenta llevar[12].

La encuesta reveló que cuando se les pidió a los jóvenes que informaran «¿Quién posee la mayor influencia en sus decisiones? ¿Los padres o los amigos?», las decisiones que se inclinaban más hacia la influencia paterna eran las que figuraban en las que tenían mayor efecto sobre el tipo de persona que el joven quería ser. Sí, los amigos de tu hijo adolescente influirán en algunos asuntos, pero los padres todavía tienen la mayor influencia en los pensamientos y la conducta del joven. Los capítulos restantes de este libro se diseñaron para ayudarte a aprender la manera de satisfacer con eficiencia la necesidad de amor de tus hijos adolescentes y, por lo tanto, colocar el fundamento para influir en ellos con mayor eficacia en todas las demás esferas de la vida.

La clave:
El amor de los padres

Rebeca, madre de dos hijos, tenía todos los síntomas del trauma de los padres. «Doctor Chapman, estoy muerta de miedo», me dijo. «Mi hijo tiene doce años; mi hija once. He estado leyendo libros sobre los adolescentes y estoy asustada. Tal parece que todos los adolescentes tienen relaciones sexuales, consumen drogas y llevan armas a la escuela. ¿Es tan malo en realidad?». Rebeca me hizo esa pregunta durante un seminario para matrimonios en Moline, Illinois. Luego, agregó: «He estado pensando que quizá deba darles las clases en casa durante el instituto, pero eso también me asusta. No sé si estoy preparada para que mis hijos se conviertan en adolescentes».

En años recientes, he conocido a gran cantidad de padres como Rebeca. Muchos están leyendo más libros sobre la crianza de los adolescentes. Escuchan más por la televisión sobre la violencia del joven. Si tú eres uno de esos padres atemorizados, o si te estás preguntando: «¿Debo estar asustado?», espero que este capítulo mitigue algunos de tus temores. La ansiedad no es una buena actitud mental para criar a los jóvenes. Espero que este capítulo te libere de algunas de tus ansiedades y te dé más seguridad en el papel positivo que puedes desempeñar en la vida de tus jóvenes.

LAS BUENAS NUEVAS ACERCA DE LAS FAMILIAS Y LAS ESCUELAS

Comenzaré informando que no todos los hechos son negativos. Mientras que es cierto que una Encuesta Juvenil Gallup de 1998 reveló que solo el 57 % de los adolescentes estadounidenses viven con ambos padres, también es verdad que el 87 % de ellos tienen contacto con sus padres aun cuando no vivan siempre juntos[1]. Una gran mayoría de los adolescentes (70 %) manifiestan que se sienten «extremadamente» o «muy» cerca de sus padres[2]. Otra encuesta de 1999 indicó que la mayoría de los adolescentes entre los trece y los diecisiete años casi siempre se sienten bien en la escuela. Una considerable mayoría de los jóvenes informó que se sentían felices (85 %) y apoyados en la escuela (82 %). Casi la misma cantidad dijo que se sentían apreciados (78 %), interesados (77 %), estimulados (76 %) y desafiados (72 %)[3]. Dos estadísticas que deben entusiasmar el corazón de todos los padres orientados a la educación son que el 97 % de los adolescentes se graduará del instituto y el 83 % de ellos considera que la educación universitaria sería «muy importante»[4].

Después de revisar estos hallazgos, George Gallup hijo, caracterizó a la juventud actual como motivada por el idealismo, el optimismo, la espontaneidad y la exuberancia. «Los jóvenes nos dicen que están entusiasmados con ayudar a los demás, están dispuestos a trabajar por la paz mundial y un mundo saludable, y se sienten bien respecto a sus escuelas y aun mejor en cuanto a sus maestros». En lo concerniente a las actitudes de los adolescentes hacia su futuro, Gallup concluyó: «Una gran mayoría de los jóvenes estadounidenses informa que se sienten felices y entusiasmados respecto al futuro, se sienten muy cerca de sus familias, que es probable que se casen, desean tener hijos, están satisfechos con sus vidas y desean alcanzar la cima de las carreras elegidas[5].

Lawrence Steinberg, un antiguo investigador del Centro para Investigaciones del Desarrollo y la Educación Humana, es un reconocido experto en adolescentes en todo el país. Dijo: «La adolescencia no es un período intrínsecamente dificultoso. Los problemas psicológicos, el comportamiento problemático y los conflictos familiares no son más comunes en la adolescencia que en cualquier otra etapa del ciclo de la vida. Sin duda, algunos adolescentes están en apuros y otros se meten en apuros. No obstante, la gran mayoría (casi nueve de cada diez) no es así». Steinberg, quien también es profesor de psicología de la *Temple University*, agregó: «Los problemas que hemos llegado a ver como una parte "normal" del desarrollo de los adolescentes (las drogas, la delincuencia, las relaciones sexuales irresponsables, la oposición a cualquier autoridad), no son normales de ninguna manera. Son tanto evitables como tratables. Lo primordial es que los niños buenos no se vuelven de repente malos durante su adolescencia»[6].

La realidad es que casi todo lo que leemos en los periódicos y escuchamos a través de los medios se refiere a 10 % de jóvenes problemáticos, la mayoría de los cuales fueron también niños problemáticos. Tú y tu joven *pueden* tener una relación positiva. Eso es lo que desea tu adolescente y supongo que eso sea también lo que deseas tú. En este capítulo, veremos lo que considero el aspecto más importante de la relación, es decir, suplir la necesidad de amor emocional de tu hijo adolescente. Si se satisface esta necesidad, tu joven navegará por las aguas culturales de las que hablamos en el capítulo 1.

Cuando los jóvenes saben que sus padres los aman, tendrán la seguridad para enfrentar las influencias negativas de nuestra cultura que les impedirían convertirse en adultos maduros y productivos. Sin el amor de los padres, lo más probable es que el joven sucumba a las influencias malignas de las drogas, las relaciones sexuales pervertidas y la violencia. En mi opinión, nada es más importante que los padres aprendan cómo satisfacer con eficacia la necesidad por amor emocional del adolescente.

¿A qué me refiero con «amor emocional»? En lo más profundo del alma del joven se encuentra el deseo de sentir la conexión, la aceptación y el apoyo de sus padres. Cuando ocurre esto, el joven se siente amado. Cuando el adolescente no siente conexión, aceptación y nutrimento, su tanque emocional interno está vacío, y ese vacío afectará en gran medida su comportamiento. Permíteme describirte cada uno de manera más detallada.

EL DESEO DEL JOVEN POR CONEXIÓN
La presencia de los padres

Mucho se ha escrito acerca de la importancia del niño pequeño «vinculado» a los padres. Muchos psicólogos infantiles están de acuerdo en que si este vínculo emocional no se lleva a cabo, el desarrollo emocional del niño estará plagado con sentimientos de inseguridad. Lo contrario de la conexión es el abandono. Si los padres del pequeño no están presentes por causa de muerte, divorcio o desamparo, es obvio que no puede crearse un vínculo emocional.

El prerrequisito para el vínculo es la presencia de los padres. En conclusión: *El vínculo requiere de tiempos juntos.*

Los mismos principios son ciertos en los años de la adolescencia. Los padres que apenas están presentes por motivos de divorcio, horarios de trabajo, etc., ponen en peligro el sentimiento del joven de considerarse vinculado con sus padres. Es una simple realidad que para que un adolescente se sienta conectado a sus padres, y por tanto amado por ellos, deben pasar tiempos juntos. El joven que se siente abandonado luchará con la pregunta: «¿Qué pasa conmigo que mis padres no se preocupan por mí?». Si los padres quieren que su adolescente se sienta amado, deben dedicarle el tiempo para estar a su lado.

Segundo lenguaje del amor:

Toque físico

Existe un innegable poder emocional en tocar a los que amamos. Por eso es que se anima a los padres a que carguen y abracen a los pequeños, los besen en el rostro y les acaricien su piel. Abrazando a los infantes de tres años o permitiéndoles que se sienten en tu regazo mientras les lees un cuento es una poderosa manera de llenar el tanque de amor del niño. En el otro extremo de la vida, el toque físico también es un comunicador emocional. ¿Quién no ha caminado por los pasillos de los «hogares de ancianos» y visto a los mismos sentados en sus sillas de ruedas, extendiendo una mano que desea que la toquen? Y, por supuesto, los matrimonios enamorados se abrazan y besan.

Entonces, ¿qué me dices de los jóvenes? ¿Son diferentes? ¿Es el *toque físico* algo emocional para el joven? La respuesta es sí y no. Todo depende de cuándo, dónde y cómo.

Por ejemplo, un abrazo en presencia de los compañeros del joven puede resultarle embarazoso y motivarlo para que aleje a los padres y murmure: «No sigas». Sin embargo, masajear los músculos de los hombros del adolescente después que llega a casa de un encuentro deportivo puede comunicar amor emocional de manera profunda. Tratar de tocar a un joven cuando se encuentre de un «humor antisocial» casi siempre lo molestará. Aunque tocarlo después de un día frustrante de escuela será bien recibido como amor paternal.

Los adolescentes son diferentes de los niños. Uno no puede continuar dando la misma clase de toques en los mismos lugares ni de la misma manera que se les daba cuando eran niños. Repito, los padres deben recordar que los lemas del adolescente son independencia e identidad propia. Por lo tanto, los padres se deben preguntar: «¿El toque que me propongo amenaza el sentido de independencia de mi adolescente? ¿Enriquece su identidad propia positiva?».

Recuerda, los adolescentes necesitan muchísimo sentir tu amor. El toque físico es uno de los cinco lenguajes básicos del amor, pero debes hablar este lenguaje en el momento oportuno, en el lugar apropiado y de una manera adecuada. Si el lenguaje primario del amor de tu adolescente durante su infancia fue el toque físico, el lenguaje del amor no cambiará durante los años de la adolescencia. Sin embargo, el dialecto en el que hablas ese lenguaje deberá cambiar si deseas que el joven se sienta amado. Examinemos cada uno de estos.

EL MOMENTO PARA TOCAR

El antiguo libro hebreo de la sabiduría dice: «Todo tiene su tiempo [...] tiempo de abrazar, y tiempo de abstenerse de abrazar»[1]. Los entrenadores les recuerdan con frecuencia a sus atletas: «El momento oportuno lo es todo». Asimismo, los padres de los jóvenes deben aprender el arte del momento oportuno. Las buenas acciones efectuadas en el momento equivocado suelen ser contraproducentes. Esta es una tarea difícil por dos razones. En primer lugar, el momento oportuno se determina en gran medida por el estado de ánimo del joven. Y, en segundo lugar, el humor de un adolescente no siempre es fácil de entender. A veces ocurre que los padres, después que «actúan» y tocan con amor al joven, descubren que él se encontraba en un «estado de ánimo contra el toque». Sin embargo, «difícil» no significa imposible.

Los padres sabios estudiarán a sus jóvenes. Aprenderán a conocer el humor de ellos por su comportamiento. Una madre dijo: «Puedo decir si mi hijo desea que le toquen por la manera en que cierra la puerta cuando entra a la casa. Si cierra de golpe la puerta, está de un humor de "no me toques". Si se toma el tiempo para cerrarla con suavidad, está diciendo: "Mamá, estoy dispuesto a recibir un toque"». Otra madre dijo: «Puedo decir cuándo mi hija no quiere que la toquen por la distancia de mí en que se para cuando habla. Si se para en el otro extremo de la habitación mientras habla, sé que no desea que la toquen. En cambio, si viene y se para cerca de mí, sé que está dispuesta a recibir un toque amoroso».

Los jóvenes comunican su estado de ánimo mediante el lenguaje corporal: cuán cerca se encuentran de ti o, por ejemplo, si está con los brazos cruzados. El padre astuto observará este lenguaje corporal y aprenderá a conocer los momentos oportunos para tocar a su adolescente. No es necesario comprender por qué el joven se encuentra de ese humor de «No me toques ahora». Lo importante es reconocerlo y respetarlo.

Casi siempre es inapropiado procurar tocar a un adolescente cuando está enojado. Por ejemplo, cuando tu hija adolescente está enojada contigo o con otra persona, no desea que la toquen. Está enojada porque en su mente «alguien me hizo algo malo». La ira es la emoción que aleja entre sí a las personas. Si intentas tocar a una joven cuando está enojada, casi siempre te rechazará. Para un adolescente enojado, el toque físico le parece como un esfuerzo por controlarlo. Golpea la necesidad de independencia del joven. Por lo tanto, se aleja de tu toque. A lo que aquí nos referimos es a que casi siempre es inoportuno el uso del lenguaje de amor del toque físico cuando un adolescente está enojado.

Por otra parte, hay muchos momentos apropiados para el toque físico con los jóvenes. Una de esas ocasiones es cuando ha tenido éxito en un logro importante. Puede ser en un sinnúmero de ocasiones: una victoria en el campo deportivo, un recital de piano exitoso, una danza excepcionalmente bien lograda, completar una tarea importante para la escuela, pasar bien un examen de álgebra, sacar la licencia de conducir. Por lo general, estos son los momentos en que los jóvenes se encuentran dispuestos para el afectuoso toque físico de los padres. El entusiasmo por el logro ha echado por la borda la independencia y la identidad propia. La celebración de sus éxitos mediante una afirmación verbal y un toque físico se recibirá como una evidencia más de tu reconocimiento de su emergente madurez.

En cambio, los momentos de fracaso de un adolescente también serán para expresar el lenguaje de amor del toque físico. El joven se encuentra abatido porque desaprobó el examen de cálculos matemáticos, su novia lo dejó o solo tuvo un encontronazo con alguien. Tu hija adolescente se siente con el ánimo caído debido a que su mejor amiga tiene una salida el viernes por la noche y ella no, o lo que es peor, su novio la acaba de abandonar y comenzó a salir con su mejor amiga. Estas son las ocasiones en que las adolescentes se encuentran dispuestas para el lenguaje de amor del toque físico.

«He aprendido a saber cuándo Julia está de humor para un toque físico y cuándo no».

En el flujo normal de la vida cotidiana, si la joven se encuentra de buen humor, estará dispuesta de manera favorable para algún toque físico como una expresión de amor. Si la joven está de mal humor, se molestará con el toque físico. Los padres considerados respetarán el humor de su joven y procurarán dar un toque físico solo en las ocasiones apropiadas; a menudo, aprender por el método de ensayo y error es la única manera.

He aquí la experiencia de una madre: «Cuando Julia cumplió los trece años, creía que estaba en las drogas. Su comportamiento cambió de manera radical. En todos sus años de niñez, fue una "niña sensible al toque físico". Yo la abrazaba y la besaba en todo momento y a menudo le frotaba la espalda. Sin embargo, cuando cumplió los trece años, sentí que me apartaba de ella, que no deseaba que la tocara. Pensé que algo terrible había ocurrido con nuestra relación. Más tarde me di cuenta que ella era una adolescente normal. He aprendido a saber cuándo Julia está de humor para un toque físico y cuándo no.

»En cierta ocasión, la malinterpreté y ella se apartó de mis abrazos. No obstante, la mayoría de las veces me conecto porque elijo un buen momento. Julia tiene ahora quince años y medio, y yo me siento bien con nuestra relación. Creo que su lenguaje primario del amor es el toque físico. Sé que lo necesita. Yo solo deseo seguir teniendo la sensibilidad para brindarlo en el momento oportuno».

EL LUGAR PARA TOCAR

Como hay un tiempo para tocar y un tiempo para no tocar, hay un lugar para tocar y un lugar para no tocar. Estoy hablando desde el punto de vista geográfico, no sexual. Trataremos esto después. El niño de diez años recibe con agrado el abrazo de su madre una vez que termina el partido de fútbol. Corre hacia donde se encuentra su madre y espera por sus palabras positivas y su toque afirmativo. Sin embargo, a los dieciséis años de edad, cuando se termina el partido universitario, no buscará a su madre ni espera que ella lo busque a él. Festejará su independencia e identidad propia con sus compañeros de equipo y amigos. Ellos pueden palmearle las espaldas, golpearle en la cabeza, «chocarle los cinco», pero cuando se aproxima su madre, su pensamiento es: *Por favor, mamá, ni siquiera pienses en eso.* En la mayoría de los lugares públicos, los jóvenes no desean que sus padres los abracen ni los toquen con afecto.

Esto en particular es cierto en presencia de sus compañeros. La identidad propia de los adolescentes está atada a la de sus amigos. Cuando mamá o papá entran en ese mundo y expresan de manera física su afecto, esto amenaza la identidad propia del joven y golpea en su deseo de independencia. Como dijera un adolescente: «Me hace sentir como si ellos creyeran que aún soy un niño». Un método práctico es no tocar nunca a un joven en presencia de sus amigos salvo que él lo inicie.

A veces, los adolescentes están dispuestos al toque físico en presencia de miembros de la familia extendida tales como los abuelos. Si estás alardeando con los abuelos acerca de los logros de tu adolescente, este aceptará una palmadita en su espalda. Sin embargo, no des por hecho que esto sea una regla. Observa la respuesta de tu adolescente y no prosigas si recibes la señal de «retirada».

Entonces, ¿cuál es el lugar apropiado para hablar el lenguaje de amor del toque físico con tu adolescente? Un lugar típico es en la privacidad de tu propio hogar o cuando estés a solas con el adolescente. El toque físico puede ser un comunicador eficaz del amor emocional cuando se da en privado o en presencia de familiares inmediatos. Recuerda, para algunos jóvenes, el toque físico es su lenguaje primario del amor. Para estos adolescentes, es de suma importancia que los padres aprendan el momento y el lugar apropiados para expresarles su amor.

Jacob, de catorce años de edad, dijo: «Me encanta ir de acampada con mi papá. Allí es donde me siento más unido a él». Cuando le pregunté: «¿Qué es lo que más te gusta de acampar con tu papá?». Jacob respondió: «Cuando de noche luchamos junto al fuego. Me gusta sobre todo cuando le gano». El amor emocional llega a Jacob a través del lenguaje del toque físico. La independencia y la identidad propia se estimulan, en especial, cuando él gana.

Jessica, de quince años de edad, dijo: «Mamá y yo somos muy unidas de verdad. No creo que lo lograría sin sus abrazos. La escuela ha sido demasiado difícil este año, pero siempre sé que cuando regreso a casa, me encontraré con el abrazo de mamá». La madre de Jessica descubrió su lenguaje primario del amor y lo habla en la privacidad de su casa. No obstante, recuerda que cuando hables ese lenguaje del amor, hazlo siempre en el momento y lugar apropiados. De otra manera, no se interpretará como amor.

LA MANERA PARA TOCAR

Sé flexible

Aquí no solo hablamos sobre las clases de toques que damos, sino de la manera en que lo hacemos. Existen numerosas maneras mediante las cuales podemos expresar nuestro afecto a través del toque físico. Abrazos, besos, frotar la espalda, palmaditas, toques suaves, masajes y juegos de lucha son maneras adecuadas de hablar el lenguaje del toque físico con un joven. Sin embargo, el proceso no es tan simple como parece. Los adolescentes son individuos. A todos no les agrada el mismo tipo de toques. A algunos les agrada que les froten la espalda y a otros no. A algunos les agrada que jueguen con sus cabellos y a otros no. Tu adolescente es único, y tú no solo tendrás que aprender el lenguaje del amor, sino los dialectos en los que mejor recibe amor.

Debemos recordar no forzar nuestro propio lenguaje del amor en el adolescente; en su lugar, debemos aprender el lenguaje del adolescente. Lo que complica aún más las cosas es que las clases de toques que le diste a tu adolescente cuando era niño quizá no sean los mismos tipos de toques que tu hijo aprecie en su adolescencia. A menudo, los padres se frustran por esto. Creen que han descubierto el lenguaje primario del amor del niño y aprenden a hablarlo. Ahora, el joven comienza a retirarse de las mismas clases de toques que disfrutaba antes. La razón más importante es que el joven busca la independencia y la identidad propia. Cuando tocas a tu adolescente de la misma manera en que lo hacías cuando era un niño, estos toques pueden estimular sentimientos de dependencia e inseguridad, exactamente lo contrario a lo que quiere sentir el joven. Por lo tanto, el joven se retira de estas «infantiles» expresiones de amor.

Hace un tiempo atrás, comenté esta idea en un taller para padres. Noté que a Rodrigo se le iluminaba la mente. Durante el receso, vino a verme y me dijo: «Ahora lo entiendo. Mi hijo Marcos tiene ahora quince años. Cuando era pequeño, solía frotarle la espalda todo el tiempo. Le encantaba. En los últimos dos o tres años, no me ha permitido frotarle la espalda. Sentía que se alejaba de mí. No comprendía por qué había cambiado tanto. Ya veo que el masaje en la espalda le recuerda su infancia. Él está marchando hacia su independencia y no desea regresar a su infancia. Todo tiene sentido ahora».

Le sugerí a Rodrigo que buscara nuevas formas de expresar su lenguaje del amor con el toque físico hacia su hijo. «Palméale la espalda, tócalo con suavidad en los hombros, ponle una zancadilla cuando camina cerca de tu silla. Si se cae, lucha con él sobre el piso. Verás cómo empezará a llenarse su tanque de amor debido a que lo tratas como al hombre en ciernes que es, más que al chico que acostumbraba ser. Así estimulas su sentimiento de independencia, en lugar de sabotearlo». Rodrigo aprendió una lección importante acerca de amar a los jóvenes.

Si tu adolescente dice: «No me gusta eso», en respuesta a tus esfuerzos de toque físico, retrocede y busca otro método de toque físico. No fuerces un tipo en particular con tu adolescente porque te imagines que debería gustarle. Todo el concepto de los cinco lenguajes del amor es aprender a hablar el lenguaje de la otra persona, no el tuyo. La pregunta clave es: ¿Qué hace que tu adolescente se sienta amado? Si el toque físico es su lenguaje primario del amor, tendrás que encontrar los tipos particulares de toques físicos que le comuniquen amor. El proceso de amar a un joven es complicado por las propias preferencias de los padres. Algunos padres jamás le han «puesto una zancadilla» a sus adolescentes y no se pueden imaginar que hacer eso sea una expresión de amor. Otros nunca les han «dado codazos» a los suyos. No estoy sugiriendo que a todos los adolescentes les gusten estos dialectos del toque físico. Lo que sugiero es que descubras los tipos de toques físicos que aprecia tu joven y habla este dialecto con regularidad.

Es obvio que el clima emocional en el que brindamos este toque físico es de suma importancia. Si le pones una zancadilla a tu hijo cuando estás enojado, esta no es una expresión de amor. Si le das una palmada en el hombro porque estás frustrado con su comportamiento, él no se sentirá amado. La madre que le niega un abrazo a su hija porque no le gustan los amigos que elige, corre el riesgo de perderla. Como padres, tenemos la responsabilidad de nuestras propias actitudes. Si solo les expresamos amor a nuestros jóvenes cuando hacen cosas que nos agradan, hemos abandonado el mejor camino hacia el amor incondicional y hemos entrado en el traicionero mundo de la manipulación.

Usa con suavidad el toque físico para corregir

La buena noticia respecto al lenguaje del amor del toque físico es que se puede hablar con facilidad aun cuando el comportamiento de tus jóvenes no sea agradable. Puedes expresar tu desagrado por el comportamiento de tu adolescente al mismo tiempo en que expresas tu amor con un toque físico. Marcia está tocando el brazo de su hija adolescente y está diciendo: «Estoy muy disgustada porque anoche regresaste a casa una hora después de lo convenido. Comprendo que lo has pasado bien con tus amigas y no te diste cuenta de la hora que era. Sin embargo, ¿entiendes cuán molesto me resulta esto? Nos habíamos puesto de acuerdo que siempre que te atrasaras me ibas a llamar para que yo no me preocupara por ti».

Ahora, ella se da vuelta y enfrenta a su hija. Colocando ambas manos sobre los hombros de su hija, le dice: «Cariño, yo te amo mucho. No quiero que tengas una vida desdichada. Solo quiero saber que estás bien». Marcia está amando a su hija de una manera muy eficiente, mientras que al mismo tiempo le muestra su preocupación.

El lenguaje del toque físico hablado en el momento oportuno, en el lugar apropiado y de la forma adecuada habla de manera profunda al alma del joven. El toque físico expresa: «Te reconozco como una persona de importancia. Estoy contigo. Me preocupo por ti. Te amo». Cada joven necesita escuchar el lenguaje del toque físico. Si no lo escucha de los padres, lo buscará en cualquier otra parte.

Algo importante para los padres

En esta generación de padres, existe una tendencia de alejarse del toque físico con sus hijas adolescentes en desarrollo, sobre todo cuando estas se aproximan a la pubertad. Algunos no saben cómo responder al progresivo cambio físico de sus hijas; otros piensan que sus hijas no quieren que las toquen dado que ya dejaron de ser niñas. Otros padres hasta temen que alguien los acuse de toques sexuales o de abuso sexual. Cualquiera que sea la razón, cohibirse al toque físico es un grave error. La hija adolescente necesita sentirse bien consigo misma como mujer. Necesita sentir que es atractiva para el género masculino. El papel del padre es darle ese sentimiento de bienestar respecto a sí misma. El toque físico apropiado es el vehículo para lograr esto. Si el padre se retrae en darle ese toque físico, lo más probable es que ella se vuelva sexualmente activa a temprana edad.

Padres, les animo mucho a continuar hablando el lenguaje de amor del toque físico cuando sus hijas entren a los años de la adolescencia. Ellas necesitan estos toques apropiados mientras desarrollan su independencia e identidad propia como mujeres.

TOQUES FÍSICOS INADECUADOS

Desearía no tener que escribir los siguientes párrafos. Me gustaría que los términos del abuso físico y del abuso sexual no fueran tan comunes en nuestra sociedad. La realidad es que una importante minoría de jóvenes experimenta este maltrato de sus padres. Los casos más dramáticos los vemos en las noticias vespertinas. Aun así, casi todos los jóvenes sufren en silencio y a veces los más cercanos a ellos no se dan cuenta del maltrato.

El abuso físico y la ira

El abuso físico produce un daño físico al golpear, dañar, patear, etc., por ira más que por juego. La palabra clave es *ira*. Algunos padres de jóvenes no han aprendido nunca a manejar la ira de manera constructiva. Cuando se enojan por el comportamiento del joven, al torrente de palabras violentas le sigue la violencia física. Bofetadas, empujones, empellones, causar asfixias, sujetar, zarandeos y golpes son comportamientos abusivos para los jóvenes. Donde ocurre esto, podemos estar seguros que el tanque de amor del adolescente no solo está vacío, sino que está lleno de agujeros. Las palabras positivas y las expresiones de afecto físico que sigan a estas explosiones de ira le parecerán huecas al joven. El corazón del joven no se recuperará con mucha facilidad de semejante maltrato físico.

El padre que desea que su joven se sienta amado después de tales episodios iracundos no solo deberá presentarle sinceras disculpas, sino que debe buscar ayuda a fin de romper estos patrones destructivos y aprender formas positivas de lidiar con su ira. La mejor forma de lograrlo es leyendo libros[2], participando en grupos de apoyo y en consejerías profesionales.

El enojo explosivo no desaparecerá solo con el correr del tiempo. El padre debe tomar la iniciativa de cambiar esas explosiones destructivas. Tampoco disminuirá el dolor emocional del joven con el simple paso del tiempo. Si el padre no presenta una genuina petición de perdón y cambia sus patrones de conducta, de seguro que el joven continuará sintiendo que el padre que lo maltrata no lo ama. Lo irónico es que a menudo el joven tampoco se siente amado por ninguno de los dos padres. Las razones del joven: «Si me amaran, no permitirían que continuara el comportamiento abusivo. Me protegerían». Si estás casada con un esposo que es abusador consuetudinario, te recomendaría que busques ayuda profesional para conseguir la fortaleza y el conocimiento a fin de dar pasos constructivos que te protejan a ti y a tu adolescente. Tú no estás sirviendo a la causa del amor cuando continúas permitiendo que siga semejante comportamiento abusivo. Necesitas la ayuda de un consejero capacitado o de un pastor que te ayude a convertirte en un positivo agente de cambio en tu familia.

El abuso sexual

El abuso sexual es aprovecharse de tu papel de padre para obtener favores sexuales de tu adolescente con el propósito de satisfacer tus propios deseos sexuales. El abuso sexual lo perpetran con mayor frecuencia los padres, padrastros o por el novio de la madre. Ese abuso se concentra casi siempre en las jóvenes adolescentes. Aunque a veces también ocurre el abuso homosexual en el núcleo familiar, no es ni cerca tan común como el heterosexual. A menudo, el padre que es un abusador sexual tratará de convencer a su adolescente que sus proposiciones sexuales son expresiones de amor. Este mensaje no «será válido» para el joven. Algo en lo más hondo de sí le dirá: «Eso no está bien».

Sin embargo, con frecuencia el joven es reacio a hablar con el otro padre o con un adulto acerca de esta experiencia sexual. A veces, los adolescentes guardan silencio por vergüenza, pero el mayor impedimento en estos casos es el miedo. Es común que el padre abusador lo amenace. Una hija de quince años de edad expresó: «Mi padre me dijo que si yo le decía a mi madre o a otra persona lo que estaba pasando entre ellos, él lo negaría y mi madre le creería a él y no a mí. Él se encargaría de que me castigaran por mentir». Cuando a una joven de diecisiete años de edad le preguntaron por qué no le contó a su madre que su padrastro la maltrataba sexualmente desde que tenía trece años, respondió: «Yo sabía que si se lo decía a mi madre, mi padrastro me mataría. Me dijo muchas veces que sería fácil encargarse de mí. Sabía que hablaba en serio y no quería morir». En cuanto su padrastro fue a prisión por otra ofensa criminal, ella le contó al fin a un consejero lo que sucedió entre ella y su padrastro.

Debería ser obvio para todos que la intimidad sexual con un joven y una figura paterna no es una expresión de amor hacia ese joven. Es un acto de autocomplacencia, lo opuesto al amor. El joven se sentirá usado y maltratado. Un abuso semejante, durante cierto período, produce amargura, odio y, a menudo, depresión en el adolescente. Además, ocasiona un efecto drásticamente negativo en el desarrollo emocional, social y sexual del joven.

El trato hacia los abusos sexuales

Si estás involucrado en conseguir una gratificación sexual de un joven que vive en tu casa, el primer paso es darte cuenta de lo malo de semejante comportamiento. El segundo paso es hacer una cita con un consejero profesional, contarle tu problema y comenzar el proceso de tratar de sanar la relación con tu joven. Sí, un paso tan atrevido te costará mucho, quizá hasta te cause vergüenza, tal vez rompa tu relación matrimonial y te provoque un estrés emocional. A pesar de eso, si no lo haces, a la larga te resultará más costoso.

Estoy del todo convencido que la mayoría de los abusadores sexuales no aceptarán el consejo que acabo de brindar. Por lo tanto, deberá ser el otro padre el que se haga cargo de presionar en el problema. Por supuesto, con frecuencia el otro padre no se da cuenta de lo que está pasando. A veces cierra sus ojos ante indicios reveladores y se tapan los oídos ante los esfuerzos del joven por contárselo. Semejante insensibilidad, sea cual fuere su razón, es una traición hacia el joven. Te insto a que escuches y compruebes cualquier declaración de tu adolescente aunque sea siquiera una ligera demostración de ruego por ayuda. Además, te insto a que mantengas abiertos tus ojos hacia cualquier evidencia de que un comportamiento inapropiado tiene lugar entre tu cónyuge y tu adolescente.

Por favor, ten en cuenta que a veces tu adolescente lo negará cuando se lo preguntes de forma directa. Repito, esa negación se basa a menudo en la vergüenza y el temor. No tomes la respuesta inmediata de tu adolescente como la palabra final sobre la situación. Si tienes razones para creer que existe un inapropiado comportamiento sexual entre tu cónyuge y tu adolescente, te insto a que te comuniques con un consejero profesional, le cuentes las evidencias y permitas que el consejero tome las medidas apropiadas. El abuso sexual es devastador para el bienestar de tu adolescente. Si sabes de tal abuso y no lo enfrentas, tu adolescente no solo se sentirá maltratado por el perpetrador, sino también abandonado por ti. Sí, luchar contra un abuso podrá ser costoso, quizá hasta vergonzoso, y puede que hasta destruya tu matrimonio o tu relación con el abusador, pero es la única alternativa si amas a tu adolescente.

Con una consejería y ayuda espiritual apropiadas, puede haber sanidad aun después de semejante abuso devastador. En cambio, sin una guía emocional y espiritual, tu adolescente jamás experimentará una saludable adultez. Muchos de los atribulados jóvenes adultos de nuestra sociedad pueden rastrear las raíces de sus problemas en un abuso sexual sufrido cuando eran adolescentes. Muchas veces, los padres o figuras paternas no perpetraron este abuso; quizá lo llevaran a cabo miembros de su familia extendida: tías, tíos, primos o adultos que conocieron en la escuela, en la iglesia o en otros entornos comunitarios. La mayoría de los abusos homosexuales de adolescentes tienen lugar fuera del núcleo familiar. Si los padres se percatan de tal abuso, deben informarlo de inmediato a las autoridades locales de salud mental o trabajo social. No se debe permitir que los adolescentes se defiendan solos en las aguas infestadas de tiburones de nuestra confusión sexual social. El amor de los padres nos impulsa a efectuar todo lo que sea posible por ayudar a nuestros adolescentes a desarrollar una identidad sexual positiva y de resguardarlos de adultos que procuran abusar de ellos para su propia gratificación sexual.

Las nuevas noticias alentadoras son que la mayoría de los padres no maltrata de manera física ni sexual a sus adolescentes. Casi todos los padres los aman hablando el lenguaje de amor del toque físico. Una encuesta efectuada a adolescentes estadounidenses entre trece y diecisiete años reveló que el 75 % pensaba que los padres deberían abrazarlos por lo menos una vez a la semana. Y el 55 % de los mismos adolescentes dijo que sus padres lo hacían de ese modo[3].

LO QUE DICEN LOS JÓVENES

Los adolescentes necesitan el toque de sus padres si van a sentirse amados. Para algunos jóvenes, el toque físico es su lenguaje primario del amor. Habla con más profundidad y rapidez que los otros cuatro.

Escucha a los siguientes adolescentes, para quienes el toque físico es su lenguaje primario del amor.

Victoria, de dieciséis años de edad que vive con su madre soltera: «Me encanta cuando mamá me frota la espalda. Pareciera como que todos mis problemas se van cuando mamá lo hace».

Joel, de diecisiete años: «Sé que mi papá me ama. Siempre me está haciendo bromas. Me da codazos cuando vemos juntos un juego. Me golpea en el hombro y me da palmaditas cuando paseamos juntos. A veces, no estoy de humor para que me toquen y papá respeta eso. Sin embargo, al día siguiente me empuja cuando caminamos juntos. ¡Me encanta!».

Mirta, de quince años: «Mi papá ya no me abraza tanto como acostumbraba. No sé si piensa que ahora soy adulta y ya no lo necesito. Sin embargo, extraño sus abrazos. Siempre hicieron sentirme especial».

Bruno, quien tuvo un año difícil con el álgebra: «El mejor momento de mis deberes escolares en casa es cuando mamá se aproxima y me frota los hombros. Me olvido de todo el problema de álgebra. Me relaja. Cuando se marcha, ya me siento mejor».

Jessica, de diecisiete años de edad: «Sé que a veces es difícil vivir conmigo. Mis padres debieron soportar mis humores cambiantes. Me imagino que solo se deba a que soy una joven, pero cuando me abrazan o me tocan en el brazo, siento como que todo estará bien. Es algo así que me calma. Sé que me aman de verdad».

SI EL LENGUAJE DEL AMOR DE TU ADOLESCENTE ES
TOQUE FÍSICO:

¿Necesitas más ideas? Prueba una o más de estas con tu adolescente esta semana.

- *Tómense de las manos durante las oraciones familiares.*

- *Desarrolla un apretón de manos o saludo único que solo usan tú y tu adolescente. Úsalo con regularidad cuando se despidan o se reúnan después de estar separados.*

- *Si tu adolescente está estresado, acaríciale con suavidad su cabeza para que se relaje mientras te cuenta de su situación.*

- *Abraza y besa a tus adolescentes cada día cuando salgan para la escuela mientras te lo permitan, pero sé sensible a su resistencia, sobre todo en público.*

- *Poco después de disciplinar a tus adolescentes, dedica un momento para darles un abrazo a fin de mostrarles que la disciplina fue una consecuencia de su mala elección y no en su contra como personas.*

- *Salúdense chocando las manos o con felicitaciones similares cada vez que sorprendas a tu hijo haciendo algo positivo.*

- *Cómprale un regalo a tu adolescente que esté orientado al toque, tales como una almohada suave, colcha o suéter.*

- *Participen en juegos o practiquen deportes juntos que requieran el toque físico. Esto les permitirá disfrutar de tiempo mutuo, así como del toque que es significativo sin parecer forzado.*

- *Bríndate para darle a tu adolescente un masaje en los hombros cuando experimente un día difícil en especial.*

- *Para padre e hijo, la lucha juguetona puede expresar amor a menudo, pero solo si esta es una actividad que disfruta el adolescente.*

- *Proporciona una «palmadita en la espalda» positiva como una manera de comunicar amor cuando tu adolescente lleva a cabo algo importante. (Muchas veces, esto puede ser útil también cuando tu adolescente no ha cumplido una meta. Esfuérzate en ser incondicional al ofrecer amor).*

- *Si ves que tus adolescentes ya están en la cama, entra y tira de sus colchas a su alrededor.*

TIEMPO DE CALIDAD

TERCER LENGUAJE DEL AMOR:

Tiempo de calidad

A las once y cuarenta y cinco de la noche entré a la habitación de mi hijo adolescente. Había pasado el día en la consejería y sentía agotamiento físico y emocional. Anticipaba recibir un breve: «Buenas noches, te quiero mucho». En su lugar, mi hijo dijo. «Papá, yo no entiendo a las chicas». Me senté en el piso, me apoyé contra un lado de la cama y pregunté: «¿Qué te lleva a esa conclusión?».

Este fue el comienzo de una conversación de dos horas. Derek tenía diecisiete años de edad en ese entonces. Ahora tiene más de cuarenta. Sigue sin entender a las chicas. Ni yo tampoco las entiendo. Aun así, siempre hemos estado tan unidos como para hablar, y eso es lo que importa.

Darle a tu adolescente un *tiempo de calidad* es ofrecerle una parte de tu vida. El tiempo de calidad real significa darle al adolescente tu atención total. Nada más importa en esos momentos. El tiempo de calidad es un poderoso comunicador del amor emocional.

Lo lamentable es que el lenguaje de amor del tiempo de calidad es mucho más difícil de hablar que el lenguaje de amor de las palabras de afirmación o del toque físico por una simple razón: Requiere más tiempo. Un toque físico significativo se puede dar en segundos; las palabras de afirmación se pueden pronunciar en menos de un minuto. El tiempo de calidad, en cambio, requiere horas. En este ajetreado mundo actual, muchos padres de adolescentes encuentran difícil hablar el lenguaje del tiempo de calidad. Por consiguiente, muchos jóvenes viven en casas llenas con la última tecnología, pero tienen vacíos los tanques de amor. A menudo se sienten como si ellos también fueran una simple parte de la colección de objetos de sus padres.

> **El compañerismo tiene que ver con el hecho de estar en contacto mutuo.**

Los padres ocupados que desean que sus jóvenes sientan que los aman, deberán buscar el tiempo para brindarles su concentrada atención. El psiquiatra Ross Campbell escribió: «Sin atención concentrada, un adolescente experimenta cada vez más ansiedad, porque piensa que todo lo demás es más importante que él. Como consecuencia de esto, se encuentra menos seguro y su crecimiento emocional y sicológico resulta perjudicado»[1].

DI PRESENTE... PRESENTE DE VERDAD

El aspecto central del tiempo de calidad es el compañerismo. No me estoy refiriendo a la proximidad. Estar en la misma casa con el adolescente no es tener tiempo de calidad. Cuando te encuentras en la misma habitación con tu adolescente, estás bien cerca, pero no necesariamente juntos. El compañerismo tiene que ver con el hecho de estar en contacto mutuo. Es probable que el padre y el hijo que ven juntos un encuentro deportivo por televisión o en el estadio no experimenten el compañerismo. Si el adolescente se aparta de esta experiencia sintiéndose solo y pensando que el *deporte es más importante para mi papá que yo,* no existió el compañerismo. En cambio, si el joven recibe el mensaje: «La cosa más importante de este juego es estar contigo. Me encanta cuando hacemos cosas juntos», el padre y el hijo se conectaron. Y el hijo se irá de allí sintiéndose amado. El enfoque de este capítulo es ayudarles a sentir el *compañerismo* cuando ustedes dos están juntos.

¿Qué significa estar «en contacto» con tu adolescente? En esencia, significa que el joven siente que es el centro de tu atención. No quiere decir que cada vez que estén juntos deban tener conversaciones largas y profundas. Sin embargo, significa que el padre debe buscar a propósito la comunicación a través de los ojos, las palabras, el toque físico y el lenguaje corporal que el joven es lo más importante del evento.

Carlos, de quince años de edad, ilustró esto cuando dijo: «Mi padre piensa que me hace un favor cuando me lleva a pescar. Lo llama "nuestro tiempo de compinches", pero ni siquiera hablamos de nosotros. Nuestras conversaciones tratan de la pesca y la naturaleza, pero a mí no me importa ni la pesca ni la naturaleza. Me gustaría poder hablar con mi padre sobre mis problemas, pero él no parece interesado en mí». Yo conozco al padre de Carlos y les puedo asegurar que él pensaba que estaba haciendo algo maravilloso llevando a Carlos a pescar. No tenía ni idea que ellos no estaban «en contacto».

El problema era que su enfoque estaba en la actividad más que en su hijo. Él se asombró al aprender más adelante durante una sesión de terapia que su hijo, en realidad, dejaba su experiencia de pesca sintiéndose vacío y rechazado. El padre de Carlos tuvo que aprender un montón de cosas acerca de hablar el lenguaje del tiempo de calidad.

CONVERSACIÓN DE CALIDAD

Al igual que las palabras de afirmación y el toque físico, el lenguaje de amor del tiempo de calidad posee muchos dialectos.

Uno de los dialectos más comunes es el de la conversación de calidad. Cuando hablo de conversación de calidad, me refiero al diálogo entre el padre y el joven donde cada uno es libre de expresar sus experiencias, pensamientos, sentimientos y deseos en una amigable atmósfera de aceptación. Requiere que los padres aprendan a hablar «con» sus adolescentes más que «en» su compañía.

Pregunta y escucha

La conversación de calidad es bastante diferente al primer lenguaje del amor. Las palabras de afirmación se enfocan en lo que decimos, mientras que la conversación de calidad se enfoca en lo que escuchamos. Si el padre está expresando amor a través del tiempo de calidad y está empleando ese tiempo en una conversación, significa que se concentrará en hacer hablar al joven y escuchar con simpatía lo que el mismo le cuenta. El padre hará preguntas, no de una manera molesta, sino con un sincero deseo de comprender los pensamientos, sentimientos y deseos del joven. La mayoría de los padres tendrá que esforzarse en esto porque es un cambio en su estilo de comunicación.

Cuando nuestros hijos eran pequeños, les dábamos instrucciones y órdenes, pero si continuamos con este patrón de comunicación durante los años de la adolescencia, el joven dirá: «Me tratas como a un niño». Y tendrá razón. Debemos aprender ahora a tratar a nuestro hijo como un adolescente, recordando su emergente independencia y estimulando su identidad propia en desarrollo.

Esto significa que debemos permitirle a nuestro adolescente tener sus propios pensamientos, experimentar sus propias emociones, tener sus propios sueños y ser capaz de manifestárnoslo sin recibir consejos que no ha solicitado. Debemos aprender a ayudarle a evaluar sus ideas, comprender sus emociones y dar pasos prácticos hacia el logro de sus sueños. Además, debemos aprender a realizarlo en una atmósfera amigable y estimulante, en vez de las dogmáticas expresiones de un monólogo. *Para casi todos los padres, esto es uno de los mayores desafíos en la crianza de sus hijos adolescentes.* Muchos padres se irritan durante el proceso de aprendizaje.

«No sé cómo criar a un adolescente», me confesó Marlene. «Creía que lo estaba haciendo bastante bien hasta que Katia cumplió dieciséis años. Ahora me despierto para descubrir que soy una "tonta, desconectada del mundo real" y tratando de controlar su vida. Me siento frustrada por completo y despreciada por mi hija. Todo lo que digo está mal. Ya no sé cómo hablar con ella».

Hace varios años que conocí a Marlene y sabía que su estilo de comunicación era lo que llamo «arroyo murmurador» (cualquier cosa que entrara por los ojos y los oídos salía por la boca, y casi nunca mediaban sesenta segundos entre ambas cosas). Cualquier cosa que Marlene veía, escuchaba o sentía, lo expresaba con entera libertad y sin reflexionar si a los demás les interesaba escuchar sus pensamientos, sentimientos e impresiones. Katia, que había aceptado esto como normal durante su niñez, trataba ahora de descubrir su propia identidad y establecer un tipo de independencia de su madre. Ya no aceptaba la palabra de su madre como «el evangelio». Tenía ahora unas cuantas ideas propias y las expresaba con tanta libertad como su madre.

Sabía que para Marlene la curva de aprendizaje iba a ser escarpada. Aunque también sabía que si no aprendía los nuevos patrones de comunicación con Katia, perdería la afectuosa relación que tuvo años antes. Marlene tenía que aprender a reducir el flujo de sus propias palabras, y tenía que aprender el nuevo arte de escuchar de manera activa y dialogar de manera comprensiva.

Cómo tener una conversación de calidad

He aquí ocho pautas para escuchar mejor y tener un verdadero diálogo. Las primeras cinco tienen que ver con el aprendizaje de escuchar a tus hijos adolescentes de manera activa.

El prestar buena atención debe preceder a los pasos del 6 al 8. Estas pautas ayudaron a Marlene a aprender sobre la conversación de calidad. Practícalos y mejorarán tus conversaciones con los jóvenes.

1. *Mantén el contacto visual cuando habla tu adolescente.* Esto evita que tu mente divague y muestra que el joven tiene tu plena atención. Refrénate de poner los ojos en blanco en señal de disgusto, cerrarlos cuando recibes un suave soplido, mirar por encima de la cabeza o quedarte observando con fijeza tus zapatos cuando ellos están hablando.

2. *No hagas mil cosas a la vez mientras escuchas a tu adolescente.* Recuerda que el tiempo de calidad es darle a alguien tu completa atención. Si estás viendo, leyendo o haciendo otra cosa en la que estés muy interesado y no te puedes apartar de inmediato, dile la verdad a tu adolescente. Un método positivo podría ser: «Sé que estás tratando de hablar conmigo y estoy interesado. Sin embargo, quiero darte toda mi atención. No puedo hacerlo ahora mismo, pero si me das diez minutos para terminar esto, me sentaré contigo y te escucharé». La mayoría de los jóvenes respetará tal petición.

3. *Presta atención a los sentimientos.* Pregúntate: «¿Qué emociones estará experimentando mi adolescente?». Cuando creas tener la respuesta, confírmalo. Por ejemplo: «Me parece que estás algo frustrado porque me olvidé...». Esto le da al joven la oportunidad de aclarar sus sentimientos. También expresa que estás escuchando con toda atención lo que dice.

4. *Observa el lenguaje corporal.* Los puños cerrados, las manos temblorosas, las lágrimas, las cejas enarcadas y el movimiento de los ojos pueden darte indicios de lo que siente el joven. A veces el lenguaje corporal dice una cosa mientras que las palabras dicen otra. Pide aclaraciones para estar seguro de lo que en verdad está pensando y sintiendo.

5. *Evita interrumpir.* Investigaciones efectuadas revelan que el individuo promedio escucha solo durante diecisiete segundos

antes de interrumpir e intercalar sus propias ideas... ¡los padres de los jóvenes podrían ser incluso más rápidos que eso! Tales interrupciones detienen a menudo la conversación antes de que se inicie. Llegado a este punto de la conversación, tu objetivo no es defenderte ni enderezar al joven; es comprender sus pensamientos, sentimientos y deseos.

6. *Formula preguntas reflexivas.* Cuando creas haber comprendido lo que tu adolescente está tratando de decir, contrólalo reflexionando en la declaración efectuada (como tú la entendiste) con una pregunta: «He oído que dices... ¿Es cierto eso?». O: «¿Estás diciendo que...?». El escuchar reflexionando aclara los malentendidos y tu percepción acerca de lo que dice el joven. Recuerda que estás tratando de responder las siguientes preguntas: «¿Qué está pensando mi adolescente? ¿Qué está sintiendo? ¿Qué desea de mí?». Hasta que no hayas contestado con claridad estas preguntas, no estarás listo para comunicar tus ideas.

7. *Expresa tu comprensión.* El joven necesita saber que lo escucharon y comprendieron. Imagínate que, como padre, hicieras la siguiente pregunta reflexiva: «Lo que estoy escuchando de ti es que deseas ir a la playa con tres amigos tuyos, que deseas conducir, nuestro automóvil porque ellos no tienen licencia de conducir y que desearías que yo te pague la gasolina y el estacionamiento porque ninguno de ustedes tienen el dinero suficiente. ¿Es eso lo que estás pidiendo?». Si tu adolescente responde: «Sí», puedes expresar tu comprensión en cuanto a su petición: «Ya veo que te gustaría mucho y que lo pasarías bien en la playa». Al expresar tu comprensión, estás afirmando el sentido de valor del joven y lo estás tratando como una persona que tiene deseos. Ahora estás listo para el octavo paso.

8. *Pide permiso para expresar tu punto de vista.* «¿Te gustaría escuchar mi perspectiva de la idea?». Si el adolescente dice: «Sí», procede a comentarle tus pensamientos, ideas y sentimientos. Si dice: «A la verdad, no», se terminó la conversación y el viaje a la playa se realiza sin financiación. Si das muestras de tu

comprensión en cuanto a los pensamientos del joven, es muy probable que él se encuentre dispuesto a escuchar tu opinión. Aun cuando no esté de acuerdo contigo, te escuchará.

Hacia una mejor relación

Algunos padres encuentran ofensiva, y hasta absurda, la idea de pedir permiso para exponer su punto de vista. «¿Por qué tengo que pedirle permiso a mi adolescente para hablar?», me preguntó un padre. La cuestión no es que si los padres tienen el derecho de hablar, ellos lo hacen. La cuestión es: «¿Deseas que tu adolescente escuche lo que estás diciendo?». Al pedir permiso, reconoces que el joven es una persona, y que tiene la elección de escuchar o no lo que tienes en tu corazón y en tu mente. Estás reconociendo a tu adolescente como individuo. Estás creando el clima para un diálogo comprensivo. Sin duda, los padres poseen la libertad de predicar su sermón sin pedir permiso, pero los jóvenes también tienen la libertad de «sacar de sintonía» a sus padres si así lo deciden. Muchos lo harán de ese modo porque sienten que los tratan como niños. Cuando pides permiso para dar tu opinión, el joven siente que lo tratas como una persona joven que está madurando.

Los padres todavía tienen la palabra final en cosas como pagar un viaje a la playa o en cuanto a permitirle al joven que vaya a la playa. No es cuestión de la autoridad paterna; es cuestión de la relación padre-adolescente o de qué forma vas a expresar tu autoridad. Tú siempre puedes mandar de manera despótica sobre tu adolescente como un tirano. Esto muchas veces traerá como resultado que ellos se sientan rechazados y desprovistos de amor. Por otro lado, tú puedes relacionarte con tus adolescentes como un padre amoroso que procura propiciar una sana y amorosa transición hacia la adultez.

Es obvio que tales conversaciones de calidad tomarán su tiempo. Se empleará el doble de tiempo en escuchar al joven que en hablarle. No obstante, los dividendos son enormes. El joven se siente respetado, comprendido y amado, el sueño de todo padre. Tales sueños no se cumplen solo haciendo lo de siempre. Se hacen realidad aprendiendo nuevos patrones de comunicación que sean más apropiados durante los años del desarrollo del adolescente.

APRENDE A HABLAR

Lo que hablas es una parte importante del diálogo significativo con tu adolescente. Sin embargo, la manera en que hablas es de suma importancia. La forma eficaz de hablar se concentra en expresar tus propios pensamientos, sentimientos y deseos, no en atacar a los del joven. Los padres crean una relación adversa cuando comienzan su charla condenando el punto de vista del joven respecto al asunto. Es mucho mejor emplear el método positivo de expresar tus puntos de vista, pensamientos, sentimientos y deseos.

Declaraciones con «Yo»

La manera más simple de aprender este método para conversar es comenzar tus frases con *yo* más que con *tú*: «Yo pienso... Yo siento... Yo deseo...». Estas son afirmaciones de revelación personal; le informan al joven lo que pasa dentro de tu cabeza. Por otra parte: «*Tú* estás equivocado, *tú* no comprendes, *tú* estás malinterpretando la situación, *tú* no eres razonable, *tú* haces mi vida difícil», son declaraciones de culpa y acusación. Casi siempre conducen a una de estas respuestas: una discusión explosiva o a retirarse y estar deprimido, en dependencia de la personalidad básica del adolescente.

Las declaraciones con *tú* detienen el flujo del diálogo; las declaraciones con *yo* abren el camino hacia una charla futura. Es probable que te lleve algún tiempo aprender esta nueva manera de hablar. Si te das cuenta que estás comenzando tus frases con *tú*, detente. Dile a tu joven que estás tratando de aprender una nueva forma de hablar y que quisieras hacer la prueba de decir la frase otra vez. Rehaz la frase, comenzando con *yo*.

Por ejemplo, si te escuchas decir: «*Tú* me haces enojar cuando...», deberías detenerte y decir: «Déjame comenzar de nuevo. *Yo* me siento enojado cuando...». Luego, dile a tu adolescente: «¿Comprendes por qué estoy tratando de aprender una nueva manera de hablar? No quiero condenarte; deseo comprenderte. Al mismo tiempo, deseo que tú entiendas mis sentimientos y pensamientos». La mayoría de los jóvenes apreciará los esfuerzos de sus padres en aprender nuevos patrones de comunicación.

Enseñanza en lugar de predicación

Otro principio importante respecto a las conversaciones con los adolescentes es enseñar más que predicar. Yo crecí en una zona rural del sur donde se respetaban mucho a los maestros y predicadores. La diferencia entre los dos no estaba en el contenido, dado que lo secular y lo sacro estaban intrínsecamente entrelazados entre sí, incluso en la escuela. Ni tampoco estaba en la geografía. Era cierto que el predicador predicaba en la iglesia y el maestro enseñaba en la escuela, pero también era cierto que el maestro enseñaba muchas veces en la iglesia y el predicador a veces predicaba en la escuela. La diferencia radicaba en la manera de pronunciarlo. El predicador dirigía su prédica con fuerza, hablando en voz alta en algunos momentos y con suavidad en otros, a veces hasta llorando, riendo, pero siempre en forma apasionada y dogmática. El maestro, por otra parte, empleaba un tono conversacional, es cierto que enseñaba el contenido con pasión, pero estoy seguro que nunca de manera extralimitada. Los padres de los jóvenes que deseen ser comunicadores eficientes deberán imitar al maestro más que al predicador.

Es típico que las voces subidas de tono y los gestos teatrales de los padres causen que los adolescentes se vuelvan hacia

Sustituye el «Porque lo digo yo» con «Permíteme decirte el porqué».

otra parte en busca de consejo. Por otro lado, los padres que aprenden a expresar sus ideas de una forma serena y razonada descubrirán con frecuencia que los jóvenes los buscarán para que los aconsejen. No quiero decir con esto que los padres no puedan ser dogmáticos en cuanto a creencias bien arraigadas. Más bien se trata de que modere su dogmatismo con una disposición hacia las opiniones de los demás, en especial las de sus hijos adolescentes. «Permíteme decirte lo que siempre he creído acerca de esto y te diré por qué creo que es lo mejor, y luego me das tu opinión al respecto. Me interesa oír tus observaciones». Semejante método no solo le permite al padre expresar sus firmes creencias, sino que también le facilita al joven expresar sus pensamientos, aun si los mismos difieren de los de sus padres. El padre debe procurar la creación de esta clase de ambiente.

Recuerda, los jóvenes están comenzando a creer en forma abstracta y con secuencias lógicas. Están examinando las creencias con las que se criaron y están decidiendo sus propios sistemas de valores. Los padres que deseen influir en este proceso deben aprender a ser maestros más que predicadores. Aprende el arte de formular preguntas. Los padres que aprenden la manera de formular preguntas mantendrán hablando a sus jóvenes. No me refiero a preguntas molestas como: «¿Adónde fuiste, cuánto tiempo te quedaste allí, quién estuvo contigo?». Me refiero más bien a preguntas que hagan pensar al joven. Por ejemplo: «¿Cómo crees que la mayoría de los adolescentes reaccionó a la protesta contra la guerra la semana pasada por los estudiantes de la universidad?». Escucha con atención y no solo oirás la observación de tu adolescente respecto a sus compañeros, sino que descubrirás sus ideas respecto al asunto en sí. Un vivo interés en las opiniones de tu adolescente demostrado con preguntas profundas puede conducir también a que te pidan tu opinión. Las preguntas no solo engendran respuestas, sino también otras preguntas.

Ofrece razones

He aquí otra idea respecto a la conversación con los adolescentes: Sustituye el «Porque lo digo yo» con «Permíteme decirte el porqué». A los jóvenes les interesan las razones. Están desarrollando su propia capacidad de razonamiento, y responden a la persona que posea razones lógicas para sus creencias y opiniones. El padre que se vuelve a la pura autoridad sin expresar sus razones detiene el flujo de un diálogo empático con el joven, que se sentirá rechazado por el padre y el tanque de amor permanecerá vacío.

El padre que aprende el arte de escuchar y hablarles con eficiencia a los adolescentes es aquel que va a comunicar amor a un nivel emocional con mayor eficacia. La conversación de calidad es una de las maneras más poderosas de comunicar dicho amor.

ACTIVIDADES DE CALIDAD

Los adolescentes son criaturas de acción. La mayoría de las mejores conversaciones de calidad de los padres tendrá lugar en asociación con algún tipo de actividad. Algunas de ellas son parte del flujo normal de la vida: escuela, deporte, música, danza, teatro, comunidad e iglesia. Los adolescentes pueden estar activos en todas estas arenas. Los padres que desean pasar tiempo de calidad con sus adolescentes descubrirán que estos lugares brindan muchas oportunidades. En los primeros años de la adolescencia, todas las horas se desarrollan hacia estas actividades y desde las mismas. Esos momentos en el automóvil no necesitan estar llenos de discusiones si los padres siguen las ocho pautas para hablar y escuchar que se indicaron antes. A menudo, las mismas actividades brindan oportunidades para pasar tiempo de calidad con tu adolescente. Cuando el joven comprende que tú estás en la actividad porque quieres verlo actuar, que te interesan sus aspiraciones, que esta noche no hay nada más importante para ti que presenciar su actividad, esto le dice mucho.

Un adolescente de catorce años de edad dijo: «Mi papá siempre asiste a mis conciertos. No es músico, pero me alienta. Me siento muy afortunado». Otra hija adolescente de la misma orquesta dijo: «Yo sé que mi papá me ama, pero nunca deja su trabajo para ir a mis conciertos. Busca el tiempo para ir a jugar golf con sus amigotes, pero nunca encuentra tiempo para mí». La segunda adolescente cree de manera intelectual que su padre la ama, pero vive con un tanque de amor emocional vacío.

Los jóvenes saben que cuando les das tu tiempo para asistir a sus actividades, les concedes parte de tu vida, y esto le comunica su amor por ellos de manera profunda. En cambio, cuando los padres no encuentran tiempo para asistir a las actividades en que participan sus adolescentes, el mensaje es: «No eres tan importante como otras cosas».

Los jóvenes se desenvuelven mejor en los desafíos comunes de su desarrollo adolescente si sus padres participan a su lado en el flujo normal de la vida. Es interesante que cuando se les preguntó a cinco mil adultos: «¿Qué fue lo que menos apreciaron de sus padres cuando eran adolescentes?», la respuesta número uno fue: «Ellos no se involucraban en mi vida»[2]. El hecho es que los jóvenes desean que sus padres tomen parte en sus vidas. Tal participación no solo crea recuerdos para el futuro, sino también profundos lazos de amor en el presente. Ayudarlos en sus deberes escolares, asistir a sus actividades, llevarlos en automóvil hasta el centro comercial e ir de tiendas con ellos, todo esto crea oportunidades para el tiempo de calidad con los jóvenes. La participación de los padres dice: «Tus intereses son importantes para mí».

EL AMBIENTE ADECUADO

Los padres pueden aprender también a crear los ambientes para el tiempo de calidad con los jóvenes mediante la planificación y ejecución de eventos fuera de las rutinas normales de la semana. Esto requiere tiempo, esfuerzo y, algunas veces, dinero, pero los dividendos son enormes. Excursiones o caminatas; paseos en balsa; pesca; asistencia a encuentros deportivos, musicales o teatrales en una ciudad distante; o visita a museos y lugares de interés histórico son solo algunas maneras de crear ambientes propicios para pasar tiempo de calidad con tu adolescente.

Elije actividades que le gustan a tu adolescente

La clave para crear ambientes de éxito es comenzar con los intereses de tu adolescente. La planificación de un viaje basado en tus propios intereses más que los del joven es planificar una mala experiencia. Descubre los intereses de tu adolescente y sé creativo en planificar entornos que lo motiven a pasar tiempo de calidad contigo.

Recuerdo cuando nuestro hijo Derek, a los diecisiete años de edad, comenzó a investigar sobre Buddy Holly, un músico y cantante de la década de 1950 que murió en un accidente de aviación. Yo me di una vuelta por la biblioteca y leí todo lo que pude encontrar sobre Buddy Holly. Leí las letras de sus canciones. Más tarde, me enfrasqué con Derek en una conversación acerca de las letras de las canciones de Buddy. Estaba sorprendido de que hasta conociera las letras. Algún tiempo después, programé un seminario de matrimonios en Fort Worth, Texas, y le pregunté a Derek si le gustaría venir conmigo. «Después del seminario», le dije, «viajaremos hasta Lubbock y exploraremos las raíces de Buddy Holly». Nunca olvidaré el brillo en sus ojos cuando me respondió: «Papá, me encantaría hacer eso». (No tenía idea de lo lejos que estaba Fort Worth de Lubbock... tuvimos muchísimo tiempo de calidad).

Durante todo el cruce del oeste de Texas, hablamos acerca de lo que esperábamos encontrar en Lubbock. Conversamos sobre la propia historia de Derek y las posibilidades de su futuro. Vimos pozos de petróleo, vallas con alambradas de púas, vías de ferrocarril y pastizales. Y, sobre todo, hablamos. A cada rato parábamos, salíamos del vehículo y absorbíamos el silencio del oeste tejano.

Cuando llegamos a Lubbock, nos dirigimos a la cámara de comercio y recibimos cuatro páginas de información acerca de Buddy Holly. Fuimos a la casa donde nació Buddy Holly. (Lo cierto es que, la casa ya no existía, pero tomamos una fotografía del lugar en el que estuvo la casa). Condujimos hasta la estación de radio donde Buddy Holly grabó su primer disco. En realidad, nos invitaron a entrar y nos mostraron el tocadiscos donde se tocó su primera grabación. Fuimos a la casa donde Buddy Holly vivía cuando grabó su primer disco. Le tomé una fotografía a Derek en el jardín del frente. La dueña de la casa salió a saludarnos. Le contamos lo que estábamos haciendo y nos dijo: «Está bien. Todo el mundo lo hace». Fuimos al club donde Buddy Holly tocó su primer concierto. (Ahora es un lote de autos usados, pero todavía cuelga afuera el letrero oxidado: «Cotton Club»). Fuimos hasta el instituto al que asistió Buddy Holly, y le tomé una fotografía a Derek apoyado en el edificio de ladrillos color crema. Nos llegamos hasta la pequeña iglesia bautista donde se casó Buddy Holly y donde se celebró su funeral. El padre del actual director de jóvenes fue director de jóvenes cuando vivía Buddy Holly. En ese momento, el director de jóvenes menor nos contó todo sobre la boda y el funeral.

Luego, condujimos a la tumba de Buddy Holly a la salida de la ciudad. Vimos la lápida de mármol y la guitarra de bronce. Me alejé para dejarle a Derek un momento a solas; luego, poco a poco nos dirigimos hasta el automóvil y nos alejamos. Con Lubbock en nuestro espejo retrovisor, hablamos sobre Buddy Holly: ¿Qué hubiera pasado si Buddy no hubiera muerto en el accidente aéreo a tan temprana edad? ¿Cuáles eran las creencias religiosas de Buddy? Dado que algunas personas mueren jóvenes, ¿cuáles son las cosas importantes en la vida? Hablamos y hablamos durante todo el camino de regreso a Fort Worth. Esta fue una experiencia de un tiempo de calidad que ninguno de nosotros ha olvidado jamás.

Imagínate nuestra sorpresa algunos años después cuando estábamos en otra experiencia de tiempo de calidad en Londres al descubrir el musical «Buddy». Todos los actores eran británicos, hablando con los acentos de Texas. ¡Fue fabuloso! Luego, recuerdo un poco más tarde cuando Derek se interesó por Bruce Springsteen. No te quiero aburrir con los detalles, pero fuimos a Freeport, Nueva Jersey, y exploramos las raíces de Springsteen.

Crea un ambiente para el tiempo de calidad

Tratando de aprovechar los intereses de Derek, planifiqué un viaje para nosotros cada año durante su adolescencia. Lo recomiendo mucho como un medio para crear un ambiente para el tiempo de calidad. Aun hoy, Derek piensa a menudo en el pasado y recuerda nuestros viajes juntos de tiempo de calidad. Estamos siempre unidos por esas experiencias de tiempos de calidad que forjaron recuerdos indelebles.

Te animaría a que pienses en crear una experiencia del tiempo de calidad con tu adolescente. No tiene por qué ser tan caro ni extenso como Londres, Lubbock o Freeport. Puede ser tan corto y barato como viajar a una ciudad que está a cuarenta y cinco kilómetros de distancia a fin de experimentar juntos algo en lo que está interesado tu adolescente. Las actividades planificadas brindan la oportunidad para hablar el lenguaje del amor de tiempo de calidad. Aun si el lenguaje primario del amor de tu adolescente no es tiempo de calidad, estas actividades te permitirán conocer mejor a tu hijo, crear recuerdos importantes y duraderos, y comunicarle que lo amas.

«MI ADOLESCENTE SE NIEGA A HABLAR»

Una queja común entre los padres es que cuando sus hijos llegan a la adolescencia, dejan de hablar. «Mi hijo no habla. Entonces, ¿para qué tratar siquiera de entablar una conversación de calidad?». Es cierto que los jóvenes poseen una necesidad de privacidad mayor que la de los niños. La posesión de pensamientos y sentimientos propios que difieren de los de sus padres es una parte de volverse independientes. Hay momentos en los que los jóvenes no desean hablar acerca de algo porque lo están elaborando para sí mismos. En esas ocasiones, los padres carecen de juicio si los presionan para que hablen. Lo que debemos hacer es decirles que estamos a su disposición si desean hablar.

A veces, sin embargo, los jóvenes no quieren hablar con los padres debido a que cuando han tratado de hacerlo, terminaron sintiéndose criticados o rechazados. Como padres, debemos prestar atención a lo que decimos y cómo lo decimos. Si tu joven regresa a casa desanimado por un fracaso en la escuela, comienza a contártelo y le dices: «¿Qué hiciste mal esta vez?», la conversación se acaba y el adolescente se aleja sintiéndose incomprendido.

A veces, los padres ofrecen garantías vacías: «La semana próxima a esta hora, te habrás olvidado de lo que pasó hoy». En otras ocasiones, a menudo damos consejos con mucha rapidez: «Estar abatido no tiene sentido. ¿Por qué no sales a correr o algo así?».

Estos son tipos de respuestas que cierran el flujo de la comunicación. Tales declaraciones expresan una actitud de «sabelotodo». No muestran empatía por lo que el adolescente siente en ese momento. Algunos jóvenes no hablan porque saben que recibirán este tipo de respuestas.

Como padres, podemos ayudar a abrir la puerta de la comunicación si somos sensibles a los estados de ánimo del adolescente. «Parece que tuviste un mal día hoy. ¿Quieres hablar de esto?», es una invitación que aceptarán muchos jóvenes. «Pareces entusiasmada esta noche. ¿Te sucedió algo bueno hoy?», le facilita hablar a la hija adolescente. Cuando se escucha con empatía (de lo cual hablamos antes) y se formulan preguntas que no sean amenazadoras, se crea un clima que facilitará que nuestros jóvenes hablen. Recuerda, tu adolescente tiene el derecho de guardar para sí sus pensamientos y sentimientos. A veces, esa será su elección. Intentar hacerlo hablar en esas ocasiones es negar su individualidad e independencia de ti. Dile que estás a su disposición para hablar cuando lo desee.

A veces los jóvenes están dispuestos a hablar, pero no en los momentos que prefieren los padres. En ocasiones prefieren hablar según su conveniencia. Esto sucede a menudo a altas horas de la noche y en la privacidad de sus habitaciones, o en la cocina después que todos se fueron a dormir. Los padres inteligentes aprovecharán estas oportunidades cuando se presenten. Dos horas de sueño adicionales no serán muy determinantes en el bienestar general de los padres, pero dos horas de un tiempo de calidad con el joven pueden marcar la diferencia entre el adolescente que se va a la cama con una percepción de amor en lugar de soledad y rechazo.

«MI ADOLESCENTE NO QUIERE PASAR TIEMPO CONMIGO»

Reconoce su necesidad de tener amigos

Otra queja que exponen los padres cuando tratan de mantener tiempo de calidad es: «Mi adolescente no quiere pasar tiempo conmigo». Por supuesto, durante los años de su adolescencia, tu hijo desarrollará profundas amistades fuera de la familia. Los sociólogos se refieren a este grupo como el de los compañeros del adolescente. El Dr. Eastwood Atwater define el grupo de compañeros como «personas que se consideran entre sí iguales por su edad, grado o estatus en particular»[3]. El Dr. Atwater también indica que los grupos de compañeros tienen cuatro papeles principales en la vida de un joven. Estos son:

1. El grupo ayuda a la transición del adolescente hacia la adultez al proveerle un grupo de apoyo social y emocional.
2. El grupo de sus compañeros provee normas que el joven puede utilizar para juzgar su propio comportamiento y experiencias.

3. Ofrece oportunidades para desarrollar relaciones interpersonales y habilidades sociales.
4. Brinda un contexto donde el joven desarrolla el sentido de identidad propia[4].

Salir con sus amigos después de la iglesia, la escuela u otras actividades, ir al cine o al centro comercial, pasar la noche el uno en la casa del otro, hablar por teléfono o enviar mensajes de texto son actividades que se incrementan de manera automática cuando el niño se transforma en adolescente. «Los nuevos grupos de compañeros de los jóvenes ayudan a satisfacer su necesidad de compañerismo y diversión, con apoyo emocional, comprensión e intimidad», indica el consejero Gary Smalley. «Ellos también necesitan estas cosas de sus familias y otros adultos, pero en su desarrollo es vital que lo reciban de sus amigos»[5].

A menudo, los padres malinterpretan tanto el vivo interés del joven por sus amigos como el desinterés por su familia. Dan por sentado que a un joven de quince años no le interesaría ir de cacería con su papá, de compras con su mamá ni a un picnic familiar. Sin embargo, las encuestas revelan que la mayoría de los jóvenes quisiera pasar más tiempo con sus padres y no menos del que en la actualidad pasan a su lado[6].

Consulta a tu adolescente cuando haces planes

Una parte del problema es que muchas veces los padres p[l]anean actividades sin tener en cuenta a sus adolescentes. Por c[onsiguiente], el joven tiene planeado algo estupendo con su g[rupo] de compañeros y no desea ir con sus padres. Los padres i[nter]pretan esto como un rechazo o una falta de deseo de estar [con la] familia. No obstante, si los padres hubieran reconocido [al ado]lescente como una persona (alguien con independencia e [identi]dad propia) y consultado con él sus planes, este quizá se [habría] interesado más en acompañar a la familia. Cuando tr[a]

nuestros jóvenes como niños y hacemos planes *por* ellos en lugar de tratarlos como personas independientes en ciernes, es que tenemos la impresión que no desean estar con la familia.

Brandon, de diecisiete años de edad, dijo: «Mis padres me dicen que se sienten heridos porque no quiero ir con ellos cuando planean viajes para nosotros. El problema está en que nunca consultan mis programas. Hacen sus planes y me los comunican un día antes de la partida. Yo tengo ya planeado cosas con mis amigos, y mis padres se sienten frustrados porque no quiero romper esos planes e ir con ellos».

Considera los intereses de tu adolescente

Otra razón por la que los adolescentes a veces son reacios a responder a las actividades planificadas por los padres es porque fallan al considerar los intereses de sus hijos. ¿Qué padre no ha pasado por la siguiente rutina? La mamá dice:

—Vamos a ir a ver al tío Roberto y a la tía Clara el sábado, y nos gustaría que nos acompañaras.

—No quiero ir —responde el joven.

—¿Por qué? —pregunta la mamá.

—Es muy aburrido —responde el joven—. Allí no hay nada que hacer.

—Podrías estar con tu primo —le dice la mamá—. Ustedes disfrutan estando juntos.

—Mamá, él es un niño —dice el adolescente—. Yo ahora soy un joven. No es lo mismo.

Si los padres tienen en cuenta los intereses de sus jóvenes, con unas simples ideas planifican en un viaje similar alguna actividad que quizá les resulte de interés y lo haga más atrayente. No me refiero a que no se obligue nunca a los jóvenes a que acompañen a la familia en una visita a los parientes. Estoy diciendo que si se fuerza a un adolescente a efectuar un viaje así, no puedes esperar que el mismo sea una experiencia de tiempo de calidad para los dos.

Es mucho mejor trabajar con los intereses y programas del joven, planeando juntos actividades que serán importantes para ambos.

LO QUE DICEN LOS JÓVENES

Te repetiré lo que dije al comienzo de este capítulo: Este lenguaje del amor, tiempo de calidad, es mucho más difícil de hablar que las palabras de afirmación o el toque físico. Sin embargo, uno de los cinco lenguajes del amor es el tiempo de calidad. Para algunos jóvenes, es su lenguaje primario del amor. Sin el tiempo de calidad con sus padres, estos jóvenes no se sentirán amados aunque los padres hablen otros lenguajes del amor. Para estos jóvenes es esencial que sus padres les dediquen tiempo para mostrarles una atención concentrada. Escucha a los siguientes adolescentes para quienes el tiempo de calidad es su lenguaje primario del amor.

Maritza, de catorce años de edad y una aspirante a pescadora: «Me encanta cuando mi papá me lleva con él cuando va a pescar. Para ser sincera con usted, a la verdad que no me gustan esas cosas tan apestosas. Sin embargo, me encanta estar con papá. Hablamos de toda clase de cosas, y en verdad disfruto al levantarme temprano. Es el mejor momento que tengo con él».

Kevin, de dieciséis años de edad, y orgulloso poseedor de su primera licencia de conducir: «Ahora que puedo conducir, me gusta ir a algún lado sin mis padres. Aunque también me gusta hacer cosas con ellos. Me encanta cuando papá y yo podemos hacer algo juntos. Algunos de mis amigos no tienen padres. A decir verdad, creo que soy afortunado».

Mónica, de catorce años, vive con su madre y tiene poco contacto con su padre: «Lo que me gusta de mamá es que podemos hablar de cualquier cosa. No tenemos secretos. En realidad, me siento unida a mi mamá. Ella me ha ayudado con un montón de problemas. Sé que siempre le podré contar lo que me molesta y ella me ayudará».

Jennifer, de dieciocho años, está lista para entrar a la universidad en otoño: «Creo que lo que más voy a extrañar cuando vaya para la universidad es mis conversaciones con mamá y papá. A veces, son muy tarde en la noche y prolongadas, pero sé que siempre están disponibles para mí. Esto no lo tendría en la universidad. Sé que podremos hablar por teléfono, pero no será lo mismo».

SI EL LENGUAJE DEL AMOR DE TU ADOLESCENTE ES
TIEMPO DE CALIDAD:

El mayor compromiso de mostrarle amor a un joven que desea tiempo de calidad es el de cambiar tu horario personal. A veces, todo lo que se necesita es conversar en el auto después de la escuela o en la práctica para hablar sobre el día, pero aquí tienes varias ideas más creativas para sus tiempos juntos.

- *Haz preguntas muy específicas acerca del día de tu adolescente que requiera más que un «sí» o un «no» por respuesta.*

- *Deja lo que estás haciendo para establecer contacto visual con tu joven mientras te cuenta algo importante.*

- *Haz que tu adolescente registre eventos especiales en su teléfono. Después, vean juntos el vídeo para averiguar qué recuerdos capturó.*

- *Haz que tu adolescente te diga los lugares que le gustaría visitar y por qué. Luego, sorpréndelo de vez en cuando al permitirle escoger u organizar uno con antelación.*

- *Apaga tu televisor para ver el programa favorito de tus adolescentes con ellos.*

- *Si tu adolescente está conduciendo, den juntos un viaje a un lugar de su elección.*

- *Cocinen algo juntos para una merienda, tales como galletitas o bizcochos de chocolate y nueces.*

- *Descubran cosas tontas para reírse y ríanse mucho.*

- *Prepara una merienda para ti cuando le haces una a tu adolescente. Luego, conversen acerca de su día mientras comen.*

- *Si tienes más de un hijo, haz los arreglos para el cuidado de los demás y sal con tu adolescente para un desayuno rápido antes de la escuela o para un batido después de las clases.*

- *Ve unos minutos antes para recoger a tu joven de la práctica de* hockey *o del Consejo Estudiantil. Quédense hasta tarde conversando acerca de su participación y de conocer a otras personas que interactúan en el grupo o en el equipo, tales como compañeros de clase, entrenadores o maestros. Dile al entrenador o al maestro que aprecias su ardua labor.*

- *Si tu familia tiene talento musical, canten o toquen juntos instrumentos en casa en lugar de ver televisión. Mejor aún, elijan un tiempo específico cada semana y conviértanlo en una tradición.*

- *Mantén la planificación del tiempo con tu adolescente en tu dispositivo y haz que esas fechas sean de gran prioridad.*

- *Sorprende a tu adolescente con billetes o un viaje a un lugar especial. Una acampada, un juego de baloncesto o un paseo al centro comercial pueden forjar recuerdos para toda la vida. Toma fotos del evento a fin de reforzar más esta sorpresa.*

- *Si es posible, lleva a tu adolescente a tu centro de trabajo un día. Preséntaselos a tus compañeros de trabajo, inclúyelo en tus reuniones y habla de lo que se siente al servir en tu empresa en particular.*

- *Crea «tradiciones» con tu adolescente, tales como tomar helado siempre en la misma tienda o caminar juntos en un parque en particular.*

- *Escoge uno o dos juegos de mesa o de cartas para que jueguen juntos con regularidad.*

- *Presta especial atención a las vacaciones familiares a fin de incluir tiempo significativo estando juntos contra un viaje centrado en actividades divididas de padre y adolescente.*

- *De vez en cuando, lleva a tu familia a caminar o montar bicicleta. Busca oportunidades para que juntos pasen tiempo que también incluya ejercicios.*

- *Disfruten juntos de más comidas como familia en la mesa. Haz de la hora de la cena una ocasión especial con una gran cantidad de charla agradable acerca del día. La oración en familia puede fortalecer también esta práctica.*

- *No te rindas para «llevar a dormir» a tu adolescente en la noche. Ya no puedes leerle cuentos a la hora de dormir, pero todavía puedes conversar acerca del día u orar juntos.*

- *Pasen tiempo haciendo los deberes escolares juntos. Esto mejora sus calificaciones y crea tiempo de calidad adicional (tú también podrías aprender algo nuevo).*

- *Planten juntos algo. Para los adolescentes orientados a las actividades al aire libre, el tiempo plantando un jardín de flores u hortalizas de verano, o manteniendo y embelleciendo las áreas verdes en el patio pueden crear recuerdos positivos para toda la vida.*

- *Confeccionen juntos un álbum de fotos o de recortes, ya sea en un libro o en tu computadora. Conversen acerca de los recuerdos que han disfrutado en el proceso.*

ACTOS DE SERVICIO

6

CUARTO LENGUAJE DEL AMOR:

Actos de servicio

«**C**reo que lo que más me ha hecho sentirme amado fue la forma en que mis padres se esforzaron por ayudarme con todo». Marcos acababa de comenzar su primer trabajo a tiempo completo y estaba pensando en casarse pronto. Al hablar de sus años de adolescente, comenzó recordando cosas específicas: «Me acuerdo de todas las comidas que hacía mamá aun cuando trabajaba fuera de casa y la vez en que papá me ayudó con el viejo cacharro que compramos juntos cuando cumplí dieciséis años. En cosas pequeñas, en cosas grandes, hicieron mucho por ayudarme».

Hoy en día, a los veinticuatro años de edad, Marcos continúa con sus recuerdos: «Ahora me doy más cuenta que antes. Sin embargo, aun en ese momento, sabía que se esforzaban por ayudarme y siempre lo aprecié. Espero poder hacer lo mismo algún día por mis hijos».

Marcos describía a padres que hablaban el lenguaje de los *actos de servicio*.

La crianza de los hijos es una vocación orientada al servicio. El día que decidiste tener un hijo, te enrolaste en un servicio prolongado. Para cuando tu hijo se convierta en adolescente, habrás hablado ese lenguaje durante trece años. Si en verdad deseas sentirte bien respecto a ti misma, toma unos minutos y calcula el número de pañales que cambiaste, de comidas que preparaste, de ropa que lavaste, doblaste y planchaste, la cantidad de curitas que le pusiste, los juguetes que reparaste, las hojas que doblaste, los cabellos que lavaste y peinaste, etc. Por favor, no le muestres esta lista a tu hijo adolescente. Aun así, léelo en voz alta en la privacidad de tu cuarto, sobre todo en los días cuando te sientes como un fracaso como madre. Esta es la sólida e irrefutable evidencia de que amaste a ese niño.

Sin embargo, tu niño se ha convertido en un joven y debes aprender algunos dialectos nuevos si quieres hablar con eficiencia el lenguaje del amor de los actos de servicio. Ya no hay más pañales, pero hay muchos botones que poner, ropa que hacer o remendar, comidas que preparar, neumáticos de bicicleta que cambiar, tratar en vano de reparar automóviles, camisetas que lavar y planchar, uniformes que blanquear, taxis personales que manejar (al menos, como en muchos estados, hasta que tengan dieciséis años), etc.

EL PODEROSO LENGUAJE DEL SERVICIO

Todo este duro trabajo adquiere dimensiones de nobleza cuando comprendes que semejantes actos de servicio son poderosas expresiones de amor hacia tu hijo adolescente. Algunos padres pasan de manera inadvertida por esta rutina de los actos de servicio como una tarea de padres. Los árboles no les permiten ver el bosque. Mi esperanza para estos padres es que las siguientes páginas disipen las nubes de lo mundano y permitan que la luz del sol del verdadero amor sea capaz de crear una visión más brillante sobre la crianza de los adolescentes.

La historia está repleta de ejemplos de hombres y mujeres que aprendieron cómo hablar el lenguaje del amor conocido como actos de servicio. ¿Quién no conoce a la madre Teresa? Su nombre es sinónimo de actos de servicio. En África, estuvo Alberto Schweitzer, y en la India, Mahatma Gandhi. La mayoría de la gente que ha estudiado la vida de Jesús de Nazaret, el fundador de la fe cristiana del primer siglo, está de acuerdo en que su vida se puede resumir por su simple acto de lavarles los pies a sus discípulos. Él mismo dijo: «El Hijo del hombre no vino para que le sirvan, sino para servir y para dar su vida en rescate por muchos»[1]. Instruyó a sus seguidores: «El que quiera hacerse grande entre ustedes deberá ser su servidor»[2].

La verdadera grandeza se expresa en el servicio. Los actos de servicio ofrecidos de forma voluntaria por los padres hacia sus jóvenes son verdaderas expresiones del amor emocional.

EL SERVICIO DADO SIN RESTRICCIONES

Debido a que el servicio hacia un niño es constante por tantos años y tiene lugar dentro y alrededor de tantas otras obligaciones, los padres pueden olvidar que los diarios y mundanos actos que realizan son expresiones de amor con efectos a largo plazo.

El servicio amoroso no es esclavitud. La esclavitud se impone desde afuera y se efectúa bajo rechazo. El servicio amoroso es un deseo que se motiva en el interior cuando les damos nuestra energía a otros. El servicio amoroso es un regalo, no una necesidad, y se da de manera voluntaria, no bajo coerción. Cuando los padres sirven a sus adolescentes con un espíritu de resentimiento y amargura, es probable que las necesidades físicas de sus jóvenes se satisfagan, pero su desarrollo emocional se frenará en gran medida.

Debido a que el servicio es algo diario, hasta los mejores padres necesitan detenerse para revisar la actitud de vez en cuando y para estar seguros que sus actos de servicio están comunicando amor. Recuerdo que César me dijo: «Mi papá me ayudará con mis deberes escolares si yo le insisto. En cambio, me hace sentir culpable e indigno. Casi nunca le pido su ayuda». Estos actos de servicio del papá no comunican amor. También las madres pueden expresar poco amor en su servicio. «Me gustaría que mi mamá me ayudara en mis proyectos escolares, pero me parece que está demasiado ocupada», dijo Julia, quien se encuentra en su primer año del instituto. «Cuando se lo pido, siento que solo lo hace por salir de mí». Si los actos de servicio de los padres deben escucharse como amor en el alma del joven, deben darse sin restricciones.

LA MANIPULACIÓN NO ES AMOR

Es posible utilizar los actos de servicio como medios para manipular a tu adolescente. «Si limpias tu habitación, te llevaré hasta el centro comercial para que te reúnas con tus amigos». Este es un esfuerzo por concertar un convenio con el joven, por hacer un contrato: «Yo haré... si tú haces...». No digo que nunca deberíamos hacer algún convenio, pero jamás debemos ver esto como una expresión de amor. Llevar a tu adolescente al centro comercial es un pago por servicios realizados; es decir, por la limpieza de su habitación. Es un sistema de trueque para conseguir que tu adolescente haga algo que consideras necesario; no es una expresión de amor.

Si tus actos de servicio siempre están atados a que el adolescente haga algo que deseas, estás practicando la manipulación. La manipulación nunca es una expresión de amor. El amor no se puede ganar. Es un regalo que se da de forma voluntaria. Debemos amar a nuestros jóvenes de manera incondicional. Quizá no nos satisfagan en algunos de sus comportamientos. Sin embargo, podemos seguir hablando el lenguaje del amor de los actos de servicio. Es más, el joven se sentirá amado de manera más profunda cuando sabe que tu amor es incondicional.

A ese sistema de «tratar de cambiar el comportamiento de tu hijo adolescente mediante promesas de hacer algo que sabes que desea que hagas», los psicólogos le llaman *modificación del comportamiento*. Tiene que ver con recompensar al joven por algo que los padres consideran que es un buen comportamiento o haciendo algo que desee el joven o retener algo cuando falla al cumplir con los deseos de sus padres. Este método de crianza fue popular durante la década de 1970, pero en mi opinión, no es la manera más saludable de criar a los hijos y de seguro que no es la mejor para relacionarse con los adolescentes.

No estoy diciendo que nunca se deba usar la modificación del comportamiento como un estilo de crianza. Podrá ser útil en particular al modificar arraigados patrones de conducta que los padres consideran irresponsables. A veces, la recompensa ofrecida será suficiente como para que un joven cambie un comportamiento que en condiciones normales no hubiera tenido motivos para cambiar. Lo lamentable es que este cambio de comportamiento no siempre es permanente, a menos que sigas dando recompensas. (Analizaremos más esto cuando hablemos sobre el amor y la responsabilidad).

Por otra parte, los padres deben estar también alertas a que en ocasiones los jóvenes tratarán de manipularlos con actos de servicio. Si hay algo que desean que ustedes hagan por ellos, se ofrecerán para hacer algo que les pidieran en el pasado. Braulio, de dieciséis años de edad, dijo: «Si yo quiero que mi mamá haga algo por mí, todo lo que tengo que hacer es aceptar su petición de limpiar mi habitación. Hará todo lo que yo quiera». Braulio ha aprendido a manipular a su madre. Si la madre siente que lo que Braulio está pidiendo es para su bien, podrá estar de acuerdo con el convenio. Sin embargo, los padres nunca deberían estar de acuerdo en hacer algo que sea imprudente solo porque el adolescente acepte hacer algo que desean ellos.

Algunos jóvenes son maestros en la manipulación. «Si me amas, tú...», es la máxima expresión de manipulación para un adolescente. El joven está utilizando el deseo del padre de ser bueno en la crianza como un recurso para obtener la aprobación de sus padres. La mejor respuesta de los padres es: «Te quiero demasiado como para hacer algo que creo que es perjudicial para ti, sin importar cuánto lo desees». La manipulación no tiene nada que ver con el amor y todo que ver con el control. No es un buen método para las relaciones entre padres y jóvenes.

EL AMOR RECÍPROCO

Sé un ejemplo y guía

Los padres conscientes de hijos adolescentes tienen dos deseos principales: amar y ser amados. Deseamos que nuestros jóvenes sientan nuestro amor para así mantener llenos sus tanques de amor, pero también deseamos que aprendan cómo amar a los demás. Los padres preguntan a veces: «Si continúo con los actos de servicio hacia mi adolescente, ¿cómo aprenderá a hacer solo las cosas y cómo aprenderá a servir a los demás?». La respuesta a esta pregunta se encuentra en el *ejemplo* y la *dirección*. Nosotros damos el ejemplo del amor incondicional cuando hacemos cosas por nuestro adolescente que sabemos que desearía hacer por nosotros siempre y cuando creamos que esas acciones son buenas para él. No obstante, debemos elegir esos actos de servicio con sabiduría. De otra manera, estamos creando un adolescente dependiente que nunca aprenderá a dar. Por ejemplo, la preparación de una comida es un acto de servicio, pero enseñar a un adolescente cómo preparar una comida es un acto de servicio incluso mayor. No cabe duda que te resulta más fácil preparar la comida tú misma que enseñarle a un adolescente a prepararla. Entonces, ¿cuál es el mayor acto de amor?

Una norma general es que realices actos de servicio por tus adolescentes que no puedan hacer solos. Cuando son pequeños,

> **La verdadera grandeza se expresa en el servicio.**

les lavas la ropa; cuando son adolescentes, les enseña cómo lavarse su ropa. Los padres que no aprenden a distinguir esto, pueden en realidad perjudicar la madurez de los jóvenes en el nombre del amor. Esto no significa que tú nunca les lavarías la ropa. Significa que no lo harás siempre. En su lugar, irás más allá dando el ejemplo para guiar a tu adolescente hacia las acciones de independencia y madurez.

Guía por el buen camino

Creo que es útil para los padres que les explique con palabras a los jóvenes lo que están haciendo. La mamá le dice a Patricio, de trece años de edad: «Ahora que eres adolescente, deseo hablarte de algunas ideas personales. Cuando eras pequeño, hice muchas cosas por ti porque te amaba mucho. Preparaba todas tus comidas, lavaba tu ropa, ordenaba tu habitación, etc. Podría seguir haciendo todas estas cosas hasta que te gradúes del instituto, pero esto no sería hacer algo amoroso. Debido a que te sigo amando mucho, te enseñaré a hacer todas estas cosas. No quiero que termines el instituto, te vayas de casa y no seas capaz de hacerlas en la tuya propia.

»He confeccionado una lista de las cosas que quiero enseñarte, Patricio. Quiero mostrártela y darte la oportunidad que le agregues las cosas que también quisieras aprender. Además, desearía que eligieras el orden en el que te gustaría aprenderlas. No deseo presionarte más allá de tus límites, pero cuando estés listo, quiero enseñarte estas habilidades».

A todos les agrada la persona que sirve a los demás.

La madre de Patricio le explicó su plan de amarlo mediante actos de servicio. Y es probable que Patricio responda de manera positiva a ese plan debido a que su mamá le permite ser parte en la elección de las cosas que quisiera aprender y en el orden que le gustaría aprenderlas. Patricio y su padre también podrían hacer una lista similar de cosas que el padre le gustaría enseñarle y de cosas que al joven le gustaría aprender de su padre.

El joven que tiene padres que adoptarán este método es más afortunado de lo que quizá sepa. No solo se sentirá amado por sus padres, sino que se convertirá en un adulto responsable que no solo sabrá cuidar de sí mismo, sino también cómo amar a otros mediante actos de servicio.

En este método, los padres no solo hablan el lenguaje del amor de los actos de servicio, también guían al joven para que aprenda las habilidades necesarias de servir a los demás con eficiencia. Esta dirección requerirá tanto la enseñanza (instrucción a través de palabras) como la preparación (aprender haciendo). Los padres que siguen este método darán instrucciones verbales en cuanto a una habilidad en particular. Demostrarán cómo hacerlo y, luego, le darán al joven la experiencia práctica de hacerlo por su cuenta.

Por ejemplo, el padre que desea enseñarle a su hijo cómo lavar el automóvil de la familia, y más adelante quizá su propio vehículo, comienza con algunas instrucciones verbales. «Una de las cosas que siempre desearás recordar es remojar con la manguera de agua el auto para quitar las partículas de arena a fin de que no se raye cuando le des jabón. Una vez que hagas esto, empezarás por la parte superior del vehículo y seguirás hasta el capó, el maletero y los costados, lavando solo de parte en parte y enjuagándolo en seguida para que el jabón no se seque y deje marcas». A continuación, el padre demuestra lo que acaba de decir, permitiéndole a su adolescente que lo ayude en el proceso. Quizá laven juntos el automóvil por un par de semanas. Luego, el padre permitirá que el hijo lave solo el automóvil. Después de esto, podrán lavarlo juntos, el padre lo lavará solo o el hijo lo hará también solo, dependiendo de sus deseos. Cuando el hijo lo lave solo, el padre lo elogiará y apreciará su labor. El joven no solo aprendió a lavar un automóvil, sino también la manera de amar a su padre.

Ayuda al joven a desarrollar su sentido de identidad e independencia

En la acelerada sociedad actual, algunos padres han fallado al enseñarles a sus jóvenes las habilidades fundamentales de la vida. Por consiguiente, muchos de estos jóvenes se casarán más adelante solo para descubrir que ni él ni su cónyuge saben cómo limpiar una bañera, pasarles la aspiradora a los pisos, preparar las comidas, ni lavar. Son ineptos por completo en las habilidades básicas de servirse el uno al otro. Sus padres fallaron al enseñarles cómo hablar el lenguaje del amor de los actos de servicio.

Será obvio que efectuar el cambio de hacer cosas para el niño a enseñarle al joven cómo hacer solo las cosas requerirá mucho tiempo y energía por parte de los padres. Sin embargo, pocas cosas son más importantes para el bienestar emocional y social del joven. Si aprende a realizar actos de servicio, se sentirá bien consigo mismo; de esta manera, se mejorará su identidad propia. Mientras que el joven sirve a las personas fuera de su familia, recibirá una respuesta positiva. A todos les agrada la persona que sirve a los demás. Así, la identidad propia del adolescente seguirá en aumento.

Además de esto, en el aprendizaje de tales habilidades, el joven es capaz de mantener su vida por su cuenta y, luego, tendrá un mayor sentido de independencia. Los padres efectúan una poderosa contribución a la madurez en desarrollo del adolescente. Los padres que fallen al hacer esto tendrán jóvenes que se aburrirán de la vida, tendrán poco sentido del logro, poca autoestima y tendrán problemas en sus relaciones sociales. No puedo dejar de enfatizar lo importante que es para los padres de adolescentes la enseñanza de las habilidades de servir a otros. Cuando los padres fracasan en esto, es inevitable que los jóvenes se sientan defraudados por ellos. El amor alimenta a los hijos cuando son pequeños y les enseña a alimentarse a sí mismos cuando son jóvenes.

CONCÉNTRATE EN LOS ACTOS DE SERVICIO

Para algunos adolescentes, los *actos de servicio* es su lenguaje primario del amor. Cuando los padres expresan su amor mediante actos de servicio, el tanque de amor de los jóvenes se llena en seguida. Emilio era uno de esos jóvenes. Al cumplir los dieciséis años, sus padres le compraron un automóvil, lo cual, usando sus palabras, «fue la peor cosa que pudimos haber hecho». Seis meses más tarde, él estaba en mi oficina porque sus padres lo amenazaron con quitarle su automóvil si no venía (un ejemplo perfecto de manipulación, pero quizá la única manera posible para que viniera a verme). Los padres de Emilio me habían visitado la semana anterior y me habían contado sus preocupaciones. Desde que recibió el auto, Emilio se había vuelto irresponsable por completo. Ya había recibido dos multas de tránsito por exceso de velocidad y lo habían citado por un accidente de tránsito «menor».

Sus padres indicaron que la actitud de Emilio era «muy agresiva» hacia ellos. «Ahora que tiene el auto, ya no pasa ningún momento en casa», dijo su padre. «Trabaja dos horas cada tarde en un restaurante de comida rápida para pagarse su gasolina. Después, pasa el resto de la tarde y de la noche con sus amigos. Come en el restaurante, por lo cual no siente la necesidad de volver a casa para cenar. Lo hemos amenazado con quitarle el automóvil, pero no sabemos si esto es lo que debemos hacer.

»En realidad, no sabemos qué hacer. Por eso hemos venido a verlo». Los padres de Emilio eran personas muy motivadas. Ambos habían hecho buenas carreras, y Emilio era su único hijo.

En mis conversaciones con Emilio las dos semanas siguientes, descubrí que respetaba muy poco a sus padres. «Ambos están de lleno en sus profesiones», me dijo. «En realidad, no les importo». Descubrí que lo típico de estos padres era que no llegaban a su casa antes de las seis o seis y media de la tarde. Antes que Emilio tuviera su auto y su trabajo a tiempo parcial, casi siempre llegaba a la casa alrededor de las tres y media de la tarde, hacía sus deberes escolares, conversaba por teléfono con sus amigos y usaba la computadora. Cuando llegaban sus padres, cenaban juntos. «La mayoría de las veces, compraban comida en el camino a casa. A mamá no le gusta cocinar y papá no sabe cómo hacerlo. Después de cenar, se cercioraban de que en verdad hubiera hecho mis tareas. Luego, papá trabajaba en sus cosas de la oficina y miraba televisión. Mamá leía algo y hablaba por teléfono.

»Por lo general, yo iba a mi habitación, navegaba por internet y conversaba con mis amigos por teléfono», continuó Emilio. «Era aburrido. No había nada que hacer para mí».

En futuras conversaciones con Emilio, me enteré que en numerosas ocasiones les había pedido a sus padres que lo ayudaran en varios proyectos, pero en su opinión, «ellos nunca tenían tiempo». «Cuando cumplí los trece años», me dijo, «le pedí a papá que me enseñara esquí acuático, pero me dijo que era demasiado peligroso y yo demasiado joven. Cuando quise aprender a tocar la guitarra, él me dijo que yo no tenía aptitudes musicales y que sería una pérdida de dinero. Hasta le pedí a mamá que me enseñara a cocinar. Ella me dijo que lo haría, pero nunca lo hizo».

Para mí, era obvio que Emilio se sentía defraudado por sus padres. Lo habían alimentado, dado albergue y vestido, pero nunca le habían hablado a su necesidad interior por amor emocional. Al parecer, los actos de servicio eran su lenguaje primario del amor, pero sus padres nunca aprendieron a hablar su dialecto. Lo sirvieron para satisfacer sus necesidades físicas básicas, pero no habían sido sensibles a sus intereses y, por lo tanto, se esforzaron poco en fomentar las aptitudes requeridas para desarrollar esos intereses. Por consiguiente, Emilio se sentía rechazado y falto de amor. Su comportamiento era un simple reflejo de esas emociones.

Desearía poder decir que las cosas cambiaron de inmediato para Emilio y sus padres. Sin embargo, en realidad, las cosas empeoraron en lugar de mejorar. Comenté mis observaciones con los padres de Emilio y creo que me comprendieron e hicieron sinceros esfuerzos en tratar de conectarse con Emilio. Aun así, él no respondía mucho. Rechazaba la mayoría de sus esfuerzos. Tenía la actitud de que lo que hacían sus padres había llegado demasiado tarde y era muy poco.

Pasó un año entero antes que ocurriera un cambio significativo. Visité a Emilio en el hospital después de un accidente automovilístico en el que sufrió las fracturas de cadera, pierna y tobillo. Apenas había comenzado su último año del instituto; ahora, durante su convalecencia, Emilio al fin se reconectó de manera emocional con sus padres. Ellos le pidieron perdón por haberle fallado al satisfacer sus necesidades en los años anteriores, y Emilio admitió que los había eliminado de su vida porque se sintió rechazado por ellos.

Con esta reconexión emocional, las cosas mejoraron de manera significativa el año siguiente. Mientras Emilio estuvo con el vendaje enyesado, sus padres tuvieron muchas oportunidades de expresarle su amor con actos de servicio, pero lo más importante de todo fue que descubrieron los actuales intereses de Emilio y tomaron medidas para ayudarle a desarrollar los mismos. El último año de sus estudios secundarios fue, tal como él mismo expresara, «el peor y mejor año de mi vida». Emilio experimentó gran dolor físico, pero a su vez redescubrió una verdadera intimidad emocional con sus padres. Vivió en su casa los próximos dos años y cursó estudios en una universidad local, lo cual a su vez les proveyó a sus padres numerosas oportunidades para expresar actos de servicio.

Ambos padres se involucraron muchísimo en ayudarle con sus tareas escolares. Él y su padre pasaron varios fines de semana en el lago. Emilio dejó de estar interesado en el esquí acuático, pero aprendió a manejar el barco de su padre y se convirtió en un experto en *jet ski*. En la universidad, los intereses de Emilio se expandieron y sus padres permanecieron en contacto con estos intereses y aprovecharon cada oportunidad para servirle

- *Comienza a enseñarles a tu joven la importancia de servir a otros mediante la participación regular en un grupo comunitario local o ministerio de la iglesia. Para los jóvenes independientes, permíteles que investiguen diferentes oportunidades y que seleccionen el lugar de servicio.*

- *Cuando esté atrasado para la escuela o para otra reunión, ayuda a tu adolescente para que termine rápido lo que necesita hacer de modo que pueda llegar a tiempo.*

- *Durante un tiempo cuando tu adolescente esté enfermo, adelántate al ponerle su película favorita o al hacerle su sopa preferida.*

- *Asocia a tus jóvenes con uno de tus amigos o familiares que puedan ayudarlos en un campo de interés tales como lecciones de danza, fútbol o clases de piano.*

- *Escoge una esfera especial en la que determines servirle siempre mucho más de las expectativas normales. Los ejemplos podrían incluir asegurarte de hacerle siempre el almuerzo o prepararle su postre favorito con regularidad.*

- *Comienza una tradición de «cena de cumpleaños» donde le hagas a tu adolescente alguna comida que quiera en su cumpleaños.*

- *Ayuda a tus jóvenes a crear tarjetas didácticas para su próximo examen o prueba. Trabaja junto con tus adolescentes hasta que se sientan seguros con el material.*

ayudándole a explorar esos intereses. Emilio tiene ahora treinta y tantos años, es casado y habla el lenguaje de los actos de servicio con su propio hijo.

Los padres de Emilio, como muchos otros padres, fueron muy sinceros. Amaban de manera increíble a su hijo, pero habían fallado al descubrir y hablar su lenguaje primario del amor. Cuando al fin lo descubrieron y trataron de hablarlo, Emilio no respondió de inmediato. Esto es típico cuando un adolescente se ha sentido solo y rechazado por un período. Sin embargo, los padres no deben darse por vencidos. Si se mantienen firmes en seguir haciendo intentos de hablar el lenguaje primario del amor de su adolescente, ese amor al final traspasará el dolor emocional del joven y ellos lograrán reconectarse de manera emocional.

LO QUE DICEN LOS JÓVENES

Esta reconexión será el punto de cambio en tu relación padre/adolescente si le siguen prolongados esfuerzos por hablar el lenguaje primario de amor del joven. Escucha a los siguientes jóvenes, cuyo lenguaje primario del amor es el de actos de servicio.

Gabriel, de trece años de edad, vive con su madre y una hermana menor. Su padre se marchó cuando Gabriel tenía siete años. «Yo sé que mi mamá me ama porque me lava mi ropa sucia, me hace la cena todas las noches y me ayuda con mis deberes escolares aun cuando no se lo pida. Ella trabaja mucho como enfermera para que tengamos comida y ropa. Creo que mi papá me ama, pero no ayuda mucho».

Cristal, de catorce años, es la mayor de cuatro hijos. «Yo sé que mi gente me ama porque hace muchas cosas para mí. Mamá me lleva a las prácticas de animadora y a todos los encuentros deportivos. Papá me ayuda con mis deberes escolares, sobre todo con los de Matemática, que detesto».

Tomás, de diecisiete años, tiene su propio servicio para cortar el césped durante el verano y ya compró su primer automóvil. «Yo tengo el papá más espectacular del mundo», me dijo. «Me enseñó a cortar el césped, a comenzar un negocio y a hacer dinero, con lo cual me pude comprar un automóvil. La semana pasada me enseñó a cambiar las bujías del auto».

Cristina tiene trece años de edad. «Yo sé que mi mamá me ama porque se toma el tiempo de enseñarme todas las cosas. La semana pasada comenzó a darme clases de bordado. Este año voy a hacer mis propios regalos de Navidad».

SI EL LENGUAJE DEL AMOR DE TU ADOLESCENTE ES

ACTOS DE SERVICIO:

Aunque este capítulo trata sobre la necesidad de preparar a tu adolescente para madurar y servir a otros, hay muchas veces cuando un acto simple de servicio a tu adolescente proporciona un impacto significativo. He aquí varios que expresan amor sin pasar por alto la necesidad de tu adolescente por la responsabilidad.

- *Reconoce la singularidad de tus jóvenes al comprar juntos nuevos colores de pintura para sus habitaciones y ayudarlos a pintarlas.*

- *Ayuda a tu adolescente a practicar con su equipo deportivo, tales como lanzar y atrapar en el béisbol, o ayudarlo a rebotar los tiros libres para los adolescentes que participan en el baloncesto.*

- *Coopera con tu adolescente en una tarea escolar difícil.*

- *Prepárale la merienda favorita a tu adolescente cuanto tenga un día difícil.*

- *Haz una tarea que, por lo general, es responsabilidad de tu hijo adolescente cuando está cargado en especial con los deberes escolares o se le avecinan los exámenes.*

- *De vez en cuando, levántate media hora antes a fin de prepararle un desayuno especial de sorpresa para tu adolescente. (¡Asegúrate de que tenga tiempo!).*

- *Si tu adolescente te llama al trabajo y se encuentra en una crisis, sacrifica más tiempo de lo habitual para escuchar de su situación.*

REGALOS

7

QUINTO LENGUAJE DEL AMOR:

Regalos

Tuve un receso por la tarde durante un seminario para matrimonios que celebré en un lugar memorable: la base aérea de la OTAN en Geilenkirchen, Alemania. Para la mayoría de las tropas era una asignación mínima de dos años, así que las esposas e hijos de los militares vivían en la base. Durante esta tarde, observé a Alex, de trece años de edad, que estaba sentado a una mesa de picnic haciendo sus deberes escolares. Parecía el típico joven estadounidense: pantalones de mezclilla y una sudadera verde desteñida. Tenía la impresión de que no le importaría que lo molestara, por lo cual me presenté y entablé una conversación. Después de una pequeña charla, le comenté acerca del medallón de San Cristóbal que colgaba en la cadena alrededor del cuello de Alex.

—Mi papá me lo dio cuando cumplí los trece años en marzo —me dijo—. Papá me dijo que el día que estuviera ausente por sus obligaciones, deseaba que me acordara de él. Siempre lo llevo conmigo.

—¿Quién fue San Cristóbal? —le pregunté.

—No estoy seguro —me dijo—. Algún santo de la iglesia que hizo muchísimo bien.

Me di cuenta que, para Alex, el medallón tenía poco significado religioso. Sin embargo, desde el punto de vista emocional, su valor no tenía precio. Era un recordatorio constante del amor de su padre. Intuía que si dentro de treinta años volvía a encontrarme con Alex, iba a tener ese medallón alrededor de su cuello.

¿QUÉ HACE DE UN REGALO UN REGALO?

Los regalos son evidencias visibles y tangibles del amor emocional. Es importante comprender la naturaleza esencial de un regalo. La palabra griega de la cual procede la palabra «regalo» o «don» es *caris*, que significa gracia o un regalo inmerecido. De acuerdo con su verdadera naturaleza, un regalo no es algo que merezca un joven; se le da porque el padre desea expresar su amor incondicional. Algunos padres fallan y no se dan cuenta de esto; piensan que les dan regalos a sus hijos cuando en realidad solo les pagan un servicio realizado. A decir verdad, cuando esto ocurre, no están hablando el lenguaje del amor llamado *regalos*.

Por ejemplo, Berta le dijo a su hija de quince años de edad, Amanda: «Si vas y limpias tu habitación, en cuanto termine la cena, iremos al centro comercial y te compraré el vestido que quieres». En realidad, o bien trataba de manipular a su hija para que hiciera lo que quería, o hacía un trueque con Amanda: «Si tú haces... te daré un vestido». O quizá estuviera harta y cansada del hostigamiento de Amanda por el vestido, y esa fue su manera de sucumbir a la exigencia mientras intentaba conseguir algo de Amanda en el proceso. De todos modos, el vestido *no* será un regalo. Será el pago por limpiar la habitación. Así lo dispuso Berta. Es probable que piense que está expresando amor por Amanda al regalarle un vestido, pero Amanda aceptará el vestido como algo que se merece, no como un regalo.

Para algunos padres, casi todo lo que llaman «regalos» son en realidad esfuerzos por manipular al joven, haciendo un trueque por algo que desean, o un pago por una tarea que tiene que cumplir. Los únicos momentos en el que algunos jóvenes reciben verdaderos regalos son en Navidad y en su cumpleaños. Por otro lado, los regalos de los padres no son regalos en lo absoluto. Por favor, no me malentiendas: *No* estoy sugiriendo que los padres nunca deban recompensarles a los hijos adolescentes por servicios prestados. Solo estoy diciendo que esos pagos no se consideran regalos. Tal vez el joven podría hacer un acuerdo similar con algún adulto en la calle. Aun si el padre puede hacer un trato mejor con él al que consigue fuera de la casa, seguirá siendo un acuerdo y no un regalo.

Quizá te sirva de ayuda preguntarte: «¿Cuál fue el último regalo verdadero que le di a mi adolescente?». Una vez que tengas el regalo en mente, pregúntate: «¿Le exigí algo antes de dárselo?». Si fue así, no lo tomes en cuenta porque no era un verdadero regalo. Comienza de nuevo y trata de recordar cuál fue el último regalo que le diste a tu adolescente. Algunos padres se darán cuenta de que fue en la última Navidad o en el cumpleaños.

Los jóvenes no están en contra de hacer tratos con sus padres. Es más, a muchos les encanta hacerlo. Se ha convertido en una costumbre para conseguir lo que desean. Si no lo consiguen a través de una exigencia verbal, lo harán «mediante un trato» con los padres. Este es el método regular en muchos hogares, pero no tiene nada que ver con dar regalos ni con hablar el lenguaje primario del amor de tu hijo adolescente.

EL REGALO Y LA CEREMONIA

La entrega de regalos debe hacerse con cierta ceremonia. Piensa en algún regalo importante que recibiste en el pasado. ¿Cuál fue el regalo? ¿Quién te lo dio? ¿Cómo estaba envuelto? ¿Cómo te lo presentaron? ¿Acompañaron al regalo las palabras, los toques u otras expresiones de amor? Está la posibilidad de que cuanto más esfuerzo puso el dador en el envoltorio y la presentación, más amor percibiste tú. El propósito de dar un regalo no es solo que un objeto vaya de la mano de una persona a la otra. El propósito es expresar amor emocional. Deseamos que la persona perciba el mensaje de manera profunda: «Me importas mucho, eres importante para mí, te amo». Estos mensajes emocionales se realzan cuando se presta atención a la ceremonia que acompaña la entrega del regalo.

Los padres de los adolescentes harán bien en recordar esto. Cuando subestimamos la ceremonia, subestimamos el poder emocional del regalo. Juan pidió un par de zapatillas de baloncesto. Mamá o papá llevan a Juan hasta el centro comercial y se las compran. Juan las lleva puestas cuando sale de la tienda, y eso es todo. Ninguna ceremonia en absoluto. Muchos jóvenes se acostumbran a este procedimiento. Tales regalos comunican poco amor emocional. Si todos los regalos se dan de esta manera, crea una mentalidad de derecho en la mente del joven. *Soy joven. Mis padres tienen la obligación de darme todo lo que quiero.* El joven muestra poco aprecio y el regalo tiene poco significado emocional.

No obstante, si las zapatillas se llevan a casa, envueltas de manera creativa, entregadas en la presencia de otros familiares como una expresión de amor y acompañadas por palabras de afirmación y toque físico, el regalo de pronto se convierte en un fuerte vehículo de amor emocional. Si das los regalos sin ceremonia, permíteme sugerirte que le anuncies a tu adolescente que has elegido una forma de celebración en la vida de tu familia y que habrá una nueva manera de dar regalos en el futuro. Es probable que el joven se ría o se moleste por tus primeros esfuerzos de cambiar las normas, pero te puedo asegurar que pronto verá tus regalos bajo otra perspectiva. Y aprenderá cómo hablar el lenguaje del amor de dar regalos, lo cual será muy útil en la adultez.

LOS REGALOS Y EL MATERIALISMO

Los padres sinceros a menudo preguntan: «Si les doy demasiados regalos a mis hijos adolescentes, ¿no fomentaré el espíritu del materialismo que es tan frecuente en nuestra cultura?». Nuestra sociedad es en gran parte materialista; no es necesario mirar mucho a nuestro alrededor para confirmar este hecho.

Adultos y jóvenes por igual están ocupados coleccionando juguetes. Si poseemos el último, el mejor y el más avanzado tecnológicamente, tenemos éxito. Mientras que los adultos coleccionan muchas casas más grandes, automóviles más caros, equipos más sofisticados y las más recientes computadoras portátiles, los jóvenes coleccionan autos más rápidos, sistemas de audio más potentes, ropa de diseño, teléfonos inteligentes más capaces y compran lo último de la moda para demostrar que no son como sus padres. Todos marchamos al ritmo de la misma música. Solo que coleccionamos juguetes diferentes.

Como padres, somos sabios al preguntar: «¿Es esto lo que deseo enseñarles a mis hijos adolescentes?». También debemos preguntar: «¿Es esto lo que quiero hacer con mi propia vida? ¿Hay algo más en la vida que comprar y usar mis juguetes?». La mayoría de los adultos cree que hay algo más, pero muchos no son capaces de determinar lo que es para ellos ni para los demás.

Creo que la respuesta se encuentra en dos arenas. En primer lugar, aprender a disfrutar las cosas comunes y corrientes, y en segundo lugar, aprender a compartirlas con los demás. Durante miles de años, antes de la revolución industrial y tecnológica de los siglos diecinueve y veinte, los hombres y las mujeres vivían sin los «juguetes». Sin esos juguetes, la gente disfrutaba de las cosas sencillas de la vida: comer, dormir, trabajar, la música, el arte e interactuar con la naturaleza. En segundo lugar, compartían esta vida sencilla con otros. No solo existía un sentido de conexión dentro de la familia extendida, sino también un sentido de comunidad con los vecinos. Para muchos, este sentido de conexión también se ampliaba hasta Dios. Él se veía como el Creador y el Sustentador de todo lo que existía, y la fuente de las leyes morales que regulan las relaciones entre los hombres.

El materialismo en el mundo occidental comenzó cuando los seres humanos llegaron a creer que, por sus propios esfuerzos, podrían lograr la utopía. Los avances industriales y tecnológicos convencieron a los seres humanos de que ya no necesitaban la ley y que las leyes morales no eran divinas, sino que podían manipularse. La razón humana reemplazó a Dios, y los productos de la mano del hombre se convirtieron en sus ídolos. El materialismo, entonces, es la adoración a estos ídolos. La debilidad fundamental de adorar a los ídolos es que cuando más se necesitan, no se encuentran. Cuando las relaciones humanas se rompen por lo inhumano del hombre hacia el hombre, cuando las drogas y las enfermedades por transmisión sexual destruyen a nuestros jóvenes, cuando el divorcio destroza nuestros matrimonios y las enfermedades destruyen nuestros cuerpos, los juguetes que hemos reunido a nuestro alrededor no pronuncian ni una palabra de consuelo ni de significado. Nuestros ídolos nos han abandonado en nuestro tiempo de necesidad.

A medida que nuestra nación se enfrenta con tiempos económicos difíciles, muchos adultos en nuestra sociedad están concluyendo que el materialismo es un pobre sustituto de los simples fundamentos de disfrutar las cosas sencillas de la vida diaria y de compartir esta dicha con otros. Muchos buscan de nuevo lo espiritual más que lo material, a fin de responder a los profundos anhelos del corazón humano por el supremo significado de la vida. Si estás de acuerdo con estas conclusiones, de seguro que estarías preocupado por fomentar el espíritu del materialismo en tu adolescente por el uso excesivo o mal uso de los regalos. Esto no significa que podamos o debamos «escapar» al mundo de las máquinas y la tecnología. Significa que nuestro compromiso hacia realidades más profundas influirá en los regalos que elijamos y la manera en que los damos.

Te sugiero dos esferas específicas donde creo que los padres deben tener una consideración cuidadosa al hablar el lenguaje del amor de los regalos.

CUANDO SE DA DINERO

El valor del dinero en efectivo

Los adolescentes en la sociedad occidental son los principales consumidores; son los principales actores en un mercado multimillonario. Los anunciantes dirigen inmensas cantidades de sus planes de mercadeo hacia los adolescentes. ¿De dónde sacan todo ese dinero? En general, el dinero viene de sus padres. Uno puede creer que si dar regalos es uno de los lenguajes primarios del amor, y si los padres están dando todo ese dinero a sus adolescentes, el tanque de amor del joven debería estar lleno. Bueno, es probable que no.

El problema con este razonamiento es doble. Primero, la mayoría del dinero no se da como un regalo; está estructurado dentro del método familiar de operaciones y simplemente los hijos lo esperan. Segundo, debido a que no han trabajado para ganarse ese dinero, tienen poco sentido de su valor. Por lo tanto, al recibirlo de sus padres no comunican amor a un profundo nivel emocional. Entonces, ¿cómo deben manejar los padres el asunto de darles dinero a sus adolescentes?

Dos métodos para dar dinero

Creo que nos enfrentamos al problema en dos direcciones. La primera, debemos alentar a los adolescentes a que trabajen por dinero. Esta es la única manera por la que los jóvenes aprenderán el valor del dinero. Si una joven trabaja por los setenta y cinco dólares que va a gastar en esa ropa de diseño, ella se dará cuenta del esfuerzo que cuesta obtener lo que desea. Se ve obligada a preguntarse: «¿Vale la pena el esfuerzo por este objeto?». Así, la adolescente puede convertirse en una consumidora con discernimiento. Si debe trabajar para ganarse el dinero, esto la obliga a hacer elecciones entre los objetos materiales. Si no puede tenerlo todo, se deberá hacer un juicio claro acerca de lo que más desea. Eso también, como es obvio, prepara a tu adolescente para el mundo real de la vida adulta.

Si a los padres les preocupa que el trabajo después de la escuela le impida a la joven disfrutar de los deportes, el teatro, las clases de música, la danza, la gimnasia u otras ocupaciones, quizá puedan considerar el pago a la joven por su esfuerzo en dichas actividades, en la misma escala salarial del restaurante local de comida rápida. Todas estas actividades requieren un diligente esfuerzo igual que tener un trabajo a tiempo parcial después de la escuela. El pago a un adolescente por esos esfuerzos tiene los mismos beneficios que un empleo a tiempo parcial. El punto aquí es que el dinero sin límites no debe darlo el padre, ni esperarse por el hijo adolescente, si queremos que nuestros jóvenes eviten los peligros del materialismo.

El segundo método es que cuando los padres optan por dar dinero, lo den para fines específicos, tales como pagar por un campo de deportes o el campamento de la iglesia; para asistir a un concierto; o para pagar una clase de fotografía, arte y cosas así por el estilo. Entonces, pueden presentarlo como un regalo, siguiendo las pautas antes mencionadas; es decir, dado de manera incondicional, entregado con una ceremonia, acompañado por palabras de afirmación, toque físico y, cada vez que sea posible, realizado en la presencia de otros familiares.

Los padres deben preguntarse: «¿Estoy convencido de que este regalo es para el bienestar de mi adolescente?».

Dado que el joven trabajó y conoce ahora algo del valor real del dinero, el regalo de dinero puede apreciarse en un nivel emocional. El adolescente tiene alguna idea de cuánto le costó a sus padres ganar el dinero que ahora le da como regalo. Por lo tanto, puede haber apreciación genuina en un nivel emocional.

Cuando los padres dan el dinero sin restricciones: veinte dólares aquí, cuarenta allí, cien aquí, sin seguir las pautas de la entrega eficaz del dinero, sus regalos de dinero se pueden apreciar poco y es muy probable que fracasen en satisfacer la necesidad emocional de amor del joven. Estoy convencido de que la mayoría de los padres nunca han aprendido a hacer del regalo de dinero un vehículo eficaz de amor emocional. Creo que las sugerencias antes dadas ayudarán a los padres a realizar esto con mayor eficiencia.

LA ENTREGA DE REGALOS
Considera el bienestar de tus hijos adolescentes

Cuando se trata de dar regalos que no sean dinero, creo que los padres deben hacerlo con la debida consideración. Recuerda, el propósito de un regalo es decirle al joven *Te amo* a un nivel emocional. Por lo tanto, los padres deben preguntarse: «¿Estoy convencido de que este regalo es para el bienestar de mi adolescente?». Si la respuesta es no, los padres no pueden darle ese regalo al joven de manera consciente. Es obvio que esto dejaría fuera la entrega, digamos, de drogas ilegales a nuestros jóvenes, pero también puede descartar una serie de regalos más probables o convencionales.

Démosle un vistazo a un escenario específico que se presenta con regularidad: En Estados Unidos, se ha convertido en algo muy común entre los padres adinerados de la clase media regalarle un auto a su hijo de dieciséis años de edad. No estoy sugiriendo que esto siempre sea malo para el joven. A lo que me refiero es a que los padres necesitan hacerse esta pregunta: «¿Es bueno regalarle un automóvil a mi hijo?».

Existen muchos factores involucrados en la respuesta a esta pregunta. Uno es el nivel de madurez y responsabilidad del adolescente. Algunos jóvenes no están preparados emocionalmente para un auto a los dieciséis años de edad. Otros jóvenes no han demostrado un suficiente nivel de responsabilidad en otras esferas que justifique el regalo de un auto.

Suponiendo que el padre llegue a la conclusión de que el auto sería bueno para el joven, podría entonces preguntarse: «¿Regalarle el auto a mi hijo adolescente es lo mejor? ¿Es preferible exigirle al joven que trabaje para que pague por el auto o parte de él? ¿Conseguiría esto fomentar el uso responsable del automóvil más que si fuera un simple regalo?». Estos son los tipos de preguntas que deben responderse los padres juiciosos. No existe una sola norma que sea la mejor para todos los padres y los jóvenes. Sin embargo, es probable que los padres que no piensan en esas preguntas tomen decisiones imprudentes respecto a si deberían regalarles un automóvil a sus jóvenes y de qué forma.

Preguntas similares surgen cuando hablamos acerca de darles a nuestros hijos una educación universitaria. ¿Solo se trata de que se espere que, si los padres pueden costear la educación universitaria de su hijo adolescente, su responsabilidad sea hacerlo? De nuevo la pregunta debe ser esta: «¿Qué es lo mejor para el joven?». Los padres quieren hacerlo con todo su amor, velando por los intereses de su hijo. ¿Es más amoroso dejar que el adolescente pague parte de sus estudios? Si los padres deciden pagar todos los gastos de su educación, ¿qué se puede esperar o debería esperarse del adolescente? ¿Deberíamos pensar en cuanto a un regalo incondicional o deberíamos pensar en enseñarle responsabilidad? Este quizá no sea el momento de un regalo incondicional de cuarenta mil dólares al año, por los próximos cuatro años. Tal vez no sea el tiempo de hablar el lenguaje del amor de los regalos, sino más bien el período para que el joven aprenda a hablar el lenguaje de los actos de servicio; o quizá sea necesaria la combinación de ambos lenguajes del amor. Lo importante es que sepamos lo que hacemos y por qué lo hacemos.

Si opto por darle a mi hijo un regalo incondicional: pagar todos los gastos del primer año de la universidad sin importar cómo responda, esa es mi elección. Aun así, quizá debería delimitar este ofrecimiento a un año mientras observo su respuesta al proceso educacional en vez de darle un obsequio incondicional de cuatro años.

Si como padre comprendo lo que hago y por qué lo hago, será menos probable que a la larga me sienta defraudado. No obstante, si manejamos estos asuntos de automóviles y universidades sin pensarlo, nos preparamos para una desilusión. Muchos padres han dicho después: «Le di cuatro años de universidad, sin ningún compromiso, y apreció poco mi regalo». Es probable que los padres violaran los principios de hacer una evaluación esmerada antes de dar semejantes regalos. A veces, el joven adulto razona: «No tengo por qué ir a la universidad. Ellos querían que fuera. Yo lo encontré aburrido y me fui de fiesta. ¿Por qué tienen que estar disgustados?». Con poco aprecio por el esfuerzo de los padres para pagar los gastos de la universidad, el joven adulto se va, no solo sin apreciarlo, sino sintiéndose rechazado por sus padres. Su tanque de amor está vacío y el regalo de los padres es ineficaz.

Considera sus intereses

Otro aspecto crítico en la entrega de regalos es el hijo adolescente en sí: ¿Cuáles son sus intereses? Recuerda el regalo que recibiste de alguien en el pasado, algo que usaste poco y que no deseabas. Te das cuenta que la persona que te lo dio gastó una considerable suma de dinero en el regalo. Apreciaste su gesto, pero el obsequio en sí carece de importancia. Es posible que nosotros les demos regalos similares a nuestros adolescentes. Si deseamos que nuestros regalos sean emocionalmente eficaces en la comunicación de amor a nuestros jóvenes, debemos tener en cuenta sus intereses. En lugar de comprar algo espectacular que nos guste, ¿por qué no comprar algo que le hable directamente a tu adolescente?

Esto lo puedes hacer siendo sincero. Solo dile a tu adolescente: «Si decidiera comprarte algo este mes, ¿me harías una lista de dos o tres cosas que te gustaría tener? Sé lo más específico posible. Dame nombres de marcas, colores, etc.». Casi todos los muchachos se sentirían felices complaciéndote. (La mayoría de las esposas desearía que sus esposos les haga esta pregunta de vez en cuando). Si la información que te da tu hijo adolescente es ambigua, no hay nada malo en pedirle que te acompañe hasta el centro comercial y te muestre con exactitud cuál regalo le gustaría si decidiera darle algo. Regresa más tarde, compra ese regalo y sigue las pautas de envolverlo y presentarlo que te recomendamos antes. ¿Por qué comprar un CD que tu adolescente nunca escucharía, una camiseta que nunca se pondría o un vestido que ella encontraría horrible?

REGALOS EN PRIVADO Y APRECIADOS

No todos los regalos deben darse frente a la familia. El valor de algunos regalos se realza a través de una presentación en privado. Cuando mi hija, Shelley, tenía trece años de edad, la invité a dar un paseo conmigo a la aldea de Old Salem (una restaurada villa morava en nuestra ciudad). El paseo no era desconocido para nosotros; a menudo paseábamos juntos por la aldea. Sin embargo, en esta ocasión, nos sentamos al lado del pequeño estanque de peces y le obsequié una cadena de oro con una pequeña llave. Se la di porque pensaba que era una hermosa expresión acerca de lo mucho que la valoraba y lo feliz que estaba por sus logros en la vida. Le dije que la llave era para su corazón y su cuerpo, y que mi deseo era que se mantuviera pura que, algún día, esa llave se la diera a su esposo.

En pocas palabras, fue un tierno momento para los dos. Para su disgusto, perdió la llave algunos años después, pero el recuerdo de mi presentación fue suyo para siempre. El regalo físico desapareció, pero el símbolo detrás del regalo lo llevó en su corazón y su mente a través de los años. Shelley tiene ahora su propia hija, Davy Grace, y no me sorprendería que algún día Davy recibiera una llave de oro de su padre.

No solo existen los regalos en privado, sino también los regalos apreciados. Cada familia tiene algunos de esos. No necesariamente son regalos de gran valor monetario, pero son tesoros debido a lo que significan para la familia. El tesoro puede ser un anillo, un collar, un cuchillo, un libro, un bolígrafo, una Biblia, o cualquier otra cosa que tenga un significado especial para los padres. Pueden ser cosas que se pasaron de generaciones anteriores o simplemente cosas compradas con el propósito específico de dárselas al adolescente. A esta clase de regalos les damos un valor sentimental.

Tales obsequios pueden darse en privado o en presencia de otros familiares. Aun así, deberían darse con cierta ceremonia, incluyendo discursos acerca de su significado y simbolismo. También pueden acompañarse de cálidas expresiones de afecto verbales y físicas hacia el joven.

Cuando los regalos se dan como un sustituto del verdadero amor, el joven los ve como los falsos regalos que son en realidad.

Con el paso de los años, esos apreciados regalos se convertirán en símbolos de amor en el corazón del adolescente. Cuando esté pasando por períodos emocionales difíciles, estos regalos estarán en sus habitaciones recordándoles el genuino amor de sus padres. Con frecuencia, cuando el adolescente mira sus tesoros, le vienen a la mente las palabras de afirmación de sus padres. Todo joven necesita tener algunos de estos regalos.

LOS FALSOS REGALOS

Existe una clase de regalos que no necesita el joven. Son a los que les llamo falsos regalos. Estos son los diseñados para que ocupen el lugar del verdadero amor. Son los que dan los padres ocupados y a veces ausentes; padres que están tan prisioneros de los negocios que tienen poco tiempo para hablar el lenguaje del amor de tiempo de calidad, actos de servicio, palabras de afirmación o del toque físico, por lo que tratan de suplir este déficit dándole al joven regalos, algunas veces costosos.

Una madre soltera dijo: «Cada vez que mi hija de dieciséis años visita a su padre, vuelve a casa con una maleta llena de regalos. Él no está dispuesto a ayudarme con sus cuentas médicas ni dentales, pero siempre tiene dinero para regalos. Raras veces la llama por teléfono y solo pasa con ella dos semanas en el verano. Sin embargo, de alguna manera se supone que los obsequios lo arreglan todo». Se ha vuelto algo común esta costumbre de dar regalos por parte de los padres que no tienen la custodia. El muchacho recibe los regalos, expresa con palabras su agradecimiento y regresa a casa con su tanque de amor vacío. Cuando los regalos se dan como un sustituto del verdadero amor, el joven los ve como los falsos regalos que son en realidad.

Este fenómeno no solo ocurre cuando los padres están divorciados, sino que sucede a menudo cuando ambos viven con el joven en la misma casa. Ocurre sobre todo cuando los padres tienen profesiones que les exigen mucho. Están repletos de dinero, pero escasos de tiempo. El joven se prepara su desayuno, va a la escuela, vuelve, abre la puerta, entra a una casa vacía y hace lo que quiere hasta que regresan sus padres con sus energías agotadas. La familia ingiere juntos una cena que compraron en un restaurante de comidas rápidas, cada uno va a su propia computadora, y al otro día se repite el proceso. En este tipo de familia los falsos regalos se dan con regularidad. El dinero se gasta sin pensarlo mucho, los regalos se compran con rapidez y el joven posee todo lo que desea, excepto el amor de sus padres. Estos falsos regalos nunca llenarán el tanque de amor del joven solitario, ni a fin de cuentas quitarán la culpa del padre que se mantiene al margen.

Este es para mí un buen momento para rescatar lo que dije al principio de nuestra charla acerca de los cinco lenguajes de amor. Los jóvenes necesitan recibir el amor de sus padres en cada uno de los cinco lenguajes del amor. El mensaje de este libro no es hablar solo el lenguaje primario del amor del joven y pasar por alto los otros cuatro. Lo que trato de decir es que el lenguaje del amor primario del joven le hablará de manera más profunda y llenará con más rapidez su tanque de amor. Aun así, también deberá complementarse hablando los otros cuatro lenguajes. Una vez que el joven reciba suficiente amor en su lenguaje primario, los otros cuatro lenguajes adquirirán más importancia. Por otro lado, si los padres pasan por alto el lenguaje primario del joven, es muy probable que los otros cuatro no llenen su tanque de amor.

Si el lenguaje primario del amor de tu hijo es recibir regalos, los principios de este capítulo serán muy importantes para ti. De muchas maneras, para los padres este es el lenguaje del amor más difícil de hablar con sus jóvenes. En realidad, pocos padres hablan este lenguaje con fluidez. Muchos improvisan en sus esfuerzos de comunicar su amor dando regalos a los hijos. Si tú tienes la más mínima sospecha de que el lenguaje primario del amor de tu hijo adolescente es el de los regalos, no solo te sugiero que vuelvas a leer este capítulo, sino que lo discutas a fondo con tu cónyuge y que juntos evalúen sus anteriores normas para dar regalos.

LO QUE DICEN LOS JÓVENES

Al identificar tus debilidades en tus patrones de dar regalos e implementar algunas de las sugerencias positivas que aparecen en este capítulo, aprenderás cómo hablar con eficiencia este lenguaje. En el próximo capítulo, te explicaré cómo puedes descubrir el lenguaje primario del amor de tu hijo. Aunque, antes, escucha lo que dicen los jóvenes que indican que su lenguaje primario del amor es recibir regalos.

A Michelle, de quince años de edad, le preguntaron cómo sabía que sus padres la amaban. Sin titubear, señaló su blusa, su falda y sus zapatos. Entonces dijo: «Todo lo que tengo me lo dieron ellos. Para mí, esto es amor. No solo me dieron lo que necesitaba, sino mucho más».

Silvia está en el último año del instituto. Hablando de sus padres, dijo: «Miro por toda mi habitación y veo constantes recordatorios del amor de mis padres. Mis libros, computadora, muebles y ropas, todo me lo han dado mis padres en los últimos años. Todavía recuerdo la noche en que me regalaron la computadora. Mi padre ya la había conectado y mi mamá la había envuelto en un papel dorado». Cuando corté la cinta, en la pantalla de la computadora se podía leer: «Feliz cumpleaños, Silvia. Te amamos».

Ricardo, de catorce años de edad, dijo: «Creo que sé que mis padres me aman porque me dan mucho. A menudo me sorprenden con cosas que ellos saben que me gustaría tener. No es solo lo que me dan, sino la forma en que lo hacen. Mi familia le da mucha importancia al hecho de dar regalos, y ni siquiera tiene que ser mi cumpleaños».

Jeffrey tiene diecisiete años y está orgulloso de tener cierto auto. Lo explicó así: «Este auto es una colección de mi familia. Mi padre y yo lo compramos a la mitad, pero todo lo demás lo recibí de regalo. Las alfombras del piso me las regaló mi hermana festejando la compra del auto. Mamá y papá me regalaron el estéreo cuando cumplí diecisiete años. Los tapacubos me los regaló mamá, me dio uno cada semana durante cuatro semanas, siempre en una noche diferente, para que fuera una sorpresa para mí».

Juan tiene quince años de edad y está en octavo grado. Tuvo grandes problemas de salud y perdió muchos días de clases. «Yo sé que tengo un montón de problemas. Casi todos los muchachos de mi edad juegan pelota y cosas así. En la escuela, tengo un año de atraso con relación a la mayoría de los muchachos de mi edad. Sin embargo, en mi opinión, soy el muchacho más feliz del mundo. Mis padres se aman entre sí, me aman a mí y aman a mi hermana. Siempre están sorprendiéndome con cosas. Yo soy un fanático de la informática, pero de alguna manera mi papá descubre un programa nuevo antes que yo. Cuando veo una vela encendida sobre la mesa, sé que después de la cena habrá una celebración. Por lo general, papá encontró un nuevo programa para mí, por lo que tenemos una fiesta y lo celebramos».

SI EL LENGUAJE DEL AMOR DE TU ADOLESCENTE ES
REGALOS:

Cuando se trata de dar regalos, a muchos padres hay que recordarles que el regalo equivale tanto al amor detrás de darlo como el regalo mismo. La creatividad es más importante que el dinero cuando se trata de regalos para tu adolescente.

- *Selecciona presentes que se ajusten a los intereses de tu adolescente, escogiendo regalos que se perciban apropiados para el joven.*

- *Cuando salgan de compras, dales a tus jóvenes una «asignación» fija que pagarás por un artículo que seleccionen.*

- *Mantén una pequeña colección de regalos económicos empaquetados para tus jóvenes. Luego, dáselos uno a uno a medida que sientas que hay una necesidad.*

- *Cuando estés lejos de casa, lleva caramelos o chicles que puedas obsequiar como pequeños regalos.*

- *Haz una comida especial que sepas que le gusta a tu adolescente, llévalo a un restaurante especial o prepárale su postre favorito.*

- *Comienza una colección de cajas de regalos singulares y papeles de envolver que puedan usarse para empaquetar hasta los presentes más sencillos.*

- Cuando estés fuera de casa, envía por correo un pequeño paquete para tu adolescente con su nombre en letras grandes.

- Mantén una «bolsa de regalo» de pequeños presentes económicos de los que tu adolescente puede escoger por hacer algo positivo. Estos regalos pueden incluir también «cupones» para privilegios especiales, tales como permitirles a tres amigos que se queden en casa ese fin de semana o escoger el lugar donde la familia coma la próxima vez que salgan.

- Dales a tus jóvenes una «canción», ya sea una que hicieras tú o una especial que seleccionaras porque hace que te acuerdes de ellos.

- Crea una búsqueda de un regalo que incluya un mapa y pistas a lo largo del camino hacia la sorpresa principal.

- Oculta un pequeño regalo en el bolsillo del abrigo de tu adolescente con una nota alentadora.

- Si estás separado de tus jóvenes unos días, deja un pequeño paquete para cada día con un regalo especial y una nota que les recuerde lo mucho que los amas.

- En lugar de gastar dinero en un regalo mayor para un cumpleaños, celebra una gran fiesta de cumpleaños con sus amigos, alentando a cada persona a traer un regalo o una tarjeta.

- Considera un regalo que dure, tales como un árbol que puedan plantar juntos, un juego de mesa que puedan jugar los dos en el futuro o un cuadro que pueda colgar en su habitación.

- *Compra un anillo o un collar que use tu adolescente que sea solo de ti.*

- *Para el cumpleaños o Navidad, compren juntos un regalo especial que incluya la opinión de tu adolescente en el proceso. Este regalo especial que añade la participación personal en la decisión puede crear un regalo muy significativo.*

- *Durante la temporada de vacaciones por Navidad, compren juntos un regalo para algún necesitado, en asociación con programas que entrega regalos a niños pobres, el Ejército de Salvación o una organización similar.*

- *Da pistas que conduzcan hacia un próximo regalo especial. Una «cuenta regresiva» de notas tales como: «Solo faltan cuatro días para el presente», ayudará a crear una inmensa expectación y una tremenda cantidad de amor para los que disfrutan en especial recibir regalos.*

- *Envía flores o caramelos que se entregarán en la escuela con una nota que reconozca un logro académico o extracurricular.*

8

Descubre el lenguaje primario del amor de tu joven

«No sé cómo determinar su lenguaje primario del amor», dijo Cristina acerca de su hija de catorce años de edad, Keila. «Parece que lo cambia cada día. Lo que parecía gustarle ayer lo rechaza hoy. Parece tan cambiante de humor que nunca sé qué esperar de ella».

El lenguaje primario del amor de los jóvenes no se descubre con tanta facilidad como el de los niños pequeños. Nuestros jóvenes están como Keila... en un estado de transición radical. Cuando una persona se encuentra en un estado de transición (las cosas en su mundo exterior están cambiando mientras que su mundo interior de pensamientos, sentimientos y deseos se encuentran en un estado de desequilibrio), responde de maneras diferentes en situaciones distintas.

EL DESAFÍO

Los jóvenes temperamentales

La mayoría de los jóvenes se pasan varios años en este estado de desequilibrio. A veces, esta inestabilidad emocional es más intensa que en otras ocasiones; por eso observamos con frecuencia que es difícil saber cómo pueden responder ante una situación dada. Como adultos, damos por sentado que si un compañero de trabajo respondió de manera positiva el mes pasado a mi palmadita en la espalda, tendrá una respuesta similar este mes. Mientras que esto casi siempre es cierto entre los adultos, no es así con los jóvenes. Su respuesta está bajo la influencia de su estado de ánimo, que fluctúa varias veces al día. La expresión de amor que aceptan después del desayuno quizá la rechacen después de la cena.

Dado que el joven se encuentra en un período de transición, sus actitudes cambian con rapidez, a menudo impulsadas por sus emociones cambiantes. Los deseos fluctúan también en gran medida. Ayer, la cosa más importante del mundo era conseguir una marca específica de zapatillas de baloncesto. Tu hijo adolescente insistió tanto que dejaste tus planes para la noche y te fuiste al centro comercial. Dos días más tarde, tu joven se va para la cancha de baloncesto con un par de zapatillas viejas muy usadas, y tú te quedas moviendo la cabeza murmurando: «No entiendo a este muchacho». La experiencia de Cristina con Keila refleja la típica frustración de relacionarse con una adolescente normal, la cual quizá no parezca normal en lo absoluto.

Jóvenes independientes

Además de los fluctuantes estados de ánimo, deseos y comportamientos del adolescente, el desarrollo del sentido de independencia es otra razón por la cual los padres encuentran difícil determinar el lenguaje primario del amor de los jóvenes. Nos referimos varias veces a esta realidad en los capítulos anteriores. El proceso normal durante la adolescencia es esta «ruptura» de los padres y el establecimiento de una identidad personal. Keila ya no quiere que la conozcan solo como la hija de Cristina. Está tratando de establecer una identidad aparte de la de su madre. Ganar la independencia es un paso hacia el desarrollo de esta identidad propia.

Debido a que la identidad propia es también un proceso, Keila está tratando de decidir si quiere que la conozcan como: «Keila, la estrella del baloncesto, Keila la estudiante que está en el cuadro de honor, Keila la buena amiga, Keila la chica de los cabellos rubios cortos o Keila la bailarina». Dado que no ha determinado cuál, ni cuántas, de estas identidades desea, a menudo se mueve entre cualquiera de esas características que la distinguen. Cuando piensa de sí misma como Keila la estrella del baloncesto, quizá no desee tiempo de calidad con su madre. Sin embargo, cuando piensa en Keila la buena amiga, es probable que tenga muy buena respuesta al tiempo de calidad. Por lo tanto, la emergente independencia y el sentimiento de identidad propia en desarrollo del adolescente hacen muy difícil la tarea de determinar su lenguaje primario del amor.

Jóvenes distanciados o enojados

A veces parece que el joven retrocede ante todas las expresiones de amor. Tú le dices una palabra de afirmación y te contesta: «No te pongas sentimental» o «Me estás avergonzando». Tratas de abrazarlo y te dispara los dedos como un cacto lleno de espinas. Le haces un regalo y no recibes más que un mecánico: «Gracias». Le preguntas si lo puedes invitar a cenar afuera, y te responde: «Voy a cenar con mis amigos». Le preguntas si quiere que le cosa el botón de la chaqueta, y te responde: «No necesito botones». Pruebas los cinco lenguajes del amor y te rechazan.

En ciertas ocasiones, el joven se aleja del amor de los padres debido a enojos sin resolver entre ellos y el joven. (Analizaremos esto en los capítulos 9 y 10). Sin embargo, la mayoría de las veces, su rechazo a todas las expresiones de amor de los padres se puede explicar con relación a su humor cambiante, sus pensamientos y deseos, su incipiente independencia y el desarrollo de su identidad propia. En resumen, el adolescente es simplemente un adolescente.

Por fortuna, casi todos los jóvenes tienen momentos de lucidez y responden a las expresiones de amor de los padres. No es una causa perdida. Tú *puedes* determinar el lenguaje primario del amor de tu hijo adolescente.

«¿HA CAMBIADO SU LENGUAJE PRIMARIO DEL AMOR?»

Supongo que muchos de los padres que leen este libro también leyeron mi libro *Los 5 lenguajes del amor de los niños*. Quizá cuando tu hijo era pequeño, identificaste su lenguaje primario del amor y lo hablaste con fluidez por varios años. Ahora te preguntas: «¿Ha cambiado su lenguaje del amor?». La buena noticia es que dicho lenguaje no cambió cuando se convirtió en adolescente. Sé que algunos de ustedes quizá digan: «Pero yo hago las mismas cosas que hacía cuando era un niño y ahora no responde». Lo comprendo y voy a referirme a esa realidad en un momento. Sin embargo, antes quiero afirmarte que el lenguaje primario del amor no cambia cuando el niño se convierte en un joven.

¿Por qué los jóvenes parecen cambiar su lenguaje primario del amor?

Existen varias razones por las que los padres a veces creen que cambió el lenguaje primario del amor de su hijo adolescente. *En primer lugar, el joven quizá se esté alejando del lenguaje de amor que antes parecía llenar su tanque de amor.* Esta resistencia se puede explicar por las razones que analizamos: estados de ánimo, pensamientos y deseos fluctuantes; incipiente independencia; y desarrollo de su identidad propia. Es más, tal vez se aparte por un tiempo no solo de su lenguaje primario del amor, sino de todas las expresiones de amor.

Existe una segunda razón por la que es probable que pienses que el joven cambió su lenguaje primario del amor con respecto al de su niñez. *Cuando una persona está recibiendo suficiente de su lenguaje primario del amor, su lenguaje secundario del amor se vuelve más importante.* Jared, de quince años de edad, se inclina al toque físico. Cuando Jared tenía diez años, sus padres aprendieron que su lenguaje primario del amor era el toque físico. Ambos padres encontraron fácil hablar ese lenguaje, por lo que lo hablaron desde que el muchacho era un niño. En estos últimos años, Jared se ha quejado: «¿Sabes? Me esfuerzo en el trabajo por aquí, pero nadie lo aprecia siquiera». Jared está pidiendo palabras de afirmación. Esta no es la primera vez que sus padres escuchan esta queja. Se preguntan si ha cambiado su lenguaje del amor. La realidad es que para Jared, las palabras de afirmación son un fuerte lenguaje secundario del amor. Si sus padres desean satisfacer con eficiencia la necesidad por amor emocional del joven, deben darle a Jared más palabras de afirmación mientras siguen hablando su lenguaje primario del amor: el toque físico.

La tercera posibilidad es que en un principio los padres malinterpretaran el lenguaje del amor del niño. Esto no es extraño porque los padres tienden a ver a sus hijos a través de sus propios ojos en lugar de los ojos del niño. Es fácil pensar que como nuestro lenguaje es el toque físico, también lo será el del niño. Tenemos la tendencia a creer lo que queremos, en vez de lo que es verdadero desde la perspectiva del niño. Mientras los padres le expresaban a su hijo su amor en los cinco lenguajes, el niño recibía suficiente de su lenguaje primario del amor y quizá su tanque de amor permaneciera lleno. Sin embargo, en los años de la adolescencia, debido a que los padres se sintieron rechazados, puede que dejaran de hablar uno o más lenguajes del amor mientras continuaban enfocándose en el que creían que era su lenguaje primario del amor. En este caso, el lenguaje primario del joven no ha cambiado. El problema fue un diagnóstico indebido.

El momento de aprender un nuevo dialecto

Ahora bien, ¿qué pasa con el padre que dice: «Estoy haciendo las mismas cosas que hacía cuando era niño, pero ahora no está respondiendo»? Esta fue la experiencia de Patricia.

—Desde hace mucho tiempo, sabía que el lenguaje del amor primario de Tony eran las palabras de afirmación. Siempre lo apoyaba con palabras, pero ahora que tiene catorce años, me dice: "Mamá, no digas eso. Mamá no sigas diciendo eso. Mamá, no quiero oír eso". Esto es muy confuso para mí —me dijo ella.

—Dime algunas de las palabras de afirmación que le dijiste a Tony —le pedí a Patricia.

—Le digo cosas como: "Eres el mejor. Estoy muy orgullosa de ti. Eres muy inteligente. Eres muy bien parecido". Las cosas que siempre le dije.

> Cuando una persona está recibiendo suficiente de su lenguaje primario del amor, su lenguaje secundario del amor se vuelve más importante.

Aquí radica el problema: Patricia continúa diciendo las mismas palabras que siempre le había dicho a su hijo. Raras veces los jóvenes desean escuchar el mismo dialecto de su niñez. Dado que esas palabras las escuchaban cuando eran niños, las asocian con la niñez. Están tratando de independizarse y no quieren que los traten como niños.

Los padres que deseen que sus hijos se sientan amados deben aprender nuevos dialectos. Le sugerí a Patricia que eliminara los dialectos que usó durante años y que experimentara con nuevas expresiones verbales de amor, utilizando más palabras adultas tales como: «Admiro la firme posición que adoptaste por ese muchacho que criticaron en la escuela... Aprecio tu arduo trabajo en el césped... Confío en ti porque sé que respetas los derechos de los demás». Estas declaraciones expresan una alta consideración hacia el joven, pero no tienen el mismo sentido infantil. También le sugerí que comenzara a llamarlo Antonio en lugar de Tony. Me miró sorprendida y me dijo:

—¿Sabe? Tony me dijo lo mismo. Es difícil decirle Antonio cuando toda la vida le dije Tony.

Sabía que Patricia tenía una ardua tarea por delante, pero confiaba en que iba a poder hacer los cambios necesarios.

Rogelio también me mostró la necesidad de aprender nuevos dialectos cuando me contó acerca de las nuevas respuestas de su hijo como un adolescente. «Por mucho tiempo, supe que el lenguaje primario del amor de Alexis eran los actos de servicio», me dijo Rogelio. «Cuando era más chico, me traía sus juguetes para que se los reparara. Creo que pensaba que yo arreglaba cualquier cosa. Cuando se marchaba con un juguete reparado o una tarea de la escuela terminada, por el brillo de sus ojos podía ver que se sentía amado. Sin embargo, desde que Alexis se convirtió en un joven, me doy cuenta que ya no me pide que lo ayude. El otro día estaba trabajando en su bicicleta. Cuando me ofrecí para ayudarlo, me dijo: "Gracias, papá, pero puedo hacerlo solo". Raras veces me pide que lo ayude con sus tareas escolares. Ya no me siento unido a él y me pregunto si él se siente unido a mí».

Si el lenguaje primario del amor de Alexis son los actos de servicio, es probable que no esté sintiendo el amor de su padre igual que antes. No obstante, es obvio que ya no busca en Rogelio lo que buscaba de niño. Aprendió a hacer cosas solo, lo cual alimenta su emergente independencia y madura su identidad propia.

Rogelio debe aprender a hablar nuevos dialectos de actos de servicio. Le sugerí que buscara cosas que Alexis no sepa hacer y se ofreciera a enseñarle. Es obvio que Alexis desea hacer solo las cosas. Esto aumenta su sentido de madurez. Si Rogelio le ofrece a su hijo enseñarle cómo cambiar las bujías, hacer el cambio de aceite, construir un estante para libros o cualquier otra cosa por la que muestre interés, es probable que descubra que Alexis está dispuesto a recibir actos de servicio. Su cercanía emocional con Alexis irá en aumento. Y Alexis se sentiría seguro del amor de su padre.

El aprendizaje de nuevos dialectos quizá sea difícil. Todos somos criaturas de hábitos. Continuar expresándoles amor a nuestros adolescentes de la misma manera en que lo hacíamos cuando eran niños, es muy natural. Nos parece cómodo. Aprender nuevos dialectos significa esfuerzo y tiempo, pero si deseamos que nuestros jóvenes se sientan amados, debemos estar dispuestos a emplear esas energías para aprender nuevos dialectos de su lenguaje primario del amor.

DESCUBRE EL LENGUAJE PRIMARIO DEL AMOR DE TU ADOLESCENTE

Si este libro es tu primer contacto con el concepto del lenguaje del amor, no buscaste el lenguaje primario del amor de tu hijo cuando era un niño y ahora no tienes ninguna pista acerca de cuál sea su lenguaje como joven, te sugeriré tres pasos que debes seguir. En primer lugar, haz preguntas; luego haz algunas observaciones; y, en tercer lugar, experimenta.

1. Haz preguntas

Si deseas saber lo que está pasando por la mente de tu adolescente, tienes que hacer preguntas. «Olvídelo», dijo un padre. «No importa cuál sea la pregunta, siempre recibo una de estas tres respuestas: "No sé"; "Está bien" o "Lo que sea". Esas tres respuestas se usan para explicarlo todo, cualquier cosa y nada». Comprendí la frustración de este padre, y es cierto que a veces los jóvenes *gruñen* en vez de hablar. Aun así, la realidad es que la única manera de saber a ciencia cierta lo que piensan y sienten los adolescentes es cuando optan por revelar estos pensamientos y sentimientos, así que no te rindas.

Los jóvenes son más propensos a revelar lo que les pasa si se les hacen preguntas. No muchos de ellos inician una conversación diciendo: «Déjame sentarme aquí y decirte lo que pienso y siento». Por otro lado, es más probable que te digan: «Déjame decirte lo que quiero». Los jóvenes son más libres para expresar sus deseos que sus pensamientos y emociones. Con frecuencia, se encuentran encerrados en su mente hasta que los padres formulan la pregunta adecuada.

En tus esfuerzos por descubrir el lenguaje primario del amor de tu hijo, las preguntas pueden ser tus mejores aliadas. Andrea le dijo a Karen, su hija de quince años de edad: «He leído algunos libros acerca de la crianza de los hijos. Me doy cuenta de que no soy una madre perfecta. Mis intenciones fueron buenas, pero a veces hago y digo cosas que te lastiman. Por otro lado, no siempre estoy segura de que sientas que estoy a tu disposición cuando me necesitas. Quiero hacerte una pregunta seria. *Desde tu perspectiva, ¿qué podría mejorar nuestra relación?*».

La respuesta de Karen fue una que Andrea recordará siempre. «Mamá, si en verdad deseas saberlo, te lo diré, pero no te enojes conmigo. Cuando trato de hablar contigo, nunca siento que tengo toda tu atención. Siempre estás bordando, leyendo un libro, revisando las facturas, mirando televisión, lavando la ropa o haciendo cualquier otra cosa.

»Siempre estás haciendo algo. Siento que te estoy molestando cuando trato de hablar contigo. Desearía que algunas veces estuvieras sentada hablando conmigo sin hacer otra cosa».

Andrea lo preguntó y lo supo. La respuesta a su pregunta reveló el lenguaje primario del amor de Karen, su mayor anhelo era por tiempo de calidad, por una atención total de su madre.

Marcos, el esposo de Andrea, le hizo una pregunta diferente a su hijo de dieciséis años de edad, William, pero se encontró con la misma franqueza que mostró Karen. Una noche, mientras llevaba a su hijo a un encuentro de atletismo, Marcos comenzó a decir:

—Hace tiempo que pienso en la necesidad de hacer algunos cambios en mi vida. He pensado de manera más específica en cómo ser un mejor esposo para tu madre y un mejor padre para ti y Karen. Me gustaría saber lo que piensas, así que quiero hacerte una pregunta. *Si pudieras cambiar algo en mí, ¿qué cambiarías?*

William pensó al respecto por un tiempo que a Marcos le pareció una eternidad, pero al final dijo:

—De muchas formas eres un buen padre. Aprecio lo mucho que trabajas y las cosas que me has dado. Sin embargo, a veces siento como que no te agrado. No importa cuánto me esfuerce, todo lo que consigo de ti son críticas. Sé que quieres que ponga todo de mi parte, pero cuando me criticas a cada momento, siento deseos de darme por vencido.

Por fortuna, Marcos fue sincero al hacerle la pregunta y estaba dispuesto a escuchar.

—Lo que oigo es que tú dices que te critico demasiado, y con frecuencia no expreso mi aprecio por lo mucho que te esfuerzas —le respondió.

—Sí, no digo que nunca me critiques, papá, pero de vez en cuando sería bueno saber que hice algo que te agradó —le respondió William.

En su interior, Marcos todavía no se había recuperado del impacto por las declaraciones de William, por lo que solo dijo:

—Me alegro que me lo dijeras, lo voy a pensar y me ocuparé de eso —dijo y, después, extendió el brazo y palmeó la espalda de su hijo mientras entraban al estacionamiento del estadio.

Toda esa noche, la palabra *crítica* se mantuvo dando vueltas en la mente de Marcos. No era consciente de que había criticado tanto a William. En realidad, no lo veía como una crítica. *Sí, yo corrijo a William*, se dijo. *Le señalé las partes que se olvidó al lavar el automóvil. Y le recordé que el deshecho de reciclado debía llevarlo a la calle, ¿pero crítica?* Marcos hablaba consigo mismo mientras él y William observaban el juego. *Sí, la crítica. Eso es lo que oye William, crítica. Que nunca me deja conforme; que lo que hace nunca está bien hecho.* Marcos casi se olvida de que él hizo la pregunta con la esperanza de descubrir alguna pista acerca del lenguaje primario del amor de William.

De repente, tuvo la vaga intuición de que William le reveló su lenguaje del amor: palabras de afirmación. Deseaba que lo apreciaran. *Lo que hice*, se dijo Marcos, *fue decirle palabras negativas, de crítica en lugar de palabras positivas de afirmación. No era de extrañarse, entonces, que a veces sintiera que William no deseara estar conmigo.* Marcos tomó la decisión de hablar con Andrea y pedirle que lo ayudara a darse cuenta de los momentos en que le diera palabras de crítica a William y que lo ayudara a aprender la manera de afirmarlo con palabras. Marcos sintió que se le humedecían los ojos. Se los limpió, y cuando la multitud a su alrededor comenzó a gritar, se volvió hacia William y le dijo:

—Te quiero mucho, hijo. En realidad, me encanta estar contigo.

—Gracias, papá —le respondió William sonriendo y dándole una palmadita en el hombro a su padre.

Con una pregunta, Marcos descubrió el lenguaje primario del amor de su hijo adolescente.

Hay innumerables de otras preguntas que pueden hacerles los padres a los jóvenes que quizá estimulen la información del joven que revelará su lenguaje del amor. «¿Quién dirías que es tu mejor amigo?». Cuando el adolescente responde: «Pablo», entonces le preguntas: «¿Qué hace Pablo para que sientas que es tu mejor amigo?». Tu adolescente responde: «Me escucha cuando hablo y trata de comprender». Tu hijo acaba de revelar que el tiempo de calidad es su lenguaje primario del amor.

> **Recuerda, el joven busca autenticidad y sinceridad.**

Tú podrías preguntarle a tu hija: «Si quisieras demostrarle a tu abuela que en verdad la amas, ¿qué harías?». Preguntas como estas pueden revelar el lenguaje primario del amor de la joven. También crean el clima para una comunicación posterior entre los padres y la adolescente.

No te sugiero que le expliques los cinco lenguajes del amor a tu adolescente y que después le preguntes: «Bien, entonces, ¿cuál es tu lenguaje primario del amor?». Ante todo, semejante pregunta quizá parezca que estás jugando con tus hijos. Recuerda, el joven busca autenticidad y sinceridad. Segundo, si el joven en verdad comprende el concepto del lenguaje del amor, puede llegar a usarlo como una manera de manipular tu comportamiento. ¿Qué padre no le ha escuchado decir a su hijo: «Si me quisieras, tú harías...»? En raras ocasiones, lo que pide el joven revela su lenguaje primario del amor, sino que lo más probable es que se trate de un esfuerzo para satisfacer un deseo momentáneo. Una vez que el padre lo concede, muy pocas veces el joven se siente amado. Casi cualquier pregunta es mejor que esta: «¿Cuál es tu lenguaje primario del amor?».

2. Haz observaciones

Observa con detenimiento el comportamiento de tu adolescente. Busca las maneras en que expresa amor o aprecio por otros. Haz anotaciones acerca de lo que observas. Si descubres que tu adolescente le dio un regalo a alguien cinco veces durante el mes pasado, es muy probable que su lenguaje primario del amor sea el de los regalos. La mayoría de las personas tiene la tendencia de hablar su propio lenguaje del amor. Hacen por los demás lo que quisiera que les hicieran a ellos. No obstante, esto no siempre es cierto. Por ejemplo, a veces un joven hará regalos como expresiones de amor porque su padre puso énfasis en dar regalos. Recuerda las palabras de su padre: «Hijo, si deseas hacer feliz a una mujer, regálale flores». Por lo tanto, no da regalos debido a que ese sea su propio lenguaje del amor, sino porque aprendió a hablar el lenguaje de su padre.

Observa también las quejas de tu hijo adolescente. De lo que una persona se queja es un indicio de su lenguaje primario del amor. Esto se vio antes en la respuesta de William a su padre cuando dijo: «Sin embargo, a veces siento como que no te agrado. No importa cuánto me esfuerce, todo lo que consigo de ti son críticas. Sé que quieres que ponga todo de mi parte, pero cuando me criticas a cada momento, siento deseos de darme por vencido». La queja de William revela que su lenguaje del amor son las palabras de afirmación. No solo se quejaba de la crítica del padre, sino también de que raras veces lo elogiaba.

Por lo general, cuando los jóvenes se quejan, los padres se ponen a la defensiva. El joven dice: «Tú no tienes derecho de ir a mi cuarto y cambiar las cosas de un lado para otro. Ahora no encuentro nada. No respetas mis cosas personales. Eso no está bien». Muchos padres responden: «Si limpiaras tu habitación, no tendría que entrar a ella. Y como tú no la limpias, entro y lo hago». La conversación se convierte ahora en un auténtico debate, o se acaba y ambos se retiran en silencio.

No obstante, si el padre escucha las quejas del hijo, descubrirá que estas siguen cierto patrón. Esa no es la primera vez que se queja de que alguien «mueve sus cosas». Puede ser que su lenguaje primario del amor sean los regalos. Ten en cuenta que casi todo lo que había en su habitación eran regalos. Para ese hijo hay un lugar especial para cada regalo, y cuando alguien los cambia de lugar, es como si les moviera las expresiones de amor (también puede percibirse como un ataque a su incipiente identidad propia o independencia).

Es importante buscar patrones de quejas. Cuando varias de estas caen dentro de la misma categoría, es probable que revelen el lenguaje primario de amor del joven. Observa las siguientes quejas: «Tú nunca me ayudas con mis tareas de la escuela. Por eso tengo tan malas notas... Si me llevaras al juego, haría amigos y no tendría que estar solo en casa todo el tiempo... No pude limpiar detrás del escritorio porque tú no estabas para ayudarme a moverlo... Si me arreglaras mi bicicleta, podría usarla para ir a la escuela». Es probable que el lenguaje primario del amor de este joven sea el de actos de servicio. Con cada una de las quejas le está pidiendo al padre que haga algo por él.

Además, asegúrate de observar las peticiones del joven. Con frecuencia, lo que pide una persona indica su lenguaje primario del amor. Reina le dice a su madre: «Mamá, ¿podemos ir tú y yo esta tarde al centro comercial? Deseo enseñarte algunas flores que descubrí cerca del lago». Reina está pidiendo tiempo de calidad. Si a menudo pide realizar actividades en las que madre e hija están solas, su lenguaje primario del amor es tiempo de calidad. En forma parecida, cuando Pedro, de trece años de edad, pregunta: «Papá, ¿cuándo iremos de acampada otra vez» o «¿Cuándo vamos a pescar?» o «¿Podemos jugar a la pelota ahora?», está revelando que su lenguaje primario del amor es tiempo de calidad.

Si los padres observan de qué manera expresa el joven su amor y aprecio por otros, de qué se queja casi siempre y qué pide con mayor frecuencia, es probable que descubran su lenguaje primario del amor.

3. Experimenta

La tercera forma de descubrir el lenguaje primario del amor de un joven está en experimentar mediante el enfoque en uno de los cinco lenguajes del amor cada semana y observar la respuesta del joven. Pasa una semana dándole más *toques físicos* de lo normal. Busca la manera de acercártele varias veces al día.

A la semana siguiente, aléjate del toque físico y dale *palabras de afirmación*. Pasa algún tiempo cada día para buscar nuevas expresiones de afirmación que le dirás en la noche.

La semana siguiente, procura hacer todos los *actos de servicio* que puedas por tu hijo adolescente, sobre todo las cosas que sabes que quisiera que le hagas. Prepara una comida especial. Plancha esa camisa tan difícil de planchar. Ayúdalo un poco más con el álgebra. Baña al perro de tu hijo adolescente (con una actitud positiva). Haz tantas cosas como puedas para tu hijo o tu hija.

La próxima semana, haz un esfuerzo para darle *tiempo de calidad* al joven. Salgan a caminar juntos, jueguen a la pelota. Si te pide que hagas algo que lleva tiempo, hazlo. Hagan cosas *juntos*

tan a menudo como sea posible. Tengan muchas conversaciones profundas mientras que el joven te lo permita. Préstale toda tu atención.

Entonces, concéntrate en *los regalos*. De una lista que hayas acumulado, compra algunos de los artículos clave que te pidió tu hijo adolescente. Envuélvelos con un colorido papel y dáselos delante de otros familiares. Haz que esto sea algo importante. Ten una fiesta cada noche.

Durante la semana en que estés hablando el lenguaje primario del amor de tu adolescente, verás una diferencia en el semblante de tu hijo y en su actitud hacia ti. El tanque de amor se está llenando y el adolescente te responde de una manera más afectuosa de lo habitual. También es probable que se pregunte qué te está pasando, por qué estás actuando tan raro. No tienes que dar muchas explicaciones. Solo dile que estás tratando de ser un mejor padre.

Otro experimento es darles a los jóvenes a elegir entre dos opciones y llevar un registro de las mismas. Por ejemplo, un padre le dice a su hijo de trece años de edad: «Esta tarde tengo dos horas libres. ¿Te gustaría que volemos juntos tu cometa o vamos a la tienda para conseguir las baterías para tu nueva cámara?». La elección está entre un regalo y un tiempo de calidad. El padre hace lo que el hijo le pide y mantiene un registro acerca del regalo o el tiempo de calidad que eligió. Tres o cuatro días después, el padre le da otra opción: «Como tú y yo seremos los únicos en casa esta noche, ¿te gustaría que comamos fuera (tiempo de calidad) o que te prepare tu pizza favorita (acto de servicio)». A la semana siguiente, el padre dice: «Si te sintieras desanimado y quisiera hacerte sentir mejor, ¿qué preferirías? ¿Que te escriba una nota recordándote todas las cosas positivas que has hecho o que te dé un fuerte abrazo?». La elección está entre palabras de afirmación y toque físico.

Al llevar un registro de las elecciones del joven, es probable que estas caigan en un patrón que te revelará el lenguaje primario

del amor del joven. Sé que algunas de esas cosas parecen trabaj
y, lo que es más probable, fuera de la rutina normal, pero vale
pena. Ajusta tu experimentación a tu propio nivel de comodida
y haz el intento.

Una vez que descubres el lenguaje primario del amor de tu
hijo adolescente, desearás aprender tantos dialectos (diferentes
maneras de hablar este lenguaje) como te sea posible. Además,
desearás hablar ese lenguaje del amor con regularidad, tomando en cuenta que el joven quizá a veces se reprima hasta de su
lenguaje primario del amor. Respeta sus deseos. Nunca fuerces
expresiones de amor a un joven poco dispuesto. Por ejemplo,
si sabes que el lenguaje primario del amor de tu hijo es el toque
físico, pero cuando le pones un brazo por la espalda se aparta
con brusquedad, ese no es el momento de darle un fuerte abrazo.
Es el tiempo de retroceder y respetar que en este momento el
adolescente no desea que lo toquen. Trata de no tomar las cosas
como algo personal.

Al día siguiente, prueba una táctica diferente. Cuando el joven se encuentre de humor para un toque físico, hazlo. Si hablas
el lenguaje primario del amor del joven tantas veces como te lo
permitan, su tanque de amor estará lleno. No obstante, si te alejas del toque físico debido a que no te gusta que te rechacen, con
el tiempo el tanque de amor estará vacío y el joven se resentirá
contigo. Para amar con eficacia a un joven, los padres deben hablar con regularidad el lenguaje primario del amor de su hijo
adolescente y en cualquier dialecto que le comunique amor.

HABLA LOS CINCO LENGUAJES
Los beneficios para tu hijo adolescente

Déjame enfatizar lo que dije antes. No sugiero que *solo* hables el lenguaje primario del amor de tu adolescente. Los jóvenes
necesitan recibir amor en los cinco lenguajes y aprender a hablar-
los todos. La mejor manera de aprender será viendo el ejemplo

en sus padres. Lo que te sugiero son fuertes dosis del lenguaje primario del amor y hablar los otros cuatro con tanta frecuencia como sea posible. Si el joven tiene claro su lenguaje secundario, los padres le darán también grandes dosis de ese lenguaje. Como los padres le hablan al joven con los cinco lenguajes del amor, este aprende cómo hablar con otros esos lenguajes.

Esto es de suma importancia para las relaciones futuras del joven. Más adelante, el adolescente tendrá vecinos, compañeros de trabajo, amigos, novia y, lo más probable, un cónyuge, y después hijos a los cuales necesitará expresarles amor y aprecio. Si los jóvenes aprenden a hablar los cinco lenguajes, se enriquecerán en gran medida sus relaciones con las personas. En cambio, si se limitan a hablar solo uno o dos de los lenguajes del amor, disminuirá su potencial de relaciones. Existirán ciertas personas con las que no se conectarán de manera emocional. Es probable que esas personas sean importantes, hasta pueden ser personas con las que desearían tener una relación significativa y duradera. El joven que aprende a hablar con fluidez los cinco lenguajes del amor tendrá una decisiva ventaja en todas sus relaciones futuras.

Esto puede llegar a ser un tremendo desafío para los padres que no han aprendido a hablar los cinco lenguajes del amor. Te sugiero que vuelvas a leer los capítulos sobre los cinco lenguajes, en especial los que te resulten difíciles de hablar. Ten en cuenta las ideas de cómo hablar ese lenguaje en particular y practícalo no solo con tu hijo, sino también con los otros miembros de la familia. Con el tiempo, aprenderás a hablar cada uno de estos lenguajes del amor. Pocas cosas son más gratificantes que expresarse amor los unos a los otros en un lenguaje que satisfaga sus necesidades por amor emocional.

Los beneficios para tu matrimonio
En sus esfuerzos por amar con más eficacia a sus adolescentes, algunas parejas descubrieron el renacimiento de su propio

matrimonio. Nunca es demasiado tarde para aprender (o volver a aprender) cómo hablar el lenguaje primario del amor de tu cónyuge. Las parejas que aprenden a hablar el lenguaje primario del amor del otro, han visto un cambio radical en el clima emocional de su matrimonio en un corto período.

Un esposo me dijo: «Doctor Chapman, hace treinta y tres años que estamos casados. Los últimos veinticinco fueron muy desdichados. Un amigo me dio un ejemplar de su libro *Los 5 lenguajes del amor*. Cuando lo leí, me di cuenta de muchas cosas. Supe que en todos estos años no había hablado el lenguaje de mi esposa ni ella había hablado el mío. Le comenté a mi esposa sobre el libro, lo discutimos y nos comprometimos a hablar cada uno el lenguaje primario del amor del otro. Si alguien me hubiera dicho que mi relación con mi esposa cambiaría en dos meses, nunca lo hubiera creído. Sin embargo, en dos meses, yo tenía sentimientos amorosos hacia ella y ella hacia mí. Nuestro matrimonio cambió por completo. Estamos ansiosos por contárselo a nuestros hijos casados».

Dado que el amor es nuestra necesidad emocional más básica, cuando otra persona satisface esa necesidad, sentimos afectuosos sentimientos hacia ella. El clima emocional del matrimonio y la vida familiar puede ser mucho mejor cuando sus miembros aprenden y hablan entre sí el lenguaje primario del amor.

LOS **5** LENGUAJES **DEL**
amor

DE LOS JÓVENES

El enojo y los jóvenes

Los jóvenes se enojan con los padres, y los padres se enojan con los jóvenes. No creo que esto sea una sorpresa para nadie. Un papá me dijo: «Nunca experimenté un enojo intenso hasta que me casé. Y nunca experimenté un enojo superintenso hasta que tuve adolescentes».

Muchos de nosotros podemos relacionarnos. ¿Cómo, entonces, podemos responder amorosamente a nuestro adolescente enojado? ¿Cómo podemos ayudarlo a lidiar con el enojo de manera positiva? Y, de igual importancia, ¿cómo podemos controlar nuestro propio enojo?

YO, MI ADOLESCENTE Y EL ENOJO

Es probable que no logremos enseñarles a nuestros jóvenes lo que no han aprendido de nosotros mismos. Aunque quizá experimentemos el enojo en todas las esferas de la vida, algunos de los más intensos los sentimos hacia miembros de nuestra familia, y los hijos adolescentes en particular.

Por qué nos enojan los jóvenes

¿Por qué a menudo experimentamos más enojo hacia nuestros adolescentes que hacia nuestros hijos pequeños? Esto se debe sobre todo a los cambios que tienen lugar en el interior del joven, los cuales ya analizamos en capítulos anteriores. El adolescente tiene una mayor capacidad para razonar y pensar de manera crítica acerca de asuntos que le permiten cuestionar nuestro criterio de una manera que no hizo cuando era niño. A este crecimiento intelectual lo acompaña el empuje hacia una independencia e identidad propia que no solo pueden conducir al joven a cuestionar nuestra opinión, sino también a optar por la desobediencia. No solo piensa por sí mismo; ahora decide por sí mismo. Esto a menudo pone al joven en conflicto con sus padres y estimula su enojo, cosa que nunca pasó cuando era pequeño.

El padre ve el comportamiento de su hijo como desafiante, rebelde o irresponsable. El padre razona: *Esto no es bueno para mi hijo [hija]. Va a arruinar su vida. Este es un patrón de conducta que no puedo permitir que continúe.* El enojo motiva a los padres a proceder. Lo lamentable es que si los padres no se dan cuenta que están tratando ahora con un joven en lugar de un niño, su manera de actuar empeorará la situación.

Por qué nosotros debemos cambiar primero

Cuando el joven no cumple de buena gana la petición de alguno de los padres de que cambie su forma de actuar, a menudo el padre recurre a darle órdenes más severas. «Hazlo o si no ya verás», le dice en voz alta. Dado que no quiere ser un niño, el joven elige el «ya verás», y la batalla entre ambos sube a otro nivel. Antes que termine la batalla, se han enfrascado en una discusión de ásperas palabras de crítica el uno al otro como los soldados enemigos que se lanzan granadas. Ambos abandonan heridos el campo de batalla, sintiéndose rechazados y faltos de amor. La situación empeoró muchísimo debido al enojo descontrolado. Las explosiones verbales y el maltrato físico por parte de los padres nunca producen resultados positivos.

En mis años de consejero de matrimonios y familias, a menudo he llorado cuando los jóvenes me cuentan sobre las dolorosas palabras y el comportamiento destructivo de padres que no pueden controlar su enojo. Lo más trágico es que muchos son jóvenes adultos que recibieron maltratos en su adolescencia, y ahora tratan a sus hijos de la misma manera que sus padres lo hicieron con ellos. Nunca olvidaré a Eric, de diecisiete años de edad, quien dijo: «Doctor Chapman, yo pensaba que mi padre me amaba, pero ahora sé que no es así. Solo piensa en sí mismo. Si hago todo lo que quiere y de la manera que quiere, todo está bien. Sin embargo, ¿cómo puedo madurar si no tengo el derecho de pensar y tomar decisiones por mi cuenta? A veces deseo que él se muera o morirme yo. De cualquier forma, terminaría el sufrimiento».

Los patrones del enojo descontrolado se pasan a menudo de una generación a otra. Estos patrones deben romperse. No puedo expresarte hasta qué punto me importa este problema. Como padres, debemos dominar nuestro enojo y aprender a controlarlo de una manera responsable y positiva. De otra forma, pondremos en peligro todos nuestros buenos esfuerzos para educar a nuestros hijos. El adolescente que recibió maltrato verbal o físico por un padre iracundo, no recordará los actos de servicio, las palabras de afirmación, el tiempo de calidad, los regalos ni los toques físicos que recibió durante su infancia. Todo lo que recordará serán las cortantes palabras de

> **Es probable que no logremos enseñarles a nuestros jóvenes lo que no han aprendido de nosotros mismos.**

reprensión y condena, y los gritos de sus padres. No sentirán amor, solo un doloroso rechazo.

Si reconoces que controlas mal tu enojo, te insto a que leas con mucho cuidado este capítulo y des los difíciles pasos requeridos para traer sanidad a tu relación padre-adolescente.

Los patrones negativos de conducta del pasado *pueden* romperse. No necesitamos ser esclavos del enojo descontrolado. Si estamos dispuestos, podemos cambiar los patrones destructivos en acciones amorosas.

ROMPAMOS NUESTROS PATRONES DESTRUCTIVOS

Te sugeriré los siguientes pasos para romper con esos patrones de conducta y establecer patrones amorosos a fin de controlar el enojo.

1. Admite a verdad

Antes que todo, debemos admitir la verdad. No cambiaremos de dirección hasta que no admitamos que vamos por el rumbo equivocado. Admítelo ante ti, ante Dios y ante los miembros de tu familia. «Me comporté mal debido a mi enojo. Muy a menudo pierdo el control. Hago y digo cosas que son malas. Mis palabras no fueron amables, y de seguro que no son amorosas. Fueron destructivas e hirientes. Y con la ayuda de Dios, quiero cambiar». No vaciles en traer a Dios dentro del proceso. Necesitas toda la ayuda que te sea posible.

Escribe las palabras anteriores en una hoja de papel. Modifícalas si deseas expresarlas con tus propias palabras. Luego, léelas en voz alta y reconoce la dolorosa verdad: «No he controlado bien mi enojo». Después, admítelo ante Dios, confiesa tu mal comportamiento y pídele su perdón.

Entonces, una noche cuando esté reunida toda la familia, diles que deseas comunicarles algo. Saca tu papel y léelo. Diles que lo admitiste ante ti, ante Dios y ahora lo estás admitiendo delante de ellos. Diles que deseas cambiar de verdad. Quizá quieras decir algo como esto: «Durante las próximas semanas, voy a trabajar en esto. No obstante, si pierdo los estribos con alguno de ustedes y empiezo a gritar y a chillar, me van ayudar si se ponen las manos en las orejas, salen de la habitación, y si prefieren, dan un paseo alrededor de la manzana. Les aseguro que para cuando regresen, estaré controlado y no empezaré de nuevo a decir palabras ásperas. Les pediré que me perdonen y seguiremos adelante desde allí. Puede ser que me lleve un poco de tiempo, pero con la ayuda de Dios, voy a cambiar». Una vez que haces esa declaración, estás en camino hacia un cambio positivo.

2. Desarrolla una estrategia

Ahora estás listo para el segundo paso: desarrolla una estrategia eficaz a fin de romper con los patrones destructivos. Admitiste que lo que hiciste en el pasado no es aceptable. Así que, ¿cómo romperás con esos patrones negativos? Ya has iniciado una estrategia cuando les pediste a tu esposa y tus hijos que salieran de la habitación si comenzaba a «perder el control». Cada vez que eso suceda en el futuro, te acordarás que debes confesar tu falta. Hay algo humillante en confesar una falta. El hecho en sí de la confesión te motiva a cambiar el comportamiento en el futuro.

Entonces, ¿qué puedes hacer para controlar tu enojo antes de que estalles? Algunas veces, todo lo que se necesita es una «pausa en la acción». Un hombre que conocí en una conferencia para matrimonios en Spokane reconoció que a menudo «estallaba y les decía cosas hirientes» a su esposa y a sus hijos. Le di algunas ideas prácticas sobre cómo «detener el flujo» de palabras iracundas y cómo podría canalizar su enojo de una manera más positiva. Dos años más tarde, lo vi en otro seminario para matrimonios, esta vez en Seattle. Su «mejora con el enojo» era muy alentadora.

«Bueno, ¿conoce la idea de contar hasta cien antes de decir algo? Yo he estado haciendo eso», dijo. «Cuando me enojo, empiezo a contar y me pongo a caminar como sugirió usted. He caminado bajo la lluvia, he caminado en la nieve y he caminado bajo el sol... contando en voz alta. Si la gente me escuchaba, es probable que pensara que estaba loco. Sin embargo, lo loco era lo que hacía antes. Estaba destruyendo a mi esposa y a mis hijos. Caminar y contar me da tiempo para tranquilizarme y darle un enfoque más positivo a mi ira». Raúl encontró una estrategia para romper con sus patrones destructivos de abuso verbal.

Así lo hizo Brenda, quien me dijo: «Mi esposo y yo nos pusimos de acuerdo en que cuando nos enojemos el uno con el otro, nos tomemos un "descanso", y uno de los dos salga de la habitación. Acordamos que a las cinco horas regresemos y nos demos una oportunidad de discutir el asunto. Si nos da cólera de nuevo, establecemos por segunda vez un intervalo. Nos hemos puesto de acuerdo en que es mejor tomar un "descanso" que destruirnos el uno al otro con palabras". Asela, en cambio, cuando se enojaba con alguno de la familia, lo primero que hacía era regar sus flores. «El primer verano que hice eso, por poco ahogo a mis petunias, pero fue mejor que ahogar a mi familia con palabras iracundas».

3. Analiza tu enojo y considera las opciones

El tercer paso es analizar tu enojo y considerar las opciones. Quizá sientas ira después de contar hasta cien, o hasta quinientos, pero sabes que estarás lo suficiente calmado como para hacer preguntas acerca de tu enojo[1]. *¿Por qué estoy enojado? ¿Qué hizo mal la otra persona? ¿La estoy juzgando sin conocer todos los hechos? ¿Conozco en verdad sus motivos? ¿Se ha portado mal mi hijo adolescente o estoy muy sensible? ¿Son mis expectativas demasiado altas para el nivel de desarrollo de mi adolescente?* (A veces, los padres se enojan con sus jóvenes solo porque se comportan como tales).

Dedica algún tiempo para pensar en la situación; entonces, puedes decidir qué acción podría ser constructiva. Entre tus muchas opciones, solo dos representan respuestas positivas a tu enojo. Una es liberar el enojo («soltarlo»), dándote cuenta de que es tu problema, no su problema. Quizá tu problema se deba a una mala actitud, mucho estrés, falta de sueño, mal genio o cualquier número de otras razones. Cualquiera que sea la razón, reconoce que el enojo es tu problema y soluciónalo. Puedes decir en voz alta o para ti: «Mi enojo revela mi egoísmo. Por lo tanto, decido liberar mi enojo reconociendo que está distorsionado. Ningún miembro de mi familia me ha hecho nada malo: solo estoy irritado por su comportamiento». A veces, es útil declararle tus conclusiones a Dios en la forma de una oración. «Querido Dios: Reconozco que mi enojo no es válido. Soy demasiado egocéntrico y muy exigente con mi familia. Perdóname por mi actitud equivocada. Libero mi enojo ante ti. Ayúdame a ser amoroso con mi familia. Amén». Tomaste la decisión consciente de liberar tu enojo y confesaste lo que crees que son tus propias faltas.

Por otra parte, quizá tu enojo sea válido. Tal vez alguno de la familia te hizo algo malo. Tienes el «derecho» de estar enojado. Contaste hasta quinientos, saliste a caminar, analizaste tu enojo y sabes que este es un asunto que debe discutirse. En realidad, no puedes pasarlo por alto. Se cometió algo malo; te hirieron y se debe resolver el asunto. Entonces, la segunda respuesta positiva es referirse al problema hablando con el familiar. Sin embargo, antes de que inicies una conversación con tu cónyuge o tu adolescente, es útil pensar en cómo te vas a enfrentar con la situación.

Asegúrate de reconocer con sinceridad lo que está pasando con tu hijo adolescente. Explícale que estás enojado, asegúrale que no vas a estallar, y reconoce la necesidad de procesar el asunto en cuestión. Si no es un buen momento para hablar, establece un tiempo para hacerlo.

4. Entabla una conversación con el miembro de la familia

El cuarto paso en realidad es entablar una conversación con el miembro de la familia. Expón el asunto ante la persona a fin de que se pueda discutir. Trata de elegir un momento en el que los dos estén solos, no delante de otros familiares. Esto quizá significaría que deberías esperar unas horas para el momento y lugar adecuados. Si insistes: «Debemos hablar de esto ahora mismo», saboteas la conversación antes de comenzar siquiera.

Una vez que encuentres la hora y el lugar, te sugiero que digas algo así: «Deseo hablar de mis sentimientos contigo porque valoro nuestra relación. Sé que tal vez no entendiera o malinterpretara la situación. Sin embargo, quiero decirte lo que vi y cómo me sentí. Después me gustaría que me dijeras tu punto de vista. Quizá pasara algo por alto y necesito tu ayuda para comprenderlo».

Mientras presentas tus preocupaciones, sé lo más específico posible. Habla de lo que escuchaste, lo que viste, cómo lo interpretaste, cuáles son tus sentimientos y por qué estás molesto. Limita tu presentación a este único caso. No vuelvas atrás ni menciones casos similares del pasado. Hacerlo de esta manera sería abrumar a la otra persona con un sentido de condenación. Es probable que contraataque como un acto de autodefensa, y la conversación se convierta en un altercado. Casi todos podemos lidiar con un incidente, pero nos abrumamos cuando todos nuestros fracasos del pasado desfilan ante nosotros.

Después que hables de tus inquietudes sobre esta infracción en particular, dile a tu familiar: «Creo que escuchaste mis preocupaciones. Una vez más te digo que me doy cuenta de que malinterpreté algo. Por eso te pido, por favor, que me digas tu percepción de la situación». Tal declaración le facilita a la otra persona ser sincera y franca contigo. Mientras te expresa su punto de vista, evita «meterte en el medio». Si hace una declaración y tú saltas y le dices: «Eso no es verdad», estás creando una batalla en vez de trabajar por un tratado de paz.

Cuando llamas mentiroso a un miembro de tu familia, estimulas fuertes sentimientos negativos dentro de la persona. En su lugar, escucha con atención lo que te dice. Utiliza preguntas que desarrollen más comprensión, tales como: «¿Estás diciendo que...?» o «¿Estoy escuchando que dices...?». Tratas de lograr que la otra persona te cuente más y señalas tus esfuerzos en comprender sus pensamientos y sentimientos acerca del asunto.

Si en verdad estás en desacuerdo con la percepción de la otra persona, está bien decir: «Tal parece que estamos viendo esto de manera muy diferente. Supongo que se deba a que somos dos personas distintas. ¿Qué podemos aprender de esto para que las cosas mejoren para los dos en el futuro?». Es probable que tal acercamiento conduzca a una solución positiva. No obstante, si insistes en que tu punto de vista es el adecuado y que tu familiar está equivocado, tú ganaste y él perdió, pero no se llegó a ninguna solución. La distancia entre ambos será mayor que nunca.

Por otra parte, si insistes en buscar una solución y aprender algo positivo de la experiencia, ambos saldrán mejor que antes. Tu enojo se procesó y los resultados son positivos. Esta es la clase de tratamiento positivo del enojo que establece un modelo para enseñarle a tu adolescente la manera de controlarlo.

DOS HABILIDADES CLAVE DE LA RELACIÓN: EL AMOR Y EL ENOJO

Es obvio que no podemos esperar hasta que seamos capaces de controlar nuestro enojo a la perfección a fin de comenzar a enseñar a nuestros jóvenes; la mayoría de nosotros estaría esperando muchísimo tiempo. En realidad, algunos padres no se dan cuenta de que tienen un problema con el enojo hasta que ven su propio comportamiento reflejado en sus hijos. Cuando veas que tus hijos adolescentes te gritan y chillan enojados, la pregunta lógica es: «¿Dónde aprendieron esto?». Es probable que estén copiando el ejemplo de alguno de los padres. Ese

Un tanque de amor lleno no significa que el joven sabrá de forma automática cómo controlar su enojo.

pensamiento temible de que «mis hijos pueden tratar de imitarme» es el que motiva a muchos padres a comenzar a cambiar sus propios patrones para controlar el enojo... junto con su adolescente.

Dos de las habilidades más importantes de la relación que puede aprender un joven son cómo expresar amor y cómo procesar su enojo. Ambas están relacionadas. Si el joven se siente amado, tendrá una mejor oportunidad para aprender a controlar su enojo de manera positiva. No obstante, si el tanque de amor del joven está vacío, es casi seguro que controlará su enojo a medias. Por eso es tan importante que los padres aprendan cuál es el lenguaje primario del amor de sus jóvenes y lo hablen con regularidad.

Lo lamentable es que un tanque de amor lleno no significa que el joven sabrá de forma automática cómo controlar su enojo. El control positivo del enojo es una habilidad que se debe aprender. Los padres que aman a sus hijos adolescentes están casi siempre en la mejor posición para enseñarles estas destrezas. Entonces, preguntas, ¿qué deben saber los padres a fin de tener éxito en este ámbito?

1. COMIENZA DONDE ESTÁN LOS JÓVENES

Lo primero y más fundamental, *el padre debe comenzar por donde se encuentra el joven ahora mismo.* En el momento en que el hijo alcanza los años de la adolescencia, ya ha desarrollado métodos de respuesta al enojo. Como me dijo hace poco una madre: «Doctor Chapman, ¿cómo logra que un adolescente hable acerca de su enojo? Cuando mi hija de quince años se enoja, se encierra en sí misma. Y si le pregunto: "¿Qué pasa?". Se niega a contestar. No sé cómo puedo ayudarla si no me habla del asunto». Otra madre dijo: «Yo tengo el problema opuesto.

Cuando mi hija se enoja, todo el mundo se entera. Estalla, grita y chilla, y a veces monta escenas como una niña de dos años con rabieta». Esas madres son testigos de los dos extremos de una misma situación. La mayoría de los jóvenes se inclina por uno de esos métodos destructivos: implosión o explosión.

Empleo la palabra *implosión* para el joven silencioso, pues cuando el enojo se guarda dentro y no se procesa, devorará su espíritu interior. Recuerda que el enojo se estimula cuando el adolescente percibe que el padre o cualquier otra persona lo trataron mal. Esta sensación de maltrato, si no se trata con el padre o con la persona que lo maltrató, a menudo conduce a sentimientos de resentimiento, soledad, aislamiento y, por último, a la depresión. La implosión puede conducir también a un comportamiento pasivo-agresivo. El joven es pasivo en su exterior, se niega lidiar con el enojo, pero expresa su creciente resentimiento involucrándose en comportamientos que de seguro herirán a la persona que provocó su enojo: con frecuencia a uno o de los padres o a sí mismo. El comportamiento pasivo-agresivo puede involucrar la pérdida del interés en cosas que antes fueron importantes (quizá las tareas escolares o los deportes); o podría manifestarse en el consumo de drogas o volverse sexualmente activo, todos los cuales son expresiones agresivas del enojo contra el padre. A veces, después de meses de depresión, estos jóvenes con su enojo reprimido hacen erupción con un comportamiento violento.

Por otro lado, muchos jóvenes presentan patrones *explosivos* de control de su enojo. Cuando el padre hace o dice algo que el joven percibe como erróneo, responde a viva voz, con palabras ásperas, a veces hasta con maldiciones que expresan su desagrado respecto a lo que hizo o dejó de hacer el padre. Algunos jóvenes también arrojan botellas, quiebran utensilios de escritura, conducen vehículos a una velocidad suicida, dejan caer platos «por accidente», pasan las cortadoras de césped por encima de las mangueras de riego y demuestran su enojo en otras formas físicamente destructivas. Si no se cambian los patrones destructivos, esos serán los jóvenes que en un par de años maltratarán de manera verbal y física a sus cónyuges e hijos.

No todos los jóvenes llegan a los extremos que describimos en los dos párrafos anteriores, pero casi todos se inclinan en una de estas dos direcciones: implosión o explosión. Pocos son los jóvenes que aprenden a controlar su enojo de una manera más madura y productiva. Para algunos padres, la tarea de enseñar a sus hijos un control apropiado de su enojo es una tarea terrible. El primer paso es reconocer los actuales patrones que existen en tus adolescentes. No es probable que los lleves hacia patrones del control maduro del enojo hasta que no identifiques primero dónde están. Por lo tanto, les sugiero a los padres que observen a sus adolescentes cuando estén enojados y que mantengan un registro de cómo procesan su enojo hacia ustedes o hacia los demás. Dos meses de observación te mostrarán dónde está tu adolescente en el desarrollo de habilidades positivas para controlar su enojo.

Este es el primer paso para convertirte en un agente de cambios positivos para el adolescente. Veamos ahora otros tres pasos que contribuirán a que los padres ayuden a sus adolescentes para que aprendan a controlar bien su enojo.

2. LA DURA TAREA DE ESCUCHAR

Tomás se me acercó después que di una conferencia sobre el enojo. Noté las lágrimas en sus ojos mientras hablaba: «Yo fallé. Esta noche me di cuenta por primera vez que por mi culpa mi hija se apartó de mí en silencio. Antes, cuando se enojaba conmigo, le decía lo tonta que era. Le decía que necesitaba madurar, que no debía ser tan sensible. Ahora me doy cuenta de que la aparté de mí. En los últimos seis meses casi no ha hablado conmigo».

¿Cómo ayudamos a nuestros jóvenes cuando tienen una implosión de enojo, se alejan por completo y no desean comunicarse con nosotros? Una vez que reconocemos cómo nuestros hijos lidian con su enojo, podemos ayudarlos.

El siguiente paso para ayudarlos a aprender habilidades saludables en el manejo del enojo es hacer *la dura tarea de escuchar*. Te puedo asegurar que esto no será fácil.

En breve, abordaremos la cuestión de los jóvenes implosivos (los que se alejan); de alguna manera, ese es el mayor desafío. Sin embargo, empecemos con escuchar al adolescente explosivo. Con este es que tengo la mayor experiencia personal como padre. Nuestro hijo era un *explosivo*.

Cómo escuchas palabras violentas y explosivas

Soy consejero matrimonial y familiar. Me prepararon para escuchar, pero les aseguro que no fue una tarea fácil escuchar las iracundas expresiones provenientes de la boca de mi hijo adolescente. No obstante, estaba convencido de que la única forma de influir de manera positiva en mi iracundo adolescente era escuchando sus preocupaciones sin importar la aspereza con que se pronunciaran. El poema que se encuentra al final de este capítulo, escrito por mi hijo muchos años después, me confirmó que escuchar no fue en vano.

¿Por qué es tan importante escuchar las expresiones de enojo de los jóvenes? Porque el enojo no se procesa a menos que se aborden las preocupaciones que lo provocaron. ¿Por qué se enoja el adolescente? Por las mismas razones que nos enfadamos los adultos: Sucedió algo que percibió como injusto, tonto o inhumano. De acuerdo, quizá la percepción del joven esté distorsionada, pero a sus ojos se cometió un error. Por lo tanto, cuando un adolescente enojado está expresando de forma verbal ese enojo, incluso si el adolescente está gritando, los padres deben estar agradecidos. Esto se debe a que si escuchan, hay una buena probabilidad de que aprendan lo que está pasando en la mente y en el espíritu del adolescente.

El padre debe descubrir por qué el adolescente está enojado: ¿Qué mal ocurrió a los ojos del joven? Si el padre no descubre esta importante información y resuelve el asunto con el joven, el enojo de este se acumulará en su interior, y las explosivas palabras se habrán pronunciado en vano. Por otra parte, si el padre escucha las preocupaciones del joven y va a la raíz del problema, puede obtener una respuesta inteligente.

El padre debe descubrir por qué el adolescente está enojado: ¿Qué mal ocurrió a los ojos del joven?

La pérdida de nuestra calma

La dificultad es que casi todos nosotros como padres de hijos adolescentes respondemos de forma negativa a las palabras explosivas de nuestros hijos antes que escuchemos sus preocupaciones. Nos enojamos por la manera en que nos hablan y a menudo «perdemos la calma» y les gritamos. El padre dice: «Cállate y vete a tu cuarto. Tú no vas a hablarme así». Al hacerlo, el padre detiene el flujo de la comunicación y elimina la posibilidad de descubrir la causa del enojo del joven. La casa quedará en silencio, pero el enojo hierve tanto dentro del padre como del adolescente, el enojo no desaparece hasta que no se procese más adelante.

El padre sabio se concentrará en lo que dice el joven, no en la forma en que lo dice. Si te grita, es que trata de decirte algo. El padre sabio cambiará a la posición de escuchar. Te sugiero que busques papel y lápiz, y comiences a registrar lo que le escuches decir al adolescente. Esto te ayudará a dirigir tu atención al mensaje que te envía, en lugar de la manera en que se dice. Este no es el momento para pelear; este es el momento para escuchar. La negociación o la pelea quizá vengan después, pero por ahora acopiamos la información que nos será necesaria a fin de lograr un futuro tratado de paz con nuestros hijos adolescentes.

La segunda ronda para escuchar

Cuando el joven termina su explosión inicial de iracundas palabras, dile lo que crees que escuchaste y permítele que lo aclare. Tú pudieras decir: «Lo que creo que estás diciendo es que estás enojado porque yo... ¿Es esto lo que estás diciendo?». Tal declaración le indica al joven que estás escuchando y deseas oír más. El joven siempre te complacerá y te dará más información. Tal vez sea con la misma intensidad o quizá esta se reduzca algo, pero te seguirá diciendo el motivo de su enojo.

Sigue escribiendo lo que escuchas. Resiste la tentación a defenderte. Recuerda que estás en la segunda ronda para escuchar.

Cuando el joven se calme, repite de nuevo lo que consideras que está diciendo y dale otra oportunidad a fin de asegurarte que estás recibiendo el mensaje completo. Después de la tercera ronda de escucharlo, el joven sentirá que tú lo has tomado en serio. Ahora ya está listo para pasar al tercer paso (al que llegaremos después de hablar sobre cómo interactuar con tu adolescente silencioso).

Cómo lidias con el adolescente silencioso

De alguna manera, el joven silencioso es aún más difícil de ayudar. Su negativa a expresar las cosas que le preocupan, los asuntos que estimulaban su enojo, deja al padre sin fuerzas. Es decir, el padre no puede responder a lo que está sucediendo dentro de la mente del joven hasta que no descubra sus pensamientos y sentimientos. En algunos casos, esto es precisamente *por qué* el joven utiliza el tratamiento silencioso.

El silencio y el poder

Cuando el padre controla demasiado la vida del joven, tomando en su lugar todas las decisiones, el adolescente se sentirá impotente. Es incapaz de desarrollar su independencia e identidad propia, y cree que el silencio es la única manera de ganar ventaja. Con su silencio, tiene el control, al menos por el momento.

Cuando el padre se alarma y lamenta porque el adolescente no habla, o cuando el padre estalla en palabras y dice en voz alta: «No puedo ayudarte si no me dices lo que está mal», el joven está ganando la batalla, porque está fuera de su control.

Los padres de jóvenes silenciosos necesitan hacerse estas duras preguntas: ¿Estoy controlando demasiado a mi hijo? ¿Le estoy dando la suficiente libertad como para que piense y tome decisiones por su cuenta? ¿Le permito que sea un adolescente o lo trato como a un niño?

Para el padre demasiado controlador, el mejor método es comunicar el siguiente mensaje: «Sé que a veces me inmiscuyo demasiado en tu vida. Sé que ahora eres un adolescente y no deseas decirme todos tus pensamientos y sentimientos, y eso está bien. Sin embargo, cuando quieras hablar, deseo que sepas que estoy a tu disposición. Estoy dispuesto a escuchar cuando quieras hablar». Luego, dale muestras de amor al joven usando su lenguaje primario del amor. Tal declaración, acompañada por una expresión de amor, crea una atmósfera en la que el joven percibe un sentido de reconocimiento. Si el padre mantiene esa posición, casi puedo garantizar que el adolescente comenzará a sincerarse cuando esté enojado con el padre.

Otra razón del porqué algunos adolescentes escogen el silencio cuando están enojados es que han aprendido por experiencia que cuando le explican el motivo de su enojo al padre, este explotará. Esos adolescentes, cansados de anteriores explosiones, optan por guardar silencio en lugar de enfrentar la diatriba de las palabras condenatorias del padre. Se han sentido avergonzados, humillados y condenados por las palabras del padre. No desean pasar de nuevo por esto. El método más fácil es cerrar la boca.

Los padres de tales jóvenes no serán nunca capaces de sacarles las palabras a sus hijos. En su lugar, los padres deben confesar sus propios errores del pasado. Echar abajo el muro del comportamiento negativo es el primer paso para crear una atmósfera donde el joven hable de nuevo sobre su enojo.

El momento para confesar

Esto es lo que Tomás decidió hacer. Después de admitirme: «Yo fallé», me contó su plan. «Voy a regresar esta noche a casa y le confesaré mis errores a mi hija. Quizá me dé otra oportunidad». Me pidió ayuda para hacer una confesión a fin de que sus emociones no lo guiaran por completo.

He aquí la declaración que hicimos juntos. Algo como esto podría ayudar a cualquier padre que esté tratando de terminar con el tratamiento silencioso y se encuentre dispuesto a confesar su propia responsabilidad.

«Teresa, ¿tendrías algunos minutos para contarte algo que en verdad es importante para mí? Si no es el momento oportuno, estoy dispuesto a esperar». Una vez que Teresa le da permiso, Tomás continuaría. «La otra noche fui a una reunión donde el orador habló del enojo. Y me di cuenta que te estuve perjudicando en el pasado. Cuando tú venías a mí con tus preocupaciones, a menudo era muy insensible y te interrumpía. Recuerdo sobre todo las veces que te dije que eras tonta y que tenías que madurar y no ser tan sensible. Ahora me doy cuenta de que esto fue muy inmaduro de mi parte. Tú eras la madura cuando me contabas tus problemas, y yo lamento la forma en que te hice sentir.

»Deseo que sepas que cuando en el futuro estés enojada conmigo, quiero escucharte. Trataré de escuchar tus preocupaciones y responder de una manera positiva. Sé que a veces te has molestado conmigo, y estoy seguro que esto sucederá también en el futuro. Si me dices por qué estás molesta, haré lo posible por escucharte. Quiero tratar de respetar tus sentimientos y lidiaremos juntos con el asunto. ¿Está bien?».

Le dije a Tomás que quizá su hija no tendría ninguna respuesta verbal a su discurso. Lo animé a que no la presionara para que hablara en ese momento. Además, le pedí que le diera una muestra de amor, usando el lenguaje primario del amor de ella. El paso que dio Tomás esa noche con su hija fue el primero para restaurar la posibilidad de que ella le expresara su enojo.

Cuando los jóvenes se dan cuenta de que es seguro hablarles a sus padres del enojo, lo harán. Sin embargo, cuando se sientan amenazados, intimidados, humillados, avergonzados o maltratados, muchos elegirán la ruta del alejamiento silencioso. El objetivo del padre del adolescente silencioso es crear una atmósfera emocional donde el joven se sienta libre para hablar de su enojo. Cuando el adolescente silencioso comience a hablar de nuevo, el padre debe hacer ahora la dura tarea de escuchar que analizamos con anterioridad.

3. AFIRMA QUE SUS SENTIMIENTOS DE ENOJO SON VÁLIDOS

El tercer paso para enseñarles a tus jóvenes una respuesta positiva al enojo (después de identificar el defectuoso método de tu hijo para lidiar con esto y escuchar con atención sus expresiones de enojo), es *afirmar la validez de su enojo*. Puedo escuchar los pensamientos de algunos padres: «Espere un momento. A menudo no creo que el enojo de mis adolescentes sea válido. A veces ni siquiera tienen claros los hechos. ¿Cómo puedo apoyar su enojo cuando no estoy de acuerdo con su punto de vista?».

Me alegro que lo preguntaras, porque aquí es donde muchos padres cometen serios errores. Confunden los hechos con los sentimientos. El resultado es que los padres se ponen a discutir los hechos con los jóvenes, y los sentimientos se pasan por alto.

Los sentimientos que se pasan por alto no construyen relaciones positivas entre los padres y jóvenes (de ahí que el tercer paso sea tan importante). Si tú no comprendes cómo afirmar los sentimientos de enojo de tu adolescente, nunca le enseñarás a lidiar con su enojo de manera positiva. Sigue leyendo... la siguiente parte es de *suma* importancia.

Por lo general, a una de las mejores maneras de ser capaz de afirmar de manera genuina las emociones de otra persona se le llama *empatía*: poniéndote en los zapatos del otro y tratando de ver el mundo a través de sus ojos. Para los padres, esto significa convertirse en adolescente por un momento, recordando las inseguridades, los cambios de estados de ánimo, el deseo de independencia y de identidad propia, la importancia de que sus compañeros lo acepten, y la desesperada necesidad de amor y comprensión de sus padres. El padre que no procura empatizar con su adolescente, tendrá dificultades para afirmar los sentimientos de enojo del mismo.

César demostró el poder de la empatía cuando me dijo: «Es asombroso lo que ocurrió cuando traté de empatizar con mi hija. Estaba enojada conmigo porque le había quitado sus privilegios de conducir por una semana. Estaba gritándome por lo injusto que era y por lo avergonzada que iba a estar cuando les dijera a sus amigos que no los llevaría a la escuela esta semana porque su padre le había "decomisado" su auto. En el pasado, yo habría discutido con ella y le habría dicho que debería alegrarse de quitárselo solo por una semana. Le hubiera dicho que sus amigos se buscaran a otro que los llevara y que ella merecía sentirse avergonzada. Hice eso en el pasado y solo empeoró las cosas. Sin embargo, después de escuchar su conferencia sobre la empatía, me puse en los zapatos de ella y recordé lo duro que era perder los privilegios de conducir durante una semana.

»De modo que le dije: "Cariño, comprendo por qué estás enojada conmigo. Y puedo entender cuán penoso sería no poder llevar a tus amigos a la escuela. Si yo fuera joven, y una vez lo fui, también me sentiría enojado y avergonzado. Sin embargo, déjame decirte mi posición como padre.

»Acordamos que si te ponían una multa por exceso de velocidad, perderías tus privilegios de conducir por una semana la primera vez. Y si sucedía por segunda vez dentro del año, perderías tu licencia por dos semanas. Tú conoces las reglas; los dos estuvimos de acuerdo con las consecuencias. Yo te quiero mucho, y por eso debo hacer cumplir las reglas, aunque comprendo muy bien lo que estás sintiendo en este momento".

»Le di un abrazo y salí de la habitación», dijo César con lágrimas en los ojos. «Sin embargo, por primera vez, sentí que había manejado de forma positiva el enojo de mi hija».

Tal declaración empática de un padre no elimina los sentimientos de enojo de un joven, pero los suaviza. Cuando el padre se identifica con el enojo del adolescente y afirma que está bien en lugar de discutir con él, el enojo del adolescente disminuye porque le trató con dignidad y no lo ofendió. Está claro que el segundo paso (escuchar al joven) es un prerrequisito para el tercer paso (afirmar el enojo del adolescente). Los padres no pueden sentir sincera empatía por el enojo del adolescente si antes no escuchan su punto de vista acerca de la situación.

4. EXPLICA TU PUNTO DE VISTA Y BUSCA LA SOLUCIÓN

Cuando se ha escuchado al joven a conciencia y, luego, ha recibido una declaración empática respecto a su enojo y otros sentimientos, puedes dar el paso final del procesamiento del enojo con mayor facilidad: La explicación de tu punto de vista y la búsqueda de la solución.

Ahora, y solo ahora, está listo el padre para expresarle al joven su propio punto de vista. Si el padre lo hace antes de seguir los tres primeros pasos, el resultado sería una prolongada discusión con el joven que terminaría típicamente con ásperas y cortantes palabras. Si escuchaste con atención y apoyaste el enojo del joven, él escuchara tu punto de vista. Es probable que no esté de acuerdo contigo, pero te escuchará y se podrá resolver el asunto.

Algunas veces tienen razón... y algunas veces no la tienen

En ocasiones, cuando los padres escuchan las preocupaciones de sus jóvenes, se dan cuenta que tienen razón. Elizabeth dijo: «Nunca olvidaré el día en que mi hija Cristina se enojó conmigo porque entré en su habitación y le limpié su escritorio. Me dijo con firmes palabras que estaba enojada conmigo, que yo había violado su espacio, que no tenía el derecho de entrar así en su cuarto y desordenar las cosas sobre su escritorio, que yo había botado algunas cosas que eran importantes, y que si lo volvía a hacer, se iría de la casa. Allí me di cuenta de la manera tan profunda que la había lastimado y cómo se sentía respecto al asunto. Pude haber argumentado que tenía el derecho de entrar en su cuarto y hacer todo lo que se me diera la gana. Pude haber dicho que si ella hubiera ordenado su escritorio, no lo tendría que haber hecho yo. Sin embargo, en su lugar, la escuché.

»Creo que ese fue el día en el que por primera vez me di cuenta que mi hija de diecisiete años de edad se estaba transformando en una joven adulta, que ya no la podía seguir tratando como a una niña. Por lo cual le dije: "Lo siento. Me doy cuenta ahora que lo que hice estuvo mal. En realidad, estaba tratando de ordenar tu escritorio, pero entiendo lo que estás diciendo y entiendo que no tenía el derecho de botarte algunas de tus cosas. En realidad, no tenía el derecho de ordenarte tu escritorio. Si me perdonas, te prometo que no lo volveré a hacer"».

Debido a que los padres no somos perfectos, a menudo cometemos errores, los cuales, a su vez, estimulan el enojo en nuestros jóvenes. Si escuchamos con sinceridad al adolescente, reconoceremos nuestro mal comportamiento. La confesión y la petición de perdón siempre crean el acercamiento más positivo cuando nos percatamos que actuamos mal con nuestros adolescentes. Casi todos los jóvenes perdonarán a sus padres si les piden perdón con sinceridad.

> **Casi todos los jóvenes perdonarán a sus padres si les piden perdón con sinceridad.**

Por otra parte, a menudo el padre tendrá una perspectiva del todo diferente a la del joven. Esta perspectiva se debe expresar con franqueza y libertad de una manera amable, pero firme.

Juan escuchó con atención cuando su hijo Jacob vertió su enojo contra su padre. Jacob estaba enojado porque su padre no le prestaba el dinero para pagar el seguro de su automóvil. Cuando Jacob cumplió dieciséis años de edad, Juan le compró un auto con el trato de que Jacob pagaría la gasolina, el cambio de aceite y el seguro. Esto ocurrió hace un año y medio. El pago del seguro vencía cada seis meses. Jacob hizo los dos primeros pagos sin problema, pero ahora se encontraba escaso de dinero y sentía que su padre debía prestárselo a fin de seguir conduciendo el auto. Jacob sabía que su padre tenía mucho dinero; no sería un problema para él hacerle el pago.

Juan escuchó a Jacob con atención, tomando nota mientras hablaba. Luego, Juan respondió:

—Entonces, ¿tú crees que yo debería darte el préstamo porque tengo mucho dinero y porque eso no me afectaría?

—Así es —le contestó Jacob—. No es nada para ti; pero es una gran cosa para mí. Y si no me prestas el dinero, no podré conducir el auto al menos por dos semanas.

Juan volvió a prestarle atención a Jacob cuando explicaba sus razones. Entonces, dijo:

—Puedo entender por qué quieres que yo haga esto. Sé que será un gran inconveniente para ti no conducir tu auto por dos semanas. Sin embargo, quisiera decirte mi punto de vista. Como padre, mi responsabilidad es ayudarte a entender la manera de administrar el dinero. Al principio acordamos que tú pagarías la gasolina, el cambio de aceite y el seguro. Hace seis meses que sabías que iba vencer el pago del seguro. En lugar de ahorrar el dinero, lo gastaste. Esa fue tu decisión. Está bien. No me quejo de cómo gastaste el dinero. Asun así, puesto que optaste por eso, no tienes el dinero suficiente para pagar el seguro.

»Creo que te perjudicaría si te saco de apuros —continuó el padre de Jacob—. Considero que esta es una gran lección para ti sobre aprender a administrar el dinero. Durante las próximas dos semanas, estoy dispuesto a prestarte mi propio automóvil cuando pueda; te llevaré a donde tengas que ir cuando no pueda prestártelo. Así que no voy a prestarte el dinero para tu seguro. Creo que fallaría como padre si lo hiciera. ¿Comprendes lo que estoy diciendo?

—Creo que sí —murmuró Jacob bajando la cabeza.

No estaba contento, pero entendía lo que le decía su padre. Estaba dispuesto a aceptarlo porque su padre lo escuchó con atención, apoyó sus preocupaciones y le expresó su comprensión.

Nuestra meta es siempre ayudar a nuestros adolescentes a procesar su enojo hacia el punto de la solución. Una de las peores cosas que pueden suceder es el enojo sin resolver dentro del corazón y la mente de nuestros jóvenes. El enojo sin resolver provoca sentimientos de amargura y resentimiento. El joven se siente rechazado y sin amor. El enojo sin resolver del joven hace casi imposible que sea capaz de recibir expresiones de amor de sus padres. Muchos padres se frustran ante el rechazo del joven en aceptar su amor y, entonces, lo tratan con más firmeza, solo para recibir más rechazo. Si el enojo se ha almacenado por un tiempo, el padre deberá crear un clima donde el adolescente se sienta libre de expresar los asuntos por los que está enojado.

El reconocimiento de los fracasos pasados quizá sea una parte de la creación de este medio. Por ejemplo, puedes decir: «Me doy cuenta de que en el pasado, no siempre te escuché cuando estabas enojado conmigo. A veces he dicho cosas muy hirientes y críticas que lamento mucho. Sé que no he sido un padre perfecto, y me gustaría mucho lidiar con mis fallas. Si estuvieras dispuesto, quisiera que tuviéramos una conversación alguna vez en la que me dijeras con absoluta franqueza dónde te he herido. Sé que una conversación así quizá sea dolorosa para ti y para mí, pero quiero que sepas que estoy dispuesto a escucharte».

Si al final el adolescente no responde a semejante franqueza paternal, quizá sea necesaria una ayuda profesional. Si el adolescente no está dispuesto a ir a consejería, el padre podrá mostrar su propia sinceridad al ir él. A la larga, es probable que el joven esté dispuesto a unirse al proceso de consejería.

Enseñarle a tu adolescente a aceptar su enojo y procesarlo de una manera positiva es una de las mayores contribuciones que podrás hacer jamás a la vida emocional, social y espiritual de tu adolescente. Aprenderá a procesar su enojo por experiencia. Comenzamos desde donde se encuentre el joven y ayudamos a nuestro hijo o hija a procesar su enojo aun si eso involucra tener que escuchar sus gritos iniciales. Después, les enseñaremos mejores métodos para comunicar el enojo. Sin embargo, nunca debemos permitir que el lenguaje del joven nos impida escuchar su mensaje.

El poema de la siguiente página me lo escribió mi hijo cuando tenía veintitantos años de edad. Esa es una de las razones por las que creo en el poder sanador de escuchar el enojo del adolescente.

Papá

Tú escuchaste cierto pasado oscuro.
Esto es lo que me diste.
Tenías oídos para oír
la explosiva sinfonía de mi juventud...
Palabras como cuchillos, sílabas como tijeras, cortando el aire.
Los demás se alejaban.
Tú te quedabas,
y escuchabas.

Cuando ponía el grito en el cielo, chillando como escopeta,
las llamas ardían con rapidez
desgarrando las abiertas alas de los ángeles,
tú esperabas,
remendando las alas,
y continuábamos de alguna forma.
Al siguiente día
a la siguiente cena
a la siguiente bomba.

Y cuando corría por un abrigo,
por un refugio,
por protección,
tú te quedabas afuera en el campo de batalla
expuesto al fuego de todos lados.
Arriesgaste tu vida
cuando me tuviste.
Arriesgaste tu vida escuchando
cierto pasado oscuro.

Derek Chapman

LOS **5** *LENGUAJES*
DEL
amor
DE LOS JÓVENES

El amor a tu joven de padres solteros y familias mixtas

PARA PADRES SOLTEROS

El mundo de Amanda no es fácil. Hace mucho tiempo que no es fácil. Es una madre soltera con dos adolescentes: Marcos, de quince años, y Julia, de trece. Los crio sola desde que su esposo la abandonó cinco años atrás.

Sintió el trauma de un divorcio difícil y se enfrentó a su propio sentimiento de rechazo. Pronto, sin embargo, se hizo cargo de su vida. Con la ayuda de sus padres, Amanda terminó su preparación como enfermera, y desde entonces ha estado trabajando en el hospital local. Sin trabajar a tiempo completo, no habría podido salir a flote, debido a que los pagos por manutención de su esposo eran insuficientes y a menudo esporádicos.

A pesar de todo lo que ha logrado, Amanda vive con un subyacente sentimiento de culpa. Debido a su trabajo, no era capaz de pasar el tiempo suficiente con sus hijos como hubiera deseado. No le era posible asistir siempre a sus actividades extraescolares. Julia solo tenía ocho años de edad cuando se fue su padre; ahora era una adolescente en pleno desarrollo, y Amanda sigue sin poder pasar con ella y con su hermano el tiempo que le gustaría. Siente que Julia y Marcos están madurando, deslizándoseles de entre los dedos, y se pregunta si ellos están preparados para lo que les espera más adelante. Un día se dice: *Hice todo lo que pude*. Al día siguiente se dice: *No estoy segura de que hiciera lo suficiente*. En los últimos tiempos, Marcos ha estado rezongando y a menudo critica a su mamá. Julia quiere comenzar a tener citas con muchachos y Amanda cree que aún es demasiado joven.

En mi oficina, Amanda me dice: «No estoy segura de estar a la altura de esto. Creo que hasta ahora lo he hecho bastante bien, pero no sé si podré soportar los años de la adolescencia».

Estaba escuchando de Amanda lo que he escuchado de centenares de madres solteras a través de los años. «Por favor, ¿alguien me puede ayudar? No estoy segura de poder hacerlo sola».

Por fortuna, existe una ayuda para padres como Amanda. La mayoría de las comunidades provee grupos de apoyo para padres solteros, patrocinados por las iglesias y otros grupos cívicos. Casi todas las bibliotecas tienen numerosos volúmenes dirigidos a padres solteros. Hay todo tipo de valiosos recursos disponibles en internet. No trataré de duplicar la información que se obtiene a través de otras fuentes. El enfoque de este capítulo es ayudar a los padres solteros a satisfacer con eficiencia la necesidad de amor emocional de su adolescente.

AMOR Y EMOCIÓN
Cuando se recibe amor de uno de los padres

Por supuesto, cada hogar de un solo padre es único. Sin embargo, existen ciertos hilos comunes que pasan por las familias de un adulto soltero que a menudo hacen más difíciles las cosas que cuando ambos padres están presentes. Lo más obvio es la realidad de que la custodia es de un solo padre. Aunque la custodia compartida, donde el niño teóricamente pasa un tiempo igual con cada padre, a veces resulta en la niñez temprana, raras veces da resultados con los jóvenes. Con mucho, el arreglo más común es que la madre tenga la custodia, mientras que el padre ve al joven con regularidad o de manera esporádica, y en algunos casos, nunca. Por lo tanto, en la experiencia diaria de la vida donde el joven necesita sentirse amado, hay un solo amor de padre disponible. Idealmente, el joven necesita una madre y un padre que le expresen su amor cada día. En una familia de un solo padre, esto es imposible. Casi nunca el padre que no tiene la custodia tiene un contacto diario con el joven. Esta es una realidad que debe aceptar el padre custodio. Esa es una razón del porqué el contenido de este libro es tan importante para los padres solteros.

Si tú eres el único padre que le da su amor con regularidad, es de suma importancia que descubras y hables el lenguaje primario del amor de tu adolescente. De otra forma, es probable que estés amando a tu adolescente con actos de servicio cuando él anhela palabras de afirmación. Como dijo una madre soltera: «No puedo creer la diferencia en mi hija. Asistí a un seminario donde se discutieron los cinco lenguajes y cómo descubrir el lenguaje primario del adolescente. Me resultó obvio que el lenguaje del amor de mi hija era tiempo de calidad. Yo le había estado dando palabras de afirmación y me preguntaba por qué me respondía de forma tan negativa. Cuando comencé a darle tiempos de calidad, la mayoría de los cuales era llevarla conmigo mientras hacía las compras, fue asombroso cómo cambió su actitud debido a que me concentraba en ella. A las dos semanas, era otra persona, y todo el clima en nuestra casa mejoró muchísimo».

Emociones en erupción

Los sentimientos reprimidos durante la niñez surgen a menudo en los años de la adolescencia. Las emociones de dolor, ira y rechazo, que raras veces se expresan en la niñez, quizá den lugar a una baja autoestima, sentimientos de incompetencia y de depresión, o palabras de crítica y comportamiento abusivo. Estas emociones y el comportamiento resultante pocas veces se expresan en presencia del padre que no tiene la custodia. Esto tal vez se deba a que el joven cree que el padre no lo entendería o que quizá no le importaría, o a lo mejor porque el joven no quiere turbar los aspectos positivos de su relación con el padre sin la custodia. El padre custodio es el que recibe la acometida de las emocionas antes dormidas del joven.

Esto es muy duro para la mayoría de estos padres. Con frecuencia sienten que no los aprecian y experimentan enojo hacia el joven. El padre que ha trabajado de manera esforzada para cuidar del niño se siente maltratado por el joven.

Por favor, toma nota que no te encuentras solo con tales sentimientos. Son comunes para los padres solteros cuando sus hijos se convierten en jóvenes. Recuerda, las fuertes emociones de tu adolescente son permanecer en su creciente deseo de independencia e identidad propia. Como un adulto en ciernes, y cuyos valores intelectuales, espirituales y morales se están formando, tu adolescente se ve obligado a esforzarse por resolver lo que parecen ser las injusticias de la vida. Este proceso puede ser positivo. Si el joven debe entrar a la adultez con algún nivel de madurez, estas heridas del pasado deben salir a la superficie y procesarse. Sin embargo, este proceso quizá sea doloroso tanto para el joven como para el padre.

EMOCIONES Y SUEÑOS

Concéntrate en las emociones del adolescente

El punto importante para el padre que tiene la custodia es concentrarse en las emociones del joven, no en su comportamiento. Esto es justo lo contrario de lo que casi siempre hacemos. Escucha a Keila mientras describe su frustración con Samuel, su hijo de quince años de edad. «Parece muy abatido. No importa cuánto lo elogie, él expresa sentimientos de incompetencia. La mayor parte del tiempo parece deprimido. Yo trato de estar feliz y optimista. Trato de enfocar las cosas positivas de nuestra vida, pero él continúa paseándose abatido por toda la casa. Nada de lo que hago parece importarle».

Keila está tratando de cambiar el comportamiento de Samuel, pero pasa por alto sus sentimientos subyacentes. En su lugar, debe darse cuenta que detrás del comportamiento de su adolescente, que está basado en su depresión y su baja autoestima, existen sentimientos de dolor, ira y rechazo más profundos. Estas son las emociones que deben analizarse. Si continúa centrando su atención en tratar de llevar al joven hacia una mayor autoestima y más acciones positivas, diciéndole a Samuel lo inteligente y capaz que es, sus esfuerzos producirán mínimos resultados. No obstante, si es capaz de crear una atmósfera en la que Samuel hable de su niñez y en particular de las emociones centradas alrededor del divorcio, muerte o abandono del padre, comenzará a observar un cambio en su actitud hacia sí mismo.

No digo que este sea un proceso fácil. No es algo que ocurre en una conversación. El joven debe expresar una y otra vez estas dolorosas emociones del pasado, y los pensamientos y recuerdos que los rodean, mientras que el padre custodio escucha de manera comprensiva. Es necesario que salgan a la superficie esas heridas y se expresen, si el joven está en busca de la sanidad emocional.

Jessica se queja de un problema distinto. «Mi hija de dieciséis años de edad se ha vuelto agresiva», me dijo. «A decir verdad, la otra noche me maldijo. No daba crédito a mis oídos. Varias veces ha arrojado cosas, en algunas ocasiones a mí, pero casi siempre contra la pared. Este comportamiento es del todo inusitado». Cuando hablé después con la hija de Jessica, descubrí que hacía poco había comenzado a salir con un joven. La perspectiva de tener una relación romántica con un hombre ha sacado a la superficie todas las emociones dormidas que sentía hacia su padre. Desde que su padre la abandonó, temía el abandono de su novio. El enojo que había mantenido en secreto estallaba ahora. Estaba enojada con su madre, a la que seguía de alguna manera culpando por el divorcio. Se sentía enojada con su padre por marcharse, y aun mayor enojo por haber demostrado tan poco interés en ella desde que se fue. Este iracundo comportamiento era en realidad un indicador positivo de que ahora comenzaba a lidiar con las heridas del pasado.

Cuando Jessica comprendió esto, fue capaz de centrarse en ayudar a su hija para hablar respecto a esas emociones ocultas en lugar de condenar su comportamiento negativo. A la larga, el comportamiento desaparecerá si el dolor interno se puede procesar a través de conversaciones y de atenta comprensión.

Escucha y dile la verdad a tu adolescente

Al procesar los dolores del corazón del joven, el padre custodio no solo tendrá la difícil tarea de escuchar, sino que tendrá que decirle también la verdad. Cuando se fue el padre del joven, le diste unas simples explicaciones que parecieron dejar satisfecho al niño en ese momento. Pensaste que había concluido el problema. Ahora el joven vuelve a sacar todo a la superficie, solo que esta vez hará preguntas más específicas. Quiere saber lo que pasó antes del divorcio; quiere saber cómo era el matrimonio en los primeros años. Preguntará: «Si mi papá es tan malo, ¿por qué entonces te casaste con él?». Si la madre murió, el joven hará de nuevo preguntas sobre la naturaleza de la enfermedad o del accidente. «Dime de nuevo, ¿cómo era mamá? ¿Qué decía de mí?». Estas son las típicas preguntas del joven: duras, dolorosas, inquisitivas, pero preguntas que merecen respuestas.

Sea lo que sea, no disculpes tu propia conducta ni la de tu excónyuge. *Dile la verdad.* Si tus adolescentes descubren más tarde que les mentiste en cuanto a los detalles, te perderán el respeto. Quizá sintieras que no habrían soportado la verdad cuando eran niños. Sin embargo, ahora son jóvenes y su sanidad emocional exige que se sepa la verdad.

Linda, la madre de una hija de catorce años de edad, dijo: «La cosa más difícil que jamás he hecho fue responder las preguntas de mi hija adolescente. Sé que debí habérselo dicho antes, pero nunca parecía ser el momento apropiado. Ahora estaba haciendo preguntas difíciles, y tuve que elegir entre mentirle o decirle la verdad. Fue la noche más dolorosa de mi vida cuando le dije que nunca había estado casada con su padre, que lo conocí en una fiesta en la playa, tuve relaciones sexuales con él y nunca lo volví a ver. Antes de esto, siempre le había dicho que él se había ido cuando ella era pequeña. Al principio, mi hija se enojó. Me dijo que se lo debía haber contado antes, pero lo que más me dolió fue cuando me dijo: "Entonces, no me querías en realidad. Yo fui un accidente".

»Escuché sus enojadas palabras y le dije que comprendía cómo se sentía, pero que esperaba que mis acciones a partir de esa noche le demostraran que la amaba desde el mismo comienzo. Tuvimos muchas conversaciones en las semanas siguientes a esa noche. Hemos llorado, reído y nos hemos abrazado la una a la otra. Nunca me he sentido tan cerca de mi hija como ahora y creo que ella me ama en estos momentos de una forma más madura como nunca antes. Siempre supe que llegaría el día en el que tendría que contarle la verdad. Esperé a tener el valor necesario. Estoy feliz de haberlo hecho». El viejo adagio es cierto: la verdad es dolorosa. Aun así, la verdad también sana.

La hija de Linda me dijo después: «Fueron los abrazos de mamá los que me ayudaron a pasarlo».

Conocer y hablar el lenguaje primario del amor de tu adolescente quizá sea una parte muy útil en esta experiencia de decir la verdad. Un toque, una palabra de afirmación, un regalo, un acto de servicio o un tiempo de calidad ayudarán a crear el clima en el que puede tener lugar el doloroso proceso de sanar el pasado. La hija de Linda me dijo después: «Fueron los abrazos de mamá los que me ayudaron a pasarlo. Nunca en mi vida me había sentido tan herida como cuando mamá me contó la verdad. Quería correr, gritar y matarme. A pesar de todo, cuando mamá me abrazó, lo sentí como un manto de amor». Su lenguaje primario del amor era el toque físico y lo habló de manera profunda al corazón herido. Linda habló también los otros lenguajes del amor. Le dio mucho tiempo de calidad a través de esas prolongadas conversaciones. La afirmó de palabras con su amor en numerosas ocasiones. Hubo regalos especiales y actos de servicio; todo esto representó un papel importante en la sanidad de su hija. Sin embargo, el toque físico fue el manto de amor.

Respeta los deseos poco realistas de los jóvenes

Me gustaría dedicar el tiempo para mencionar otro reto para el padre soltero, junto con la respuesta apropiada del mismo. El joven dentro de una familia de un solo padre experimentará muchos deseos poco realistas. Quizá escuches que te dice: «Desearía que papá viniera a mis juegos». Sin embargo, tú sabes que la realidad es que su papá vive a miles de kilómetros de distancia, y tiene una nueva esposa y dos hijos. No vendrá a los juegos de su hijo. Es probable que tu hija de dieciséis años diga: «Papá me va a comprar un auto», pero tú sabes que su padre está muy endeudado y no podría comprarle un automóvil aunque quisiera. Esos sueños imposibles son una parte de la imaginación del joven. Es un intento del subconsciente para tener la clase de familia que desea.

La respuesta natural de muchos padres custodios es la de hacer volar en pedazos estos sueños con las granadas de la realidad. En mi opinión, esto es un serio error. Mucho mejor es afirmar los deseos del joven y dejar que la realidad aparezca poco a poco. «Deseas que tu padre te compre un automóvil nuevo. Es una buena idea. Yo lo deseo también». «Tú deseas que tu padre venga a tus juegos. Yo lo deseo también. Sería en verdad muy lindo». Si tienes esta clase de respuestas positivas para los deseos poco realistas de tu adolescente, estás afirmándolo como persona. Si sientes el impulso de hacer volar en pedazos sus ideas y decir algo negativo sobre tu excónyuge, estas alentando a tu adolescente a que mantenga sus deseos para sí. Aceptando y afirmando esos deseos, alentarás el flujo de la comunicación.

Si tienes contacto con tu excónyuge, puedes comentarle algunos de los deseos del adolescente. Esto nunca debería hacerse como una demanda, sino solo como una forma de dar una información. «Creo que deberías saber que varias veces Sergio ha dicho: "Desearía que papá viniera a mis juegos". Sé que quizá esto sea imposible, pero si alguna vez podría hacerse, esto significaría mucho para él. Si no, tal vez puedas preguntarle por esos juegos cuando hables con él por teléfono». Esta es una buena información para el padre que no tiene la custodia. «Estefanía ha dicho varias veces que tú le ibas a comprar un automóvil cuando ella tuviera dieciséis años. No te estoy pidiendo que lo hagas, pero sí imagino que te gustaría saber lo que ella está diciendo». Por otra parte, expresarle los deseos del joven al padre no custodio es a veces mejor que lo haga el propio joven, en especial si los padres están en una posición de antagonismo. Decirle al joven: «Quizá deberías decírselo a tu padre», podría ser el estímulo que necesite el joven.

Para algunos de los padres que son pesimistas por naturaleza, será en extremo difícil hacer lo que acabo de sugerir. Ven el vaso medio vacío, y vierten sobre su adolescente ese pesimismo.

Si esto es parte de tu personalidad, te insto a que vayas a un consejero personal y procures cambiar tu propio espíritu hacia una dirección más optimista. Los sueños, hasta los imposibles, son parte de lo que hace la vida más llevadera en los días oscuros, y por otra parte, ¿quién sabe lo que es imposible? Hasta las Escrituras dicen: «Donde no hay visión, el pueblo se desenfrena»[1].

Si los deseos del joven son poco realistas, esto será obvio al final. Aun así, cuando el joven expresa sus deseos, da información que el padre no conocería de otro modo. Con frecuencia, esos deseos están relacionados con su lenguaje primario del amor. Está la posibilidad de que el joven que desea la presencia de sus padres en sus juegos tenga el lenguaje primario del amor de los tiempos de calidad, mientras que el que está pidiendo un automóvil podría estar mostrando el lenguaje de los regalos. Mientras escuchas, aprenderás mucho acerca de lo que necesita tu adolescente.

PARA LOS PADRES QUE NO TIENEN LA CUSTODIA

Ahora, quiero hablarles a los padres que no tienen la custodia. Espero que no hayan sentido que he sido injusto con ustedes en la primera parte de este capítulo. El hecho es que pueden representar un papel importante en la vida de su adolescente. *Tu hijo adolescente te necesita.* Muchos padres que no tienen la custodia de sus hijos reconocen que les hace falta ayuda para saber cómo educarlos. Algunos padres no custodios ven al joven con regularidad. Otros viven a cientos de kilómetros de sus jóvenes. ¿Cómo aprovechas al máximo lo que posees? Permíteme abordar tres trampas y, luego, te daré algunas ideas positivas.

Una trampa común es lo que a veces se le llama el síndrome del *«Papi de Disneylandia»*. Este es cuando el tiempo con tu adolescente se ocupa en llevarlo a juegos de pelota, salidas para ir de compras, al cine y a otros centros de diversión. Tu atención está centralizada en las actividades en lugar del joven en sí. Debido a la limitada cantidad de tiempo que tienen esos padres para sus jóvenes, tienden a planificar cada encuentro con anticipación y tratan de divertirse con su hijo. Ambos llegan exhaustos al final de la visita. No me malinterpretes. No hay nada de malo en divertirte con tu adolescente. Aun así, la vida no siempre es diversiones y juegos. Tu adolescente necesita verte en circunstancias más normales.

> El padre cree que ha sido amoroso, pero el joven se siente rechazado.

Dado que estás excluido de las rutinas diarias de tu adolescente durante la semana, quizá tengas una escasa idea de lo que ocurre dentro de la mente y el corazón del joven. Esto requiere un diálogo abierto en una atmósfera relajada (y a veces no tan relajada). El padre no puede satisfacer las necesidades emocionales del joven hasta que no descubra antes esas necesidades.

No es raro ver que los padres y los jóvenes posean diferentes puntos de vista en cuanto a las relaciones de visitas. Las investigaciones han demostrado que el padre a menudo piensa que ha cumplido con su responsabilidad, mientras que el joven siente que falta algo. El padre cree que ha sido amoroso, pero el joven se siente rechazado. Un estudio indica que mientras la mayoría de los padres cree haber cumplido con sus obligaciones, tres de cada cuatro jóvenes tuvieron la impresión que ellos no significaban mucho para sus padres. «Pensaban que sus padres estuvieron presentes de manera física, pero no emocional»[2]. Tal parece que el síndrome de Papi de Disneylandia no es el método más positivo para educar a tu adolescente.

Otra trampa es *aprovecharte del tiempo de tu adolescente* y su disposición para ayudar. Una chica de quince años de edad cuenta que al llegar a la casa de su padre para el fin de semana, este le dijo que tenía que marcharse debido a un compromiso y le pidió que cuidara a dos pequeños hermanastros hasta que él y su esposa regresaran. Él y su esposa regresaron la noche siguiente muy cerca de la medianoche. Es obvio que esta joven no encontró muy satisfactoria su visita. Cuando se acercó su próxima visita regular programada, se negó a ir.

No digo que el joven no pueda trabajar durante la visita. En realidad, la participación de tu adolescente en el flujo normal de tu vida puede ser una experiencia muy positiva. Cosas tan simples como ir juntos a la tienda de víveres o al banco pueden llegar a ser importantes para tu adolescente. Sin embargo, el joven se da cuenta cuando se están aprovechando de él, cuando sus intereses se centran más en ti que en él y, entonces, de inmediato se resentirá ante semejante comportamiento.

La tercera trampa es *dar por sentado que tu adolescente tiene estabilidad emocional si no habla de los problemas*. A menudo, los jóvenes son reacios a comentar sus luchas emocionales con el padre que no tiene la custodia. Existen varias razones para esto. Algunos temen que si son sinceros en cuanto a sus sentimientos, sus padres los rechazarán después y cesarán las visitas. Algunos que recuerdan los violentos estallidos del padre de años anteriores le temen a su ira si le hablan con sinceridad sobre sus pensamientos y sentimientos. Otros se abstienen de hacerlo porque no quieren «crear problemas». La conclusión es que el silencio no indica salud.

La mayoría de los jóvenes cuyos padres viven separados tienen la clase de sentimientos y pensamientos de los que hablamos antes en este capítulo. Necesitan expresarte esos pensamientos y emociones. El padre sabio creará una atmósfera donde se haga esto sin temor a represalias. En casi todos los casos, el padre tendrá que tomar la iniciativa diciendo algo así: «Sé que el hecho de que yo no viva con tu madre ha causado un montón de dolor y problemas en tu vida. Si deseas hablar de esto, quiero que sepas que estoy dispuesto a escuchar. Si continúo haciendo cosas o no las hago, y esto te molesta o te hiere, espero que me lo digas. Deseo ser un mejor padre, y estoy dispuesto a escuchar tus sugerencias». Es probable que tu adolescente no responda de inmediato a esta invitación, pero si se convence de que eres sincero, tarde o temprano te enterarás de sus problemas.

Lidia con tus asuntos personales

Si eres un padre que no tiene la custodia y tienes poco contacto con tu adolescente debido a tus propios problemas personales (luchas emocionales, dificultades financieras, drogadicción, etc.), permíteme alentarte a que adoptes algunas medidas para ocuparte de tus problemas. Después de muchos años de consejería matrimonial y familiar, puedo decir con cierta certeza que llegará el día en el que lamentarás tu falta de participación en la vida de tu adolescente. Puedes evitar esos arrepentimientos tomando medidas positivas ahora, de modo que afrontes tus problemas y consigas la ayuda que necesitas.

Busca un consejero, pastor o amigo de confianza, y sé sincero en cuanto a tus propias necesidades. Permite que alguien te guíe en buscar la ayuda necesaria, a fin de cambiar el rumbo de tu vida hacia una dirección más positiva. Cuando des estos pasos, tu adolescente empezará a respetarte y tú estarás un paso más cerca de una relación significativa con él.

Involúcrate y habla el lenguaje del amor de tu adolescente

Por otra parte, si estás teniendo un contacto regular con tu adolescente, te animo a que aproveches al máximo tu comunicación, ya sea a larga distancia o en persona. Cuéntale lo que está pasando en tu vida, tanto tus éxitos como fracasos. Sé sincero y auténtico con el joven. Él está buscando autenticidad. Tómate el tiempo para hacer preguntas que indaguen sobre sus pensamientos, sentimientos y deseos. No te hace falta tener todas las respuestas. Es más, lo mejor es que no tengas todas las respuestas. El joven necesita aprender a pensar por sí mismo. Trata de entrar en contacto con sus emociones. No te limites a una conversación superficial. Pídele a tu excónyuge que te dé ideas que puedan mejorar tus contactos con el adolescente.

Aparte de esto, no critiques al padre custodio cuando estés con tu adolescente. Si el joven critica al otro padre, escucha lo que te diga. Luego, pídele su consejo sobre cómo podría ayudarle. Da muestras de comprensión a las críticas del joven, pero no te pongas a su altura agregando las tuyas.

Junto con la participación, es imperativo que aprendas a hablar los cinco lenguajes del amor. Descubre el lenguaje primario del amor de tu adolescente y háblalo con frecuencia. Tu mayor contribución al bienestar del joven es decirle que te importa su bienestar y que lo amas. No des por sentado que el adolescente siente tu amor. Muchos padres hablan su propio lenguaje del amor y suponen que el joven se siente amado. Miles de jóvenes no se sienten así. No hay sustituto para hablar el lenguaje primario del amor de tu adolescente.

No importa cuál haya sido tu relación con tu adolescente a través de los años, nunca es demasiado tarde para mejorarla. Una sincera confesión sobre tus errores del pasado y una petición de perdón al joven podrían ser el primer paso en un largo camino hacia una renovada, agradable y afectuosa relación entre tú y tu adolescente. El camino quizá sea doloroso para ambos, pero puedo asegurarte que es un viaje que vale la pena realizar.

PAUTAS IMPORTANTES

He aquí varias pautas importantes para los padres que tienen la custodia y para quienes no la tienen, a fin de expresarles amor a sus adolescentes.

1. *Escucha a tu adolescente.* Tú no puedes criar a los jóvenes como es debido sin escuchar lo que tienen que decir. Los padres que obvian las opiniones de sus jóvenes casi de seguro van a fallar en satisfacer las necesidades emocionales de los jóvenes y no serán capaces de guiarlos en una dirección positiva. Al escuchar a tu adolescente, estarás hablando el lenguaje del tiempo de calidad; le estarás dando tu total atención. Le comunicas que él es una persona que vale la pena conocer, y que tú le estás dando una parte de tu vida.

2. *Enséñale a tu adolescente a controlar el enojo de manera positiva.* Esto puede significar que tengas que trabajar en tus propios patrones de control de tu enojo. La mayoría de los padres solteros posee su propia manera de expresar su enojo. Algunos han aprendido a manejarla de manera constructiva, otros la mantienen dentro, mientras que otros explotan con palabras y comportamientos iracundos. Es probable que tu adolescente no esté dispuesto a que le ayudes hasta que no te vea que das los pasos para controlar tu propio enojo. (Para más ideas, lee el capítulo 9: «El enojo y los jóvenes»).

3. *Mantén los límites en su lugar con bondad, pero también con firmeza.* El joven necesita la seguridad de saber que los padres lo cuidan tanto como para decir «no» a las cosas que consideren nocivas para él. Es obvio que es mucho mejor si ambos padres pueden hablar sobre los límites y tienen la misma lista de reglas y consecuencias. Esto le comunica al joven que a sus padres les importa por igual su bienestar.

4. *Sobre todo lo demás, dale amor incondicional a tu adolescente.* Bueno o malo, adecuado o inadecuado, el joven necesita percibir que alguien se preocupa y que alguien lo ama de verdad. Las personas que más quisiera que lo amen son sus padres. Si es posible, ambos deben unirse en la meta común de mantener lleno el tanque de amor de su adolescente.

5. *Considera la posibilidad de unirte a un grupo de estudio para padres solteros.* Estos se encuentran en casi todas las comunidades, patrocinadas a menudo por grupos cívicos, iglesias y universidades. Lo típico es que tales grupos formen un camino de doble vía. Alguien habrá transitado ya por tu camino y tendrá ideas prácticas para ti. Otros acaban de entrar en el mundo de la crianza de los hijos sin pareja y tú podrás

animarles. Dichos grupos pueden ser muy útiles en la difícil tarea de ser padre soltero con éxito.

6. *Pídele ayuda a la familia extendida, tus amigos y las iglesias.* Si alguien de tu familia extendida vive cerca y piensas que podría ser una influencia positiva para tu adolescente, no vaciles en pedirle su ayuda. Si tus familiares no viven cerca, o si crees que serían una influencia negativa, busca amigos que te puedan ayudar. Junto con los grupos cívicos y las universidades, he considerado mencionar a las iglesias como un recurso para los padres que crían solos. Las iglesias no solo pueden ser una fuente de aliento espiritual, sino también un lugar donde se entablan amistades sanas. Muchas iglesias ofrecen clases semanales para adultos solteros mientras que, al mismo tiempo, brindan magníficas actividades para los jóvenes. Conviértanlo en un asunto de familia, y cuando regresen a casa, hablen sobre lo que aprendieron. En el contexto de la iglesia y la familia, muchos padres solteros han encontrado personas que representaron importantes papeles positivos en el desarrollo de sus jóvenes.

Tú no necesitas caminar solo; hay personas en tu comunidad que se interesan por ti. Continúa buscando hasta que las encuentres.

Tarde o temprano tu adolescente se volverá un adulto. Será inmensamente bendecido si puede decir con sinceridad: «Sé que mi madre me ama. Sé que mi padre me ama». Es mi sincera esperanza que este capítulo te ayude hacia el día en que escuches esta bendición.

PARA FAMILIAS MIXTAS

En una semana de julio hace algunos años, serví de consejero en un campamento de jóvenes en las hermosas montañas Blue Ridge de Carolina del Norte. Michael me había pedido una cita y yo lo invité a pasear a la torre de observación mientras hablábamos. (He descubierto que los jóvenes hablan con más libertad mientras caminan). Habíamos estado caminando alrededor de quince minutos, charlando de cosas intrascendentes, cuando le pregunté por su familia. Me dijo: «Este es el tema del cual deseaba hablar con usted. No me gusta tener un padrastro».

Continuó: «Antes que mamá se casara con Rodrigo, las cosas marchaban bien. Mamá y yo nos llevábamos bien. Sentía que me respetaba. Ahora me siento como un niño de nuevo. Ella y Rodrigo vinieron con todas esas tontas reglas. Sé que fue idea de Rodrigo porque mi mamá no es muy estricta en ese sentido. Sin embargo, ahora mamá está del lado de Rodrigo y ambos me están amargando la vida. Desearía poder irme a vivir con mi papá».

Lo que me dijo Michael ese día se ha escuchado numerosas veces en las oficinas de los consejeros de todo el país. La mayoría de los jóvenes encuentra demasiado difícil la vida en una familia mixta. En el caso de Michael, hace años que se había adaptado a una circunstancia en particular, y ahora estaba molesto con todos esos nuevos arreglos familiares. Después que su padre los abandonó seis años atrás, aprendió a sobrellevar el hecho de vivir solo con su madre y su hermana menor. Había estado enfrentando el trauma de sentirse rechazado por su padre. Michael sabía del sacrificio de su madre y de su ardua labor para suplir las necesidades de la familia. «Mamá dependía de mí para que cuidara a mi hermana en la tarde después de la escuela hasta que ella llegaba a casa», me dijo con orgullo y en confianza. «También ayudaba a lavar la ropa, y contaba conmigo para arreglar pequeñas cosas en la casa. Mamá me trataba como a un adulto».

No obstante, todo cambió cuando Rodrigo entró en la familia. Rodrigo quería ayudar a Michael con varias tareas, y lo aconsejaba acerca de cómo arreglar cosas en la casa. «Sé todo eso. ¿Se creerá que soy un tonto?», preguntó Michael.

Mientras escuchaba a Michael, estaba casi seguro que su padrastro era sincero y trataba de establecer un vínculo con él al hacer juntos las cosas. Sin embargo, también estaba seguro que el padrastro de Michael no había despertado a la realidad de que Michael era un joven cuya independencia estaba bajo amenaza, que descubriría, a la larga, el rechazo de Michael. También sabía que puesto que ahora la madre de Michael estaba del lado de su nuevo esposo, era solo cuestión de tiempo para que su inquietud por Michael causase un conflicto entre ella y Rodrigo. Estudios efectuados han demostrado que la causa número uno de los divorcios en los segundos matrimonios se debe a conflictos por la crianza de los hijos[3], y que el por ciento de los divorcios en segundas nupcias es mayor de manera considerable que en las primeras.

La familia mixta se establece de una forma muy diferente de la biológica original. En la original, la pareja tiene un período en el que están juntos hasta que llega el hijo. Este entra al mundo como un infante y la pareja aprende los secretos de la crianza con el tiempo. Por otra parte, la familia mixta raras veces le otorga a la pareja un extenso período para estar a solas. Los hijos son parte de la familia desde el comienzo. Muchas veces, los hijos son ahora jóvenes que desarrollan su independencia e identidad propia. Todas las luchas normales de este proceso se intensifican para el joven que se despierta para encontrarse que forma parte de una familia mixta.

LAS PERCEPCIONES DEL JOVEN Y LOS TEMORES DE LOS PADRES

Con frecuencia, el joven percibe que están frustrando su propio proceso de desarrollo debido a la felicidad de sus padres. Si no se procesa este resentimiento, pronto de tornará en amargura y esta conducirá a la rebelión. Mientras tanto, los padres a menudo entran al segundo matrimonio con tres abrumadores temores: el temor de perder el amor del joven, el temor de la rebelión y el temor de arruinar la vida de sus jóvenes.

Una madre dijo: «He arruinado la vida de mi hija, primero por mi divorcio y después por volverme a casar. ¿Cómo fui tan tonta?». Esos temores llevan con frecuencia al padre biológico a olvidarse de los conceptos básicos de la disciplina y del manejo del enojo que vimos antes en este libro. El padre aplaca al joven y termina marginando al nuevo cónyuge.

La familia mixta puede enfrentar numerosos desafíos diferentes: peleas entre hermanastros, abusos sexuales entre los jóvenes de ambas familias o entre el joven y el nuevo cónyuge, conflictos entre el padre biológico y el padrastro acerca de la definición de «las pautas familiares apropiadas», conflictos entre la familia mixta y la otra familia acerca de lo que es mejor para el joven. La lista de los potenciales desafíos es interminable.

No es mi propósito pintarles un cuadro sombrío. Mi propósito es ser realista y ofrecer esperanzas. Creo que la comprensión de los cinco lenguajes del amor y su aplicación en la familia mixta hará mucho para crear un clima donde dichas familias logren tener éxito. Dado que la necesidad emocional básica de todos nosotros es la de sentirse amado, y puesto que el amor es el aceite que lubrica las ruedas de las relaciones familiares, entonces si podemos aprender a expresar amor con eficiencia, seremos capaces de crear un sano entorno para la familia mixta. Los conflictos pueden resolverse en una atmósfera afectuosa, el joven puede continuar con un saludable proceso hacia su independencia y los padres pueden disfrutar de una relación matrimonial en crecimiento. Sin embargo, cuando no se satisface la necesidad emocional del amor, a menudo la familia cambia hacia un ambiente de antagonismo.

Les animo a que tomen con seriedad los conceptos vertidos en los capítulos anteriores de este libro. Practiquen entre sí hablar los lenguajes del amor, conversen acerca de los diversos dialectos que deberían usar para expresarle amor al joven, y determinen su lenguaje primario del amor (así como el de ustedes). Lean un libro que trate acerca de las dinámicas en las relaciones de las familias mixtas. Comprendan que los jóvenes no siempre estarán dispuestos a sus expresiones de amor. No lo tomen en forma personal. Prueben un método diferente al día siguiente. Aprendan de sus errores.

Ahora, veamos algunos de los desafíos comunes de amar a jóvenes en una familia mixta.

SENTIMIENTOS DE RECHAZO Y DE CELOS

A menudo, el joven será lento en responder al amor de sus padrastros. Existen muchas razones para esto. En primer lugar, el joven quizá tema el rechazo del padrastro. Como tal, tú tendrás dificultades en comprender por qué el joven se aleja. Al fin y al cabo, tomaste la decisión de amarlo; hiciste tus más sinceros esfuerzos en acercártele y expresarle tu amor. Lo que debes comprender es que el joven ya ha sufrido el trauma del rechazo paternal mientras observaba a sus padres pasar por el divorcio. Quizá esto sucediera en su niñez, pero ese trauma es un doloroso recuerdo para el joven, uno que no desea que se repita de nuevo. No desea pasar por nuevos dolores.

En segundo lugar, el joven tal vez esté también celoso por la relación del padrastro o madrastra con su padre biológico. Quizá lo vea como una amenaza a su relación con ese padre. Desde que apareció, es probable que haya recibido menos atención por parte el padre biológico. A lo mejor el joven también esté celoso del afecto que tú demuestras hacia tus hijos biológicos. Otra lucha común para los jóvenes en familias mixtas es la sensación de ser desleal a su madre si responde al amor de su madrastra o desleal a su padre si responde al amor de su padrastro.

No trates de ocupar el lugar del padre biológico del joven.

Una razón adicional por la que los jóvenes quizá no respondan con facilidad al amor de un padrastro o madrastra es que los ve como una amenaza para su independencia. Esto era algo que Michael, a quien conocimos al comienzo de este capítulo, sentía hacia su padrastro Rodrigo.

LIDIA CON LOS SENTIMIENTOS DEL JOVEN

¿Qué puede hacer un padrastro o una madrastra para superar algunas de estas barreras? *El primer paso es darle al joven la libertad de ser como es.* Las emociones y los temores que acabamos de analizar son reales para el joven, aun cuando no los exprese. No trates de sacar al joven de sus ideas y sentimientos. Si decide hablar, escucha con atención y afirma sus emociones. «Eso tiene muchísimo sentido. Comprendo por qué te sientes así». Estas son declaraciones de afirmación.

En cambio, las declaraciones elevadas le parecerán vacías al adolescente. «No tienes que temer por mí. Nunca me iré. Y, sin duda, no te voy a quitar a tu madre de tu lado». El joven responderá de manera mucho más positiva a tus acciones que a tus promesas.

Al igual que cualquier otro de su edad, el adolescente que crece en una familia mixta expresará su rebelión en su búsqueda de identidad propia e independencia. También es importante comprender que en una familia mixta el dolor, el pesar y la depresión a menudo son las bases para el comportamiento rebelde del adolescente. Si juzgas su comportamiento sin reflexionar en sus emociones, te juzgará mal. Recuerda esto, y demostrarás compasión y misericordia.

Segundo, *no trates de ocupar el lugar del padre biológico del mismo sexo que el tuyo.* Estimula al joven para que ame y se relacione con su padre biológico siempre que sea posible. No censures con tus palabras al padre biológico delante del joven.

LIDIA CON TUS PROPIOS PENSAMIENTOS Y SENTIMIENTOS

Reconoce tus diferentes sentimientos y temores

A continuación, sé sincero contigo mismo en cuanto a tus propios pensamientos y sentimientos. Si tu matrimonio no es sólido, es probable que también te alejes del joven por temor a un nuevo divorcio. No deseas acercártele mucho porque no quieres herirlo otra vez. También te podrás sentir culpable porque no tienes una buena relación con tus propios hijos biológicos. Quizá te parezca injusto crear una relación cercana con hijastros cuando hay tanta distancia entre tus propios hijos y tú. Y también existe la posibilidad de que te alejes del joven porque sientas celos por el tiempo y la atención que recibe de tu cónyuge. En cada uno de nosotros hay un poco de egoísmo. Es difícil salir de tus propios requerimientos, anhelos y deseos. Sin embargo, el egoísmo destruirá a la larga cualquier relación.

¿Cómo te haces cargo de esos pensamientos y emociones que quizá sean barreras en la construcción de una relación de amor con tu hijastro adolescente? Te sugiero que comiences a hablar contigo mismo. Admite los pensamientos y las emociones. Estos no desaparecerán al tratar de pasarlos por alto. Además, asegúrate de decirte la verdad. El egoísmo lleva al aislamiento y a la soledad. Las personas más felices del mundo son las que dan, no las que arrebatan.

Ama a tus hijos y a tus hijastros

Tú puedes amar a tu esposa, a tus hijos biológicos y a tus hijastros, y te sobrará amor para otros. Tu cónyuge puede amar a sus hijos biológicos y a ti, y aún tener amor sobrante para tus hijos biológicos.

La realidad es que no puedes amar a tu cónyuge y no amar a los hijos de tu cónyuge. La relación de padres no permitirá que ambas cosas estén separadas. Recuerda que siempre cosechas lo que siembras. Ama y, al final, te amarán. Da y te darán. El éxito de una familia mixta no se encuentra en «hacerse cargo de los hijos». Se encuentra en amar a esos hijos mientras estos van rumbo a la madurez.

La paciencia es una necesidad para los padrastros que están comprometidos en amar a sus hijastros. Los jóvenes, a diferencia de los niños, no solo se sientan y absorben el amor que les ofreces. El adolescente tiene pensamientos, experiencias pasadas y patrones de comportamiento. Las investigaciones demuestran que típicamente la formación de una relación afectuosa entre el joven y su padrastro requiere de dieciocho meses a dos años[4].

¿Cómo sabes cuándo el joven está unido a ti? El adolescente comenzará a mostrar afecto espontáneo y voluntad de recibir tu amor, inicia conversaciones y actividades contigo, y expresará su conocimiento acerca de tus necesidades y te pedirá tu opinión. Cuando esto suceda, estarás cosechando el dulce fruto del amor incondicional. La formación de una relación fuerte y afectuosa con tu hijastro adolescente es una de las mejores cosas que puedes hacer por tu matrimonio. Los padres aman a sus hijos biológicos y cuando ven que el cónyuge está haciendo grandes esfuerzos para relacionarse de manera positiva con sus adolescentes, aumentará su amor por él.

LA DISCIPLINA EN LA FAMILIA MIXTA

Por lo general, la disciplina se convierte en un campo de luchas importantes para la familia mixta. Casi ningún padre biológico está de acuerdo en todos los detalles que rodean la disciplina de los hijos. En una familia mixta, las diferencias son mayores porque uno de ustedes es el padre biológico y el otro el padrastro o la madrastra, y debido a que cada uno de ustedes tuvo su historia en otra familia antes de ser parte de una familia mixta.

El propósito de la disciplina es ayudar a nuestros jóvenes a que crezcan y se conviertan en adultos responsables y maduros. El proceso quizá sea más difícil en la familia mixta que en la original, pero no es imposible. Les recomiendo a los dos que lean de nuevo el material del capítulo 11 sobre el amor y la responsabilidad. Esto les ayudará a tener claro en su mente los conceptos básicos de la disciplina.

Cuando cambian las reglas

El joven sabe que las cosas serán diferentes ahora que llegó el padrastro. Cambiarán algunas cosas. Por ejemplo, si

> **Mi criterio general es que en el primer año de la familia mixta el padrastro debe respetar los deseos del padre biológico.**

el padrastro trae también jóvenes al matrimonio, es probable que existan nuevas pautas sobre cómo se va a vestir o desvestir el joven en la casa. No trates de ser el llanero solitario en determinar cuáles van a ser esas reglas. Como padres, tienen la última palabra, pero los jóvenes necesitan ser parte del proceso de decidir las reglas y las consecuencias cuando se violan las mismas. Es muy posible que tú y tu cónyuge tengan importantes desacuerdos respecto a cómo deberían ser esas reglas y sus consecuencias. Mi criterio general es que en el primer año de la familia mixta el padrastro debe respetar los deseos del padre biológico. Al aumentar las relaciones emocionales, estas se pueden revisar en el futuro si el padrastro siente que las directrices no son adecuadas.

En las primeras etapas de la familia mixta haz cambios mínimos, a fin de que tengas máxima aceptación. Si desde el principio dejas establecido el foro familiar con el acuerdo que cualquier miembro de la familia puede llamar a una reunión en cualquier momento si siente que debe cambiarse algo respecto a la vida familiar, establecerás un medio para procesar emociones e ideas. Si en esos foros tomas con seriedad las ideas y los sentimientos de los jóvenes, así como los de los niños menores mientras te reservas el derecho de la última palabra, crearás una atmósfera en la que se pueden resolver los conflictos familiares.

Será mucho más fácil crear tal ambiente si los miembros de la familia se sienten amados entre sí. Por lo tanto, sigue siendo vital para unas sanas relaciones entre los miembros de la familia que cada uno hable el lenguaje primario del amor del otro.

Acerca de la puesta en práctica y la coherencia

Cuando se deben hacer cumplir las consecuencias durante el primer año de la familia mixta, es mejor que sea el padre biológico quien las implemente. Más adelante, cuando existan mayores vínculos entre el padrastro o madrastra y el joven, cada padre podrá hacer cumplir las consecuencias, en especial si las mismas se establecieron con antelación y todos las comprendieron con claridad. Hablando el lenguaje de amor del joven antes y después de implementar las consecuencias aumenta la probabilidad de que este acepte dichas consecuencias como justas.

Es de suma importancia ser coherentes a la hora de implementar las consecuencias, sobre todo en una familia mixta. En la familia mixta de Samuel e Ivonne, la regla era que las bicicletas debían guardarse en el garaje antes de las ocho de la noche. La consecuencia del incumplimiento era perder el privilegio de montar en bicicleta al día siguiente. Todos estuvieron de acuerdo en que era una regla justa y que en el verano, cuando los días fueran más largos, el tiempo del plazo se extendería hasta las nueve de la noche. La regla se aprobó tres semanas más tarde, cuando la hija de trece años de edad de Ivonne, Érica, dejó su bicicleta en el patio del vecino. A las nueve y diez de la noche el hijo del vecino golpeó a la puerta trayendo la bicicleta de Érica.

Ivonne le dio las gracias al hijo del vecino, puso la bicicleta en el garaje y con calma le informó a Érica lo que había pasado, recordándole que al otro día ella no podía montar en su bicicleta.

A la tarde siguiente, Érica se acercó a su madre, mostrando su más agradable sonrisa y le dijo:

—Te tengo que pedir un favor. Sé que dejé mi bicicleta afuera la noche pasada, pero esta tarde todas las chicas del vecindario están paseando en bicicleta en el parque. Mamá, si me dejas ir, no montaré mi bicicleta por los próximos dos días. Dos días por uno. Es justo, ¿verdad, mamá?

Ivonne deseaba decir que sí. Sería mucho más fácil y la oferta de Érica parecía justa, pero Ivonne sabía que si la aceptaba, le iba a dar a Érica un mensaje erróneo. Por lo tanto, le dijo:

—Lo siento, Érica. Tú conoces la regla y sabes las consecuencias. No montas en tu bicicleta al día siguiente de haberla dejado afuera.

Viendo que su encantadora sonrisa y agradable acercamiento no surtieron efecto, Érica cambió por un lloriqueo.

—Ay, mamá. Por favor, mamá. Es justo, es justo. Dos días por uno. Es justo, mamá.

—Lo lamento —dijo Ivonne—, pero tú conoces la regla.

Entonces Érica aumentó la presión.

—¿Cómo me puedes hacer esto? Todas las chicas van a montar bicicleta. No me gustan esas nuevas reglas. No era así antes de que viniera Samuel. Tú eras comprensiva y bondadosa. Ahora todos ustedes están con eso de hacer cumplir las reglas. No es justo. No me gusta vivir en esta casa.

Ivonne deseaba contestarle y decirle a Érica que dejara a Samuel fuera de esto, que no tenía nada que ver con él, pero con sabiduría mantuvo esos pensamientos para sí y le dijo:

—Cariño, sé que deseas ir a pasear en bicicleta con las chicas. Me gustaría poder decirte que sí, pero la vida no es de esa manera. Cuando nos equivocamos, debemos sufrir las consecuencias. Comprendo lo molesta que debes estar. Y comprendo que a veces desearías que Samuel no estuviera aquí, que quizá pienses que yo cedería si Samuel no viviera con nosotros. Espero que esto no sea cierto. Te amé antes que Samuel estuviera aquí y te amo ahora. Hago cumplir la regla porque sé que es lo mejor para ti.

—No me digas esas cosas de que *es lo mejor para ti* —murmuró Érica al salir de la habitación.

Ivonne dejó escapar un suspiro de alivio y en secreto se preguntó: *¿Estoy haciendo lo debido?* Érica estaba resentida y permaneció en su habitación el resto de la tarde y toda la noche, y a la mañana siguiente se fue en silencio a la escuela. Sin embargo, por la tarde regresó con su alegre manera de ser de siempre y nunca habló más del asunto (y nunca más volvió a dejar su bicicleta fuera). Los jóvenes aprenden a ser responsables cuando se hacen cumplir las consecuencias.

Unas cinco semanas después, el hijo de quince años de edad de Samuel, Javier, también dejó su bicicleta afuera pasada la hora reglamentaria. Samuel lo descubrió cuando regresó esa noche a casa de una reunión. Puso la bicicleta en el garaje y le informó a Javier que no podía montar al otro día en ella.

—Está bien —dijo Javier—. Comprendo. Solo lo olvidé.

Imagínate la consternación de Ivonne cuando oyó a la tarde siguiente que Samuel le decía a Javier:

—¿Qué te parece si tomas tu bicicleta y vas hasta la tienda a comprar pan? Tengo que cortar el césped.

—Samuel, yo pensé que Javier no podía montar su bicicleta hoy —dijo Ivonne con suavidad.

—Necesitamos pan y yo debo cortar el césped —respondió Samuel con ligereza—. Él me está ayudando. Está bien.

Javier fue con la bicicleta a la tienda, pero Ivonne entró a la casa sintiéndose traicionada. *No puedo creer que haya hecho esto*, se decía. *Cuando Érica se entere, no quiero escuchar lo que me dirá al final.*

Samuel violó uno de los principios cardinales de la buena disciplina paterna: la coherencia. Salvo que le confiese su error a Ivonne y Érica, la barrera emocional que erigió con su acción impedirá sus esfuerzos de crear una relación afectuosa con su esposa y su hijastra. Javier también es un perdedor debido a la incoherencia de su padre. Pocas cosas son más importantes en una familia mixta que el compromiso de los padres de ser coherentes y hacer cumplir las consecuencias.

OTRAS ESFERAS DE CONFLICTO
Las actitudes y el comportamiento del otro padre

A menudo, el adolescente tiene otra familia: el otro padre biológico y tal vez el cónyuge del mismo. Esto puede crear desafíos relacionales. Los padres quizá tengan sentimientos no resueltos del matrimonio anterior. Uno o ambos padres todavía pueden albergar enojo, amargura u odio hacia el excónyuge. Algunos también tienen todavía sentimientos de amor por el excónyuge que puede ser problemático en particular para la nueva pareja.

Además, pueden persistir patrones de conducta que llevaron al divorcio y que son molestos. Por ejemplo, el esposo adicto al trabajo que nunca llega a casa cuando lo promete puede hoy haberse atrasado para ir a buscar al joven para la visita de fin de semana. Esto tal vez irrite a la madre del joven de la misma manera en que la irritaba cuando estaba casada con su padre. Esa madre «detallista al extremo» puede seguir irritando al exesposo mientras él trata de elaborar la logística de pasar un tiempo con su adolescente. Muchos de estos conflictos se centran en «la visita» porque ese es el escenario en el que los excónyuges tienen el mayor contacto.

Asimismo, los padres biológicos se culparán entre sí por cualquier problema emocional o de comportamiento que muestre el joven. A veces el otro padre biológico quizá le haga comentarios negativos al joven acerca de ti y tu cónyuge. El joven te repetirá estos comentarios a ti, en especial si está enojado. Kevin, de dieciséis años de edad, le soltó a su madre esto: «Papá dijo que no me podía comprar un automóvil porque tenía que gastar todo su dinero en pagar todos nuestros gastos aquí». Lisa, de diecisiete años de edad, estaba en una discusión con la madrastra cuando dijo: «Mi mamá dijo que tú eres una persona malísima porque nos quitaste a mi padre. Nunca te perdonaré por eso».

Diferentes escalas de valores

A veces los valores del otro hogar son muy diferentes al propio. Este tal vez sea uno de los factores que te llevara al divorcio. El mayor conflicto entre familias se encuentra a menudo en el campo de los valores morales. Es probable que en la casa ya no exista material pornográfico, ni se usen palabrotas ni se consuma alcohol y drogas, pero permanecen cuando el adolescente visita a su padre que no tiene la custodia. El tipo de de entretenimiento que el joven puede observar durante estas visitas quizá difiera de los tuyos. Así como el de las creencias religiosas. Todo esto puede volverse una fuente de conflictos. No obstante, a menos que esas actividades sean ilegales, el padre custodio no puede regular lo que sucede cuando el joven está con el otro padre.

Aquí es donde tu propio programa positivo de amor y disciplina tiene tanta importancia. Si el joven aprende de ti que cada elección que haga tiene consecuencias, y si le estás dando elecciones y asegurándole que sufrirá las consecuencias si hace malas elecciones, es más probable que lleve consigo esta verdad cuando visite la otra familia. Tal vez esté expuesto a pensamientos y comportamientos que tú hubieras preferido que no vea ni oiga, pero es más probable que haga sabias elecciones debido al sólido amor y a la disciplina que ha experimentado contigo.

Mantener el tanque de amor del adolescente lleno es también un elemento disuasivo para el mal. Por naturaleza, el joven se siente atraído hacia el padre del que recibe un amor verdadero. Si el joven sabe que tú tienes en mente sus mejores intereses y siente que lo amas de manera profunda, es menos probable que se vea impulsado por parte del otro padre hacia comportamientos negativos. Primero que todo, no desea lastimarte a ti y, en segundo lugar, sabe que el otro padre no está velando por su bienestar, de lo contrario no lo expondría a estas prácticas nocivas.

En respuesta a estos conflictos con la otra familia, nunca luches en contra del fuego con el fuego. No trates de combatir el comportamiento negativo de un excónyuge «dándole a probar su propia medicina». Con bondad, pero con firmeza, responde a su comportamiento en lo que parezca ser una manera apropiada. No permitas que su comportamiento te intimide y no trates de intimidarlo a él. El objetivo no es derrotar a tu excónyuge (o el otro padre biológico al que no puedes sustituir en realidad). El objetivo es mantener tu matrimonio en crecimiento y trabajar hacia una ayuda para que el adolescente se convierta en un joven adulto. Una franca comunicación entre tu cónyuge, el joven y tú acerca de las dificultades que estás experimentando con la otra familia y el análisis de posibles formas de manejar el conflicto, pueden ser una experiencia educativa para el joven.

LA RECETA PARA UNA FAMILIA MIXTA FUERTE

En resumen, deseo enfatizar cuatro ingredientes básicos que conducen a una familia mixta saludable. Tú puedes mejorar el poder de estos cuatro ingredientes enseñándole a la familia a hablar el lenguaje primario del amor de cada uno.

Como primer ingrediente, existe el amor incondicional. Los padres deben tomar la iniciativa de amarse de manera incondicional el uno al otro y también a todos los hijos de la familia. El mensaje que tus jóvenes y tus hijos pequeños necesitan escuchar es: «Los amamos sin importar lo que suceda». No digas ni sugieras esto con tus acciones: «Los amamos si son buenos los unos con los otros; los amamos si hacen lo que les decimos; los amamos si ustedes nos aman». Cualquier cosa menor que el amor incondicional de ningún modo es verdadero amor. El amor es una decisión. Cada joven necesita saber que hay alguien que se preocupa de manera profunda por él, y que cree que él es importante.

Darle al joven regalos, toques afectuosos apropiados, actos de servicio, tiempos de calidad y palabras de afirmación es expresarle tu amor incondicional de cinco maneras fundamentales. Tu adolescente necesita escucharte hablar los cinco lenguajes, pero le hace falta una gran dosis de su lenguaje primario del amor.

El segundo es la equidad. Por favor, recuerda que la equidad no es lo mismo que la igualdad. Cada uno de tus hijos es distinto, aun si son tus hijos biológicos. Debido a que los hijos son distintos, lo que hace sentirse amado a uno no necesariamente hace sentirse amado al otro. Si el lenguaje del amor de un joven es el de los regalos y el lenguaje del otro es el de tiempos de calidad y tú le das a cada uno un regalo del mismo valor, uno recibirá mucho más en lo emocional que el otro. Equidad significa tratar con igualdad para satisfacer las singulares necesidades de cada niño o joven.

El tercero es la atención. Expresa tu interés por el mundo de tu adolescente: ve a las actividades donde se permitan adultos, muestra interés en su escuela y vida social, escucha sus ideas, deseos y sentimientos. En pocas palabras, entra en su mundo y permanece allí. Las investigaciones revelan que casi todos los jóvenes desean estar más tiempo con sus padres, no menos[5].

El cuarto es la disciplina. Los jóvenes necesitan muchísimo los límites. Los padres que adoptan la actitud de «Tú eres un joven. Haz lo que quieras», están preparándolo para el fracaso. La vida sin límites pronto deja de tener sentido. Los padres que aman establecerán límites para proteger al joven de los peligros y guiarlo hacia un dominio propio responsable.

Cuando los padres de familias mixtas se comprometen con estos fundamentos, pueden vencer los obstáculos y crear relaciones familiares saludables.

El amor y el deseo de independencia

Miguel y Laura solicitaron una consulta con su médico de la familia en la que expresaron sus preocupaciones en cuanto a su hijo de trece años de edad, Samuel.

—Su personalidad ha cambiado —comenzó Miguel—. Es muy imprevisible.

—Nunca había sido rebelde —agregó Laura—, pero ahora cuestiona casi todo lo que decimos. Y su lenguaje ha cambiado. La mitad de las veces no entendemos lo que nos dice en realidad. Hace un par de semanas, me dijo unas palabrotas. Samuel jamás había dicho eso.

—Tememos que Samuel tenga algún problema neurológico —dijo Miguel.

—Quizá un tumor cerebral —añadió Laura—. Quisiéramos saber si desea examinarlo y decirnos lo que piensa.

El médico estuvo de acuerdo y dos semanas más tarde llegó Samuel para un examen médico. Después de pasar un examen físico, incluyendo una tomografía axial computarizada, el médico les informó a Miguel y Laura que Samuel era un adolescente perfectamente normal. No existían problemas neurológicos. Lo que en realidad experimentaba eran señales del desarrollo normal de un adolescente. Miguel y Laura se sintieron aliviados y confusos. Aliviados de que no existieran problemas físicos, pero confusos en cuanto a cómo tendrían que responder a esta intimidante etapa del desarrollo de Samuel. Sabían que no podían pasar por alto su comportamiento.

Miguel y Laura sufrían el trauma normal de los padres cuyos hijos se transforman *de repente* en jóvenes. Todo cambia muy rápido; al parecer, de la noche a la mañana. Lo que antes daba resultados, de repente dejó de darlo, y el hijo al que creían conocer tan bien, de pronto se convirtió en un extraño.

Hemos hablado sobre la incipiente independencia y el deseo de identidad propia del adolescente. Y en este capítulo, deseamos concentrarnos en los cambios que típicamente ocurren durante este período del desarrollo de los jóvenes. Cuando los padres conocen las maneras mediante las cuales sus adolescentes expresan su independencia y búsqueda de identidad propia, pueden aprender mejores maneras de apoyarlos y expresarles amor. Y, sí, serán capaces de hablar con más eficacia el lenguaje de amor de su adolescente.

LA NECESIDAD POR INDEPENDENCIA... Y AMOR

¿Conoces los dos períodos en los cuales los padres tienen con frecuencia intensos conflictos con sus hijos? Los investigadores dicen que el primero ocurre durante lo que casi siempre se le llama los «terribles dos», y el segundo es alrededor del tiempo de la pubertad. Estos dos períodos están unidos por un lazo en común: *la independencia*. Durante esos terribles dos, el niño lucha por demostrar independencia física de sus padres. Las pequeñas piernas los llevan a lugares que sus padres no pueden ver, y las pequeñas manos hacen cosas que frustran muchísimo a los padres. ¿Qué padre no tiene historias acerca de árboles pintados en el empapelado de la pared con el pintalabios de la mamá, talco derramado sobre la alfombra del dormitorio, cajones abiertos y desordenados, etc.?

Ahora, salta del año de pequeño hasta el comienzo de la pubertad, la segunda etapa del intenso conflicto entre padres e hijos. Estos conflictos giran en torno a la independencia. Por supuesto, el joven se encuentra en una muy avanzada etapa de la vida, por lo cual los trastornos que provoca y las reglas que quiebra son de una consecuencia mucho mayor como lo es la intensidad del conflicto padre-adolescente. De acuerdo a los expertos Steinberg y Levine, las buenas noticias son que «los enfrentamientos entre padres e hijos casi siempre llegan a su punto máximo en el octavo o noveno grado, luego disminuyen»[1].

En ambas de estas frustrantes etapas del desarrollo del niño, es útil que los padres sepan lo que deben esperar y posean alguna estrategia, a fin de responder de una manera positiva. Nuestra preocupación aquí, por supuesto, es con la segunda etapa, durante los primeros años de la adolescencia.

En primer lugar, echemos un vistazo a los patrones de conducta más comunes que puedes esperar. La necesidad de independencia del adolescente se expresará en muchos frentes. Junto con su necesidad de independencia, el joven sigue necesitando el amor de los padres. No obstante, a menudo los padres interpretan el movimiento hacia la independencia del adolescente como una indicación de que ya no desea el afecto paterno. Este es un grave error.

Nuestra meta es alentar la independencia del adolescente y al mismo tiempo satisfacer su necesidad de amor. Por lo general, las características de comportamiento que acompañan a la búsqueda de independencia del adolescente se agrupan alrededor de las siguientes esferas.

EL DESEO POR EL ESPACIO PERSONAL

El joven quiere ser parte de la familia, pero al mismo tiempo desea ser independiente de la familia. Con frecuencia esto se expresa en su necesidad de un espacio físico personal. Los jóvenes no desean que los vean en público con sus padres. Eso es muy cierto cuando creen que pueden tropezarse con sus amigos. La razón no es que no quieran estar contigo, sino que quieren parecer mayores y más independientes. Sería algo como esto: «Déjame en el estacionamiento y en dos horas me reuniré contigo en el auto».

La madre que pensó salir de compras con su hija adolescente, quizá se sienta muy frustrada por la actitud de la joven. En cambio, si la mamá entiende la necesidad de independencia de la joven, respetará la petición y demostrará amor a su hija adolescente, usando su lenguaje primario del amor cuando salgan del auto. La joven se sentirá amada e independiente. Es probable que los padres que expresen su dolor o enojo por la petición del hijo precipiten una batalla verbal con el joven, y este se aleje sintiéndose controlado y poco amado.

Al permitir que el joven se siente con sus amigos en lugar de hacerlo con su familia en el teatro o en la iglesia, si se acompaña con una expresión de amor, se afirma la independencia del joven y se suple su necesidad de amor. Si en ocasiones se le permite al joven quedarse en casa o ir a cenar con un amigo mientras el resto de la familia va a un restaurante, sirve para el mismo propósito.

Su propio cuarto

A menudo los jóvenes piden su propio cuarto. Quizá durante los primeros doce años de su vida estuvieran contentos en compartir una misma habitación con un hermano menor, pero ten la seguridad de que si es posible, en sus años de adolescencia se buscarán su propio espacio. Están dispuestos a mudarse al desván o al sótano; hasta elegirán un extremo del vestíbulo o del pasillo debajo de las escaleras, en cualquier lado, con tal de tener su propio lugar. Los padres con frecuencia encuentran frustrantes estas peticiones. Lo que pide el adolescente no le parece razonable al padre. ¿Por qué desea dormir en un húmedo sótano cuando tiene una hermosa habitación con un hermano menor? La respuesta yace en la necesidad de ser independiente.

Sugiero que, dentro de lo posible, los padres cumplan con la petición del adolescente. Una vez provisto el lugar, el joven deseará decorarlo de acuerdo con su propio gusto (esto es cuando el padre se alegrará de que el espacio del adolescente esté en el sótano). De seguro que el joven elegirá colores, formas y materiales que tú no hubieras elegido. La razón de nuevo es la independencia.

La provisión del espacio privado y la libertad de decorarlo según sus deseos, si va acompañado de importantes muestras de amor por parte de los padres, fomentará la independencia del adolescente y mantendrá lleno su tanque de amor. No obstante, si la concesión de un espacio privado y la libertad de decorarlo a su gusto vienen acompañados de semanas de discusiones acerca de la estupidez de hacerlo, el adolescente pierde su autoestima y se erige un muro emocional entre el joven y los padres, aun cuando al final estos accedan a sus requerimientos.

Su propio automóvil

Los jóvenes desean sus propias ruedas. En nuestra pudiente cultura occidental, casi todos los jóvenes desean poseer sus propios vehículos en cuanto puedan obtener su licencia de conducir. Repito, la tendencia es hacia la independencia. «Si tengo mi propio automóvil, puedo ir solo a la escuela, a los encuentros de natación, a las actividades de la iglesia y al centro comercial. Te ahorrará mucho tiempo». (La mayoría de los padres encuentran atrayente esto).

Pocas cosas infunden al joven un mayor sentimiento de independencia y poder que conducir su propio auto. En el siguiente capítulo, revisaremos el asunto del automóvil respecto a su relación con toda la cuestión de la responsabilidad del adolescente que viene con la libertad. Analizaremos el tema de quién paga el automóvil y cuáles son las expectativas de responsabilidad del conductor adolescente. Por el momento, sin embargo, estamos hablando acerca de fomentar la necesidad del adolescente de ser independiente mientras que al mismo tiempo se le expresa amor.

Dando por sentado que el padre es capaz desde el punto de vista financiero y el adolescente es responsable de manera razonable, este es un campo en el que el padre puede expresar su confianza en el joven y, al mismo tiempo, fomentar su independencia. Recuerda, recibir regalos es uno de los cinco lenguajes del amor. Aun si no es el lenguaje primario del amor de tu adolescente, es un gran regalo el hecho de que posibilites que el joven tenga su automóvil. Si el adolescente puede conducir y sentirse amado, confiable e independiente, el padre le ayuda a dar otro paso hacia su adultez.

EL DESEO POR ESPACIO EMOCIONAL

Los jóvenes necesitan espacio emocional. En sus primeros años, quizá tu hijo te contara todo: lo que sucedió en la escuela, el sueño que tuvo la noche pasada, lo difícil que eran los deberes escolares en casa, etc., pero en los años de la adolescencia, es probable que te sientas desconectado. Cuando le preguntas al adolescente qué sucedió en la escuela, tal vez te responda: «Nada» o «Siempre lo mismo». Cuando le preguntas a tu hija adolescente acerca de alguna de sus amigas, es probable que te acuse de curiosa. Esto no significa necesariamente que esté encubriendo alguna mala conducta. Una forma en que los jóvenes establecen su independencia emocional es guardando para sí sus pensamientos y sentimientos. Los padres deberían

Tu hija de trece años de edad quizá se aparte de tus abrazos, no porque no desee el toque físico, sino porque esto es lo que hacías cuando ella era niña.

respetar este deseo de los jóvenes. Al fin y al cabo, ¿les expresas a ellos tus pensamientos y sentimientos? Espero que no.

Una parte de lo que significa ser adulto es que elegimos cuándo y qué decirles a los demás. Tu adolescente se encuentra en el proceso de volverse adulto. Un padre sabio que ha aprendido el valor de darle al adolescente su espacio emocional podría decir algo como esto: «Sé que a veces no deseas hablar de tus pensamientos y sentimientos conmigo. Lo entiendo y eso está bien. Aun así, cuando quieras hablar, deseo que sepas que siempre estoy a tu disposición».

Otra manera con la que los hijos adolescentes expresan su necesidad de espacio emocional es alejándose de las demostraciones de amor que recibían antes. No te sorprendas cuando tu hija rechace tus esfuerzos en ayudarla a hacer algo. Por años, tus actos de servicio se tomaron como expresiones de amor. Ahora ella desea hacerlo por su cuenta, y puede que lo haga de una manera muy diferente a la tuya. A veces no se trata de que el adolescente no necesite tu ayuda, sino que no desea que le recuerden que necesita tu ayuda. Desea ser independiente. En lugar de presionar el asunto, el padre sabio retrocederá y dirá: «Si necesitas mi ayuda, dímelo». Tales palabras dichas con una significativa expresión de amor, dejan en los adolescentes sentimientos de independencia y amor, y crea una atmósfera en la que te podrán pedir tu ayuda.

Tu hija de trece años de edad quizá se aparte de tus abrazos, no porque no desee el toque físico, sino porque esto es lo que hacías cuando ella era niña. Ahora va rumbo a la adultez y no quiere que la traten como una niña. El padre sabio buscará nuevas formas de expresar el toque físico que el adolescente aceptará con beneplácito.

Cuando le das instrucciones a tu adolescente acerca de cómo responder a un pariente que va a visitarlos al otro día, prepárate a verlo haciendo exactamente lo opuesto a lo que le pediste. Semejantes peticiones a menudo les parecen infantiles y falsas.

Cuando le des palabras de afirmación, asegúrate que tus palabras sean sinceras. Si el adolescente siente que estás tratando de manipular sus propios sentimientos hablándole con amabilidad, las rechazará por insinceras.

Detrás de todo esto se encuentra el deseo de los jóvenes por espacio emocional. Quieren que los amen, pero no desean que los ahoguen como en la niñez. Aquí es donde aprender nuevos dialectos de los lenguajes del amor llega a ser tan importante en la comunicación del amor a tu adolescente.

EL DESEO POR INDEPENDENCIA SOCIAL

Prefiere a los amigos en vez de su familia

El adolescente no solo desea su espacio físico y emocional, también desea su independencia social de los padres. Este deseo de independencia social se expresa de diversas formas. Con frecuencia los jóvenes prefieren a sus amigos en vez de su familia. La familia siempre ha hecho cosas como familia. Ahora el adolescente no quiere ir con la familia. Tú planeas un picnic para el sábado por la tarde. El jueves por la noche les comunica tus planes a tus hijos.

—No cuenten conmigo —dice el adolescente.

—¿Qué quieres decir con eso de "No cuenten conmigo"? —respondes como padre—. Tú eres parte de la familia.

—Lo sé, pero ya tengo otros planes —contesta el adolescente—. Voy a salir con mis amigos.

—Entonces diles que hubo un cambio de planes —le dice el papá—. Esta es una salida en familia, y es importante que estés presente.

—Pero no quiero estar presente —dice el adolescente.

Esta es la primera ronda de una batalla importante si el padre no se da cuenta en seguida que está tratando con un adolescente, no con un niño.

Los padres quizá obliguen a los hijos a participar de las salidas en familia. Una vez que estén allí, es probable que lo pasen bien.

No obstante, si los padres emplean las mismas tácticas con un adolescente, pasarán el picnic toda la tarde y noche con un viajero maldispuesto. No cambiará de actitud ni disfrutará del paseo. Ejercerá su independencia en contra de su coerción.

En mi opinión, es un método mucho mejor permitir que el adolescente no los acompañe, sobre todo si se lo comunicaste tan tarde. No quiero decir que el adolescente nunca tenga que ir con la familia. En actividades que en tu opinión son de suma importancia la presencia del adolescente, deberás esperar que asista el joven. Aun así, estas ocasiones se deben anunciar con bastante anticipación; esto no solo le da al adolescente el tiempo cronológico, sino también el emocional a fin de prepararse para esa actividad. Los padres también deben explicar el porqué sienten que es tan importante para el joven que asista a la actividad. Si los jóvenes sienten que sus programas e intereses se han tenido en cuenta, es probable que se unan a la familia con una actitud positiva. Por otra parte, los jóvenes necesitan hacer algunas cosas fuera del círculo familiar para establecer así su independencia.

El padre que se dé cuenta del valor de la independencia del joven, la fomentará al estar de acuerdo en permitir que este tenga reuniones sociales fuera de la familia y acompañará este apoyo con expresiones de amor más que con discusiones. El padre que discute con el adolescente, y luego cede con desgano, no ha fomentado la independencia ni tampoco ha expresado amor. El deseo del joven de estar con sus amigos no es un rechazo hacia sus padres; es una evidencia de que su horizonte social se está ampliando más allá de la familia.

Al reflexionarlo, la mayoría de los padres se dará cuenta que eso es justo lo que ellos esperaban que ocurriera. ¿Qué padres quisieran mantener a sus jóvenes atados socialmente a ellos para siempre? En los años de la adolescencia es que surge la independencia social. Los padres sabios ayudarán a sus hijos a crear un fundamento positivo para experiencias sociales posteriores más allá de la familia.

Toca su propia música

Los jóvenes elegirán su propia música. No hay nada más central en la cultura del adolescente que la música. Yo no voy a ser tan tonto de sugerir el tipo de música que va a escuchar tu adolescente. Si te digo lo que es popular hoy en día, te aseguro que otra cosa lo habrá suplantado en el momento en el que leas este capítulo. Lo que te puedo decir es que la música que elegirá tu adolescente no será la que quizá disfrutes tú. ¿Cómo puedo estar tan seguro de esto? La respuesta se encuentra en una palabra: independencia. El adolescente quiere ser distinto a ti.

Si has expuesto a tus hijos a través de su niñez a lo que consideras que es la buena música, no temas. Esa música continuará influyendo en tu adolescente durante toda su vida. La música tiene una forma de tocar el corazón y el alma del hombre. La influencia de la buena música nunca desaparece, pero en esta época tu hijo está pasando por la fase de la vida de adolescente. Este es el tiempo de establecer la independencia. Ten la seguridad que su elección musical recibirá la influencia de su independencia en ciernes.

En los años previos y primeros de la adolescencia, los padres necesitan establecer claras pautas acerca de lo que es aceptable o no respecto a las letras de las canciones. Por ejemplo, las letras que expresan muertes, brutalidad y experiencias sexuales perversas como un comportamiento normal no debieran considerarse música apropiada para los jóvenes. El adolescente necesita saber que la compra de tal música resultará en la disciplina de los padres. Con esos límites en su lugar, creo que los padres pueden permitir que sus jóvenes tengan libertad de elección, sabiendo que explorarán varios estilos musicales. La mayoría de la música que bajan del internet posee ahora una clasificación que indica la naturaleza de su contenido. Este es un buen momento para ayudar a tus jóvenes a comenzar su evaluación (y a sentar reglas razonables).

El padre que critica la elección musical del adolescente estará criticando de manera indirecta al mismo. Si tal crítica continúa, el adolescente creerá que su padre no lo quiere. No obstante, si el padre apoya su libertad de elección y continúa expresándole su amor en el lenguaje primario del amor de su adolescente, se fomentará el sentimiento de independencia del joven y satisfará su necesidad de amor. Te animo a que leas las letras de las canciones de tu hijo. (Digo que las leas porque de seguro no serás capaz de entender las palabras si las escuchas). Investiga lo que puedas acerca de los músicos que escriben y cantan las canciones que elige tu adolescente. Destaca las cosas que te gustan de la letra, y las cosas positivas de quienes la ejecutan. Escucha mientras tu adolescente decide expresar sus propias impresiones.

Si adoptas ese método positivo hacia su música, a veces podrás decir: «¿Sabes?, me preocupa un poco que en esta canción que de otra manera es bastante positiva, haya este verso que parece ser tan destructivo. ¿Qué opinas de esto?». Dado que tu adolescente sabe que no criticaste su música, sino que hiciste comentarios positivos, se sentirá inclinado a escuchar tus críticas y hasta puede que esté de acuerdo contigo. Aun cuando no esté de acuerdo, habrás plantado una semilla de interrogación en su mente. Si a alguno de los ídolos musicales de tu adolescente lo arrestaran por consumo de drogas, sobredosis o se divorcia de su cónyuge, sé comprensivo, no un juez. Expresa dolor y preocupación por esa persona y tristeza por la situación. Estás empatizando con las emociones de tu adolescente y este se sentirá afirmado. Recuerda que él ya está pensado con lógica; sacará sus propias conclusiones. No necesitas predicarle un sermón. Si el joven siente tu apoyo emocional, se sentirá amado.

Hablan un lenguaje diferente y usan ropas diferentes

Los jóvenes hablarán un lenguaje diferente. Cuando tu hijo llegue a la adolescencia, aprenderá un nuevo lenguaje. Por favor, no trates de aprenderlo (eso sería embarazoso para cada uno de los involucrados). Todo el propósito es tener un lenguaje que no entiendan los padres. ¿Por qué esto es tan importante? La respuesta es la independencia social. El adolescente está poniendo distancia entre él y los padres, y el lenguaje es uno de los medios de lograrlo. Si tratas de entender ese lenguaje de los jóvenes, harás fracasar todo su motivo. Los padres que sean sabios solo aceptarán el nuevo lenguaje de sus hijos como una evidencia de que están creciendo. Es perfectamente válido que los padres digan de vez en cuando: «¿Me podrías explicar esto en español?». No obstante, si la respuesta es negativa, el padre no deberá presionar sobre este asunto.

Los padres que crean una guerra mundial por la ropa del hijo adolescente están peleando una batalla inútil.

Los jóvenes comprenden el lenguaje de los demás, pero se supone que los adultos no lo entiendan. El adolescente se está conectando con los que tienen su misma edad. Está estableciendo relaciones sociales fuera de la familia, y este nuevo dialecto es una parte de esas relaciones. El padre sabio no se burla de este nuevo lenguaje, sino que en su lugar le permite al joven esta nueva expresión de independencia social y continúa amando al adolescente.

Los jóvenes también tienen un código diferente para vestirse. No te puedo decir cómo se vestirá tu adolescente; te puedo decir que es probable que sea diferente a como te vistes tú. A este nuevo vestuario pueden acompañarlo cortes de cabello y colores que no has visto nunca antes. Sus accesorios puede que incluyan colores de esmaltes de uña que encontrarás estrafalarios, y sus joyas quizá se usen en lugares que tú nunca te hubieras imaginado. Si el padre se «sale de sus casillas» y acusa al adolescente por todo esto, el joven se apartará. Si el padre está ejerciendo un control excesivo y exige que el adolescente vuelva a la «normalidad», quizá lo haga en presencia de los padres (es decir, vestirse como cuando tenía once años), pero lo hará con gran resentimiento. Y cuando los padres no estén cerca, el adolescente volverá a ser adolescente.

Es útil que los padres vean el papel de la vestimenta en el amplio escenario social. La vestimenta la dicta, en primer lugar, la cultura. Si lo dudas, pregúntate: «¿Por qué uso este estilo de ropa que visto?». Es muy probable que sea porque en tu círculo social la gente se ponga ropa similar. Observa a las personas que trabajan contigo, viven en tu comunidad, asisten a tu iglesia e interactúan contigo en tus reuniones sociales. Repito, es probable que todos se vistan de forma similar. Los jóvenes siguen el mismo principio. Solo que se están identificando con la cultura del adolescente.

Los padres que crean una guerra mundial por la ropa del hijo adolescente están peleando una batalla inútil que torna un fenómeno normal de desarrollo en un asunto que causa divisiones entre el padre y el adolescente. Tales batallas no modificarán las ideas del adolescente ni les ofrecerán recompensas positivas a los padres.

Los padres sabios expresan sus opiniones, si deben hacerlo, pero ceden y le dan al adolescente la libertad de desarrollar la independencia social. Mientras tanto, continúan llenando el tanque de amor del joven hablando su lenguaje primario del amor y salpicando con los otros cuatro cada vez que sea posible.

EL DESEO POR INDEPENDENCIA INTELECTUAL

Antes hablamos sobre el desarrollo de las capacidades intelectuales del adolescente. El joven comienza a pensar de manera más abstracta, lógica y global. Está probando sus propias creencias.

Está observando cosas que antes aceptaba sin preguntar, y ahora está aplicando la prueba de la razón y la lógica. Esto a menudo significa el cuestionamiento de las creencias de sus padres, así como las de sus maestros u otros adultos importantes de su vida. Estos cuestionamientos tienden a concentrarse en tres esferas importantes: valores, creencias morales y creencias religiosas.

Valores

El adolescente se asegura de cuestionar los valores de sus padres. ¿Qué es lo importante en la vida? El joven analiza lo que han dicho sus padres y lo que han hecho con sus propias vidas. A menudo ve discrepancias entre los valores que declararon sus padres y los valores que demostraron. El padre que afirma que las relaciones familiares es la cosa más importante en la vida, pero en realidad se deja absorber tanto por su trabajo que tiene poco tiempo para la misma, sabrá que su adolescente verá esa contradicción. La madre que dice que la fidelidad en el matrimonio es importante, pero termina teniendo una aventura amorosa con un hombre en su trabajo, lo más seguro es que su hija adolescente la vea como una hipócrita. Con frecuencia, una parte de la andanada de palabras del adolescente hacia el padre cuyas acciones no concuerdan con sus valores declarados es: «Pero tú dijiste...».

Aun si los padres son fieles a sus valores, tarde o temprano el joven cuestionará estos valores. El adolescente debe responder por sí mismo lo que es importante en la vida. *Mis padres me han dicho que obtener un título universitario es la cosa más importante para mi futuro. Sin embargo, no estoy seguro que esto sea cierto. Algunas de las personas más inteligentes que he conocido no fueron a la universidad y algunas de las personas más acaudaladas del mundo tampoco asistieron a la universidad. ¿Cómo puedo estar seguro de que la universidad es lo mejor para mí?* Así es que razona el adolescente.

Los padres que deseen ser una parte de influencia en el proceso de razonamiento de sus jóvenes deben pasar del monólogo al diálogo, de los sermones a la conversación, del dogmatismo a la exploración, del control a la influencia. Los jóvenes necesitan y desean la información de sus padres en estas esferas importantes de la vida, pero no la recibirán si el padre los trata como a un niño. En la niñez, el padre le decía al niño lo que era bueno, y se esperaba que el niño lo creyera. Eso ya no es cierto cuando el niño se convierte en adolescente. El adolescente quiere saber el porqué. ¿Dónde está la evidencia?

Tu adolescente no solo examinará tus palabras, sino también tus acciones.

Si los padres están dispuestos a entrar en el mundo del diálogo, a pensar de manera crítica en sus propios valores, a expresar razones y con todo ser receptivos a las opiniones del joven, este recibirá las informaciones paternas y así tendrá la influencia de los valores de sus padres. No obstante, si los padres mantienen la postura de: «Es cierto porque digo que es cierto», habrán perdido toda la influencia sobre la elección de valores del adolescente.

El método de los padres que quieren ser una parte en la influencia de los valores de su adolescente, podría parecer como esto: «La razón es que siempre he pensado que era importante... ¿Tiene esto sentido para ti? ¿Qué sientes al respecto?». Las conversaciones numerosas, cada una volviendo a donde se quedaron en la anterior, pero no de manera arbitraria ni en forma dogmática, es el proceso de interacción paternal que le permite independencia intelectual al adolescente y, al mismo tiempo, le otorga el beneficio de los pensamientos de los padres.

Cuando ese diálogo abierto está acompañado por importantes expresiones de amor, el padre fomenta la independencia intelectual y satisface las necesidades por el amor emocional del hijo adolescente. El padre que dice: «Yo respeto tu derecho de elegir tus propios valores. Tú has visto mi vida. Yo conozco mis puntos fuertes y mis puntos débiles. Creo que eres muy inteligente y en mi corazón siento que tomarás sabias decisiones», está hablando el lenguaje del amor de las palabras de afirmación a medida que estimula la independencia intelectual del adolescente.

Creencias morales

Mientras que los valores responden la pregunta «¿Qué es importante?», la moral responde la pregunta «¿Qué es lo bueno?». Por naturaleza, el hombre es una criatura moral. Las creencias acerca de lo bueno y lo malo han penetrado en todas las culturas humanas. Pienso que esto se debe a que el hombre se creó a la imagen de un Dios personal y moral, cuya imagen se refleja en el hombre. Cualquiera que sea nuestra creencia acerca del origen de la moral, la realidad cultural es que todas las personas poseen creencias morales. Tus jóvenes no solo cuestionarán tus valores, sino también tu moral. No solo examinarán tus palabras, sino también tus acciones.

Si declaras que es bueno obedecer la ley civil, el adolescente querrá saber por qué quiebras los límites de velocidad en el tránsito. Si dices que es bueno decir la verdad, el joven te preguntará: «¿Por qué le mentiste a la persona del otro lado del teléfono diciéndole que papá no estaba en casa?». Si dices que es bueno ser amable con los demás, el adolescente te preguntará por qué trataste de esa manera abusiva al empleado de la tienda. Si dices que el racismo no es bueno, el joven querrá saber por qué en el centro comercial caminaste con paso vivo por el lugar evitando un contacto visual cada vez que veías a personas de otro grupo étnico que se acercaban.

Todo esto puede ser demasiado molesto para los padres que aprendieron a vivir con sus incoherencias. Molestos o no, nuestros jóvenes persistirán en señalarnos esas contradicciones morales.

Más allá de esto, nuestros jóvenes cuestionarán nuestras creencias morales así como nuestras prácticas. Se harán a sí mismos, y a nosotros, estas duras preguntas: Si el asesinato es malo, ¿el aborto es asesinato? Si la violencia que termina en la destrucción de la vida humana es mala, ¿por qué nos entretenemos con las versiones de violencia de Hollywood? Si la monogamia sexual es lo ideal, ¿por qué miles de adultos han elegido parejas sexuales en serie? ¿Está bien y está mal tomar determinaciones según el consenso de la sociedad? ¿O existe una ley natural, moral, que trasciende las opiniones sociales? Estos son los problemas profundos con los que luchan nuestros hijos adolescentes.

Muchos padres encuentran preocupante que sus jóvenes revivan estos viejos e indefinidos asuntos morales. No obstante, si como padres nos negamos a hablar acerca de las preocupaciones morales de nuestros jóvenes, los dejamos a merced de la influencia de sus compañeros y otros adultos que estén dispuestos a discutir estos asuntos. Si no estamos dispuestos a admitir nuestras incoherencias entre la creencia y la práctica, nuestros jóvenes dejarán de respetar nuestras opiniones.

No necesitamos ser moralmente perfectos para influir en nuestros jóvenes, pero necesitamos ser moralmente auténticos. «Me doy cuenta que no siempre he vivido de acuerdo a mis creencias en esa esfera, pero sigo creyendo que esto es bueno y que lo que he hecho está mal». Semejantes declaraciones, hechas por padres sinceros, restauran el respeto de los jóvenes en la autenticidad de sus padres. Los padres que se ponen a la defensiva en cuanto a sus propias creencias morales cuando los jóvenes hacen preguntas indagatorias, volverán a impulsarlos a cualquier otro lado a fin de buscar informaciones sobre asuntos morales. Los padres que reciben con beneplácito las preguntas morales de los jóvenes, que están dispuestos a hablar acerca de sus propias creencias y prácticas, que están preparados para escuchar puntos de vista contrarios y dar razones de sus propias creencias morales, son capaces de mantener abierto el camino hacia el diálogo e influir así de manera positiva en las decisiones morales de sus hijos adolescentes.

Después de estas discusiones acerca de asuntos morales, asegúrate de dar afirmaciones de tu amor emocional. Esto mantendrá lleno el tanque de amor de tu adolescente y creará una atmósfera en la que se sentirá libre de regresar para un diálogo adicional.

Creencias religiosas

Mientras que los valores responden la pregunta «¿Qué es importante?» y la moral «¿Qué es lo bueno?», la religión procura responder la pregunta «¿Qué es la verdad?». La humanidad está perennemente tratando de descubrir la verdad sobre el universo material y no material. ¿Cómo explicamos nuestra propia existencia y la existencia del universo? ¿Existe una realidad espiritual más allá de lo que puedo ver y tocar? ¿Por qué la humanidad, a lo largo de la historia, tenía en todas las culturas una creencia en un mundo espiritual? ¿Esto es evidencia de que existe tal mundo? Y si así fuera, ¿cuál es la naturaleza de este mundo? ¿Existe Dios? ¿Y el mundo es su creación? Si es así, ¿se puede conocer a Dios?

Estas son las preguntas que se están haciendo los jóvenes. Son preguntas que a veces han estado dormidas durante años en los corazones y las mentes de sus padres. Son preguntas que quizá sus padres nunca se las respondieron como es debido.

Sea cual fueren sus creencias o no creencias religiosas, en algún momento tus jóvenes lucharán con esos asuntos. Estos son los interrogantes que los humanos siempre se han planteado, y los jóvenes son humanos (sé que algunas veces es difícil de creer, pero lo son). El hombre es incurablemente religioso. El físico francés, Blaise Pascal, dijo una vez: «Existe un vacío con la forma de Dios en cada corazón humano»[2]. San Agustín dijo: «Tú nos has hecho para ti, y el corazón del hombre está inquieto hasta que encuentra su descanso en ti»[3].

Tu adolescente está inquieto. Quiere cuestionar tus creencias religiosas. Quiere examinar la manera en que aplicas tus creencias en la vida cotidiana. Repito, si encuentra incoherencias, es probable que te confronte con ellas. Si te pones a la defensiva y te niegas a hablar sobre cuestiones religiosas, tu adolescente recurrirá a sus compañeros y a otros adultos. Sin embargo, no dejará de hacer preguntas religiosas.

Quizá tu adolescente explore también otras creencias religiosas y hasta rechace aspectos de tu propia religión. La mayoría de los padres encuentra esto demasiado preocupante. A decir verdad, es un paso necesario para que tu adolescente desarrolle sus propias creencias religiosas. En realidad, los padres deberían estar más preocupados si el adolescente solo adopta la religión de sus padres sin pensarlo con seriedad. Esto podría ser una indicación de que la religión es una simple fachada cultural, sirviendo a fines sociales en lugar de abordar las cuestiones más profundas del significado de la vida.

Cuando el adolescente anuncia que no irá más a misa, a la sinagoga, a la Escuela Dominical o a la mezquita, está llamando la atención como una persona independiente de sus padres. Y está expresando un deseo de independencia intelectual. Es reconfortante para los padres saber que una investigación ha demostrado que «a pesar de que el rechazo de la religión por parte del joven quizá sea drástico, raras veces es permanente»[4].

A casi todos los padres les resulta difícil reaccionar con calma cuando sus hijos adolescentes hablan acerca de rechazar su religión, pero las exageradas reacciones de los padres pueden cerrar la

> **El hecho es el siguiente: Tu adolescente está explorando ideas religiosas. La pregunta es: «¿Deseas ser parte de esta investigación y amar a tu adolescente durante este proceso?».**

puerta para el diálogo. Recuerda, el adolescente está estableciendo su independencia no solo en las otras esferas que analizamos, sino también en el campo intelectual, el cual incluye los valores morales y las creencias religiosas. Esto es solo una parte del amplio proceso del adolescente de cuestionar y explorar. Es más una expresión de independencia intelectual que un rechazo de la religión. Si los padres tienen esto en mente, es probable que sean menos severos a la hora de juzgar las actuales ideas religiosas del adolescente.

Un mejor método es escuchar las ideas de los jóvenes. Permíteles expresar con libertad por qué encuentran tan interesante o satisfactoria esta creencia religiosa. Exprésales tus propias ideas acerca del asunto, pero de una manera imparcial. Dile a tu adolescente que te alegra ver que está pensando en estas cosas. Cuando logras ser de veras osado, pide sus opiniones sobre cuán bien has vivido por tus propias creencias religiosas. Quizá descubras por qué el adolescente está mirando hacia otra dirección.

Este no es el momento para el dogmatismo, aunque quizá tú mantengas hondas convicciones religiosas. Este es el momento para alentar la exploración. Si estás profundamente convencido de la validez de tus propias creencias religiosas, que tienes la seguridad de que lo que crees se ajusta a la perfección con lo que es real acerca del mundo, deberías tener el suficiente grado de confianza para que tu adolescente explorador, si es sincero, termine a la larga con creencias similares a las tuyas. Si, por otra parte, tus creencias religiosas no están arraigadas de manera muy profunda en ti y no estás tan seguro de si en verdad concuerdan con la realidad fundamental, quizá debas entusiasmarte de que tu adolescente esté en esa búsqueda. Tal vez logre descubrir lo que no pudiste hacer tú.

El hecho es el siguiente: Tu adolescente está explorando ideas religiosas. La pregunta es: «¿Deseas ser parte de esta investigación y amar a tu adolescente durante este proceso?». Si la respuesta es sí, debes cambiar de nuevo del monólogo al diálogo y crear una atmósfera para una abierta y franca discusión acerca de temas religiosos. Debes darle a tu adolescente el derecho a tener pensamientos distintos a los tuyos. Debes estar dispuesto a expresar tu evidencia y a escuchar la evidencia contraria. Debes reconocer que tu adolescente está «en un proceso» y debes darle tiempo para procesar las creencias religiosas.

Si haces esto, llenando todo el tiempo el tanque de amor emocional del joven, este se sentirá amado y desarrollará su independencia intelectual. Desarrollará sus creencias religiosas por las que vivirá, y tú habrás sido una positiva influencia durante la búsqueda.

NUESTROS JÓVENES NECESITAN DECIDIR POR SU CUENTA

Será obvio que en todas estas esferas (valores, moral y religión), nuestros jóvenes tomarán decisiones. Destacar la mayoría de los conflictos entre padres y jóvenes es la cuestión básica en cuanto al derecho de los mismos a tomar decisiones independientes. Si el padre reconoce este derecho del pensamiento independiente, y está dispuesto a invertir tiempo y a crear una atmósfera para un diálogo significativo en un entorno afectuoso, el adolescente continuará «conectado» a la influencia paternal.

No obstante, si los padres asumen una posición no negociable y lanzan proclamas dogmáticas acerca de lo que los jóvenes deben creer y hacer, establecerán relaciones de antagonismo con sus adolescentes. Miles de padres han transitado por esos caminos y han experimentado el alejamiento de sus jóvenes. Estos se han vuelto hacia sus grupos de compañeros (a veces grupos muy destructivos) y a otros adultos (a veces malvados, que están dispuestos a mostrar aceptación y amor superficial a cambio de favores, placeres y gratificación propia).

Recuerda que los jóvenes ejercerán su independencia. Es parte del proceso de convertirse en adultos. Los padres sabios reconocen esto como una etapa del desarrollo por la que deben pasar los jóvenes y procurarán cooperar en vez de dificultar el desarrollo de sus hijos adolescentes. Si eres capaz de promover la independencia de tu adolescente de la manera sugerida en este capítulo mientras mantienes lleno su tanque de amor, el joven crecerá hasta convertirse en un adulto responsable, descubrirá su lugar en la sociedad y hará su contribución al mundo.

En este momento, sé que algunos de ustedes se están preguntando: «Entonces, ¿qué me dice respecto a los límites? ¿Qué pasará con las responsabilidades?». Me alegro que hayan hecho estas preguntas. Revelan que comprenden las implicaciones de lo que dije en este capítulo. Y eso nos lleva al próximo capítulo, donde deseo analizar estos temas concretos. Es más, les pido que lean y estudien juntos este capítulo y el siguiente. Van de la mano: *la independencia y la responsabilidad.*

El amor y la necesidad de responsabilidad

El padre de Miguel compró un auto viejo en el que Miguel y él trabajaron juntos durante varios fines de semana. Cuando Miguel recibió su licencia de conducir, su padre le enseñó algunos puntos concretos sobre la conducción. Primero, practicaron por el día; más tarde, Miguel practicó conduciendo de noche. Un fin de semana, su padre y él fueron a un campamento, y Miguel condujo hasta allí. Todo estuvo bien hasta que al final Miguel recibió su licencia de conducir.

¡Eh, soy libre!, se dijo Miguel. *Ya papá no tiene que venir conmigo.* Comenzó a soñar con conducir a cualquier parte que quisiera, cuando quisiera y como quisiera. Miguel no comprendió cuando su padre le insistió en que existían reglas sobre cuándo, dónde y cómo conduciría el automóvil.

Lo que Miguel estaba a punto de aprender era que la libertad y la responsabilidad eran dos caras opuestas de la misma moneda: una nunca existe sin la otra. Esto siempre es cierto en el mundo del adulto y el adolescente también tiene que aprender esta realidad. A los adultos se les concede la libertad de vivir en una casa siempre y cuando cumplan con su responsabilidad de efectuar los pagos mensuales de la hipoteca. La compañía de electricidad le permite consumir energía eléctrica mientras el cliente asuma la responsabilidad de pagar las facturas mensuales. Todo en la vida está organizado alrededor de los principios de libertad y responsabilidad. Ninguno de los dos se aparta mucho del otro. Por supuesto, el adolescente no conoce esa realidad. Es una parte de su crianza ayudar al joven a que lo descubra.

Así como el padre amoroso anima la independencia del adolescente, también el amor paternal significa enseñarle a asumir la responsabilidad por su propio comportamiento. La independencia sin responsabilidad es el camino hacia una baja autoestima, hacia la actividad sin importancia y, al final, hacia el aburrimiento y la depresión. No ganamos un sentido de autoestima por el hecho de ser independientes. Nuestro valor proviene de asumir las responsabilidades. La independencia y la responsabilidad pavimentan el camino hacia un maduro estado de adulto. El adolescente que aprende a tener la responsabilidad por sus acciones a medida que desarrolla su independencia e identidad propia, poseerá una buena autoestima, logrará valiosos objetivos y hará una importante contribución al mundo que lo rodea. Los jóvenes que no aprenden a tener responsabilidad serán problemáticos y, al final, adultos problemáticos.

EL PAPEL DE LAS LEYES (LÍMITES)

La responsabilidad requiere límites. Todas las sociedades humanas tienen sus límites a las que casi siempre se les llaman leyes. Sin límites sociales, la sociedad se destruiría a sí misma. Si cada uno solo hace lo que a sus ojos es bueno, los resultados serían caóticos. Cuando la mayoría de las personas se atienen a las leyes, es decir, cuando son ciudadanos responsables, florece la sociedad. Cuando una importante cantidad de individuos opta por transitar a través de sus propios caminos y vivir de manera irresponsable, la sociedad sufre las consecuencias negativas.

En el entorno familiar, los padres tienen la responsabilidad de establecer reglas, o límites, y procurar que el adolescente viva de manera responsable dentro de esos límites. La idea de que los jóvenes se rebelan si los padres fijan límites no es valedera. Es más, las investigaciones indican que «la mayoría de los jóvenes sienten que sus padres son razonables y pacientes con ellos la mayor parte del tiempo. Más de la mitad admitió: "Cuando mis padres son estrictos, siento que tienen razón, aun cuando me enoje"»[1].

Lawrence Steinberg, profesor de psicología de la Universidad Temple, observó: «El motivo de la rebelión de los jóvenes no es la imposición de la autoridad, sino el uso arbitrario del poder, con poca explicación de las reglas y sin participar en la toma de decisiones»[2]. El problema no es la autoridad paterna; el problema son los padres que expresan su autoridad de una manera dictatorial y poco amorosa. Cuando tu hijo era pequeño, podías fijarle reglas arbitrarias, y raras veces el niño iba a cuestionar tu derecho a proceder así, aunque todavía podía desobedecerlas. Sin embargo, los jóvenes cuestionarán si tus reglas son buenas. Cuestionarán si tus reglas se crearon para el beneficio del joven o solo para satisfacer tus propios caprichos. Simplemente, lo de «Hazlo porque lo digo yo», no da resultados con los jóvenes. Si continúas con semejante método dictatorial, puedes estar seguro de que tu hijo adolescente se rebelará.

ESTABLECE REGLAS *CON* TU HIJO ADOLESCENTE

Debido a que el joven está desarrollando su independencia, necesita ser parte de la creación de las reglas y el establecimiento de las consecuencias. Los padres sabios traerán a sus jóvenes dentro del círculo de la toma de decisiones, permitiéndoles expresar sus ideas en cuanto a las reglas justas y dignas. Los padres deberían comentarles las razones de sus propias ideas y demostrarles por qué piensan que esa regla es buena para el joven. Los que procedan de esta manera crearán una atmósfera que fomenta la independencia del adolescente, mientras que al mismo tiempo le enseña que no hay libertad sin responsabilidad.

En tales «foros familiares» abiertos, los padres y los jóvenes pueden reunirse, y los padres pueden seguir siendo la autoridad. Los padres tendrán la última palabra, pero serán más sabios cuando conozcan los pensamientos y los sentimientos del joven respecto al asunto. Y si el joven tuvo voz y voto en confeccionar la regla, es más probable que crea que la regla es justa y menos probable que se rebele en su contra. Los estudios muestran que «los jóvenes cuyos padres están dispuestos a que participen de una discusión son más afectuosos y respetuosos, y es más probable que digan que desean ser como sus padres que los jóvenes cuyos padres insisten en tener siempre la razón»[3].

Como padres, debemos recordar que nuestra meta en la crianza de los jóvenes no es ganar una discusión, sino enseñarles a ser responsables a medida que se van independizando. El principio es: «Si puedes aceptar la responsabilidad, puedes tener la libertad. Si no puedes aceptar la responsabilidad, no estás preparado para la libertad». Cuando nuestros jóvenes comprenden que los dos siempre van juntos, aprenderán una gran lección que cumplirá su cometido por el resto de sus vidas.

LA IMPORTANCIA DEL AMOR

Si este proceso de la independencia del adolescente y su responsabilidad debe avanzar con suavidad, los padres deben ayudarlo con el adecuado lenguaje del amor. Cuando los jóvenes sienten que sus padres lo aman, cuando sienten en lo más hondo que sus padres tienen en mente su bienestar, que las reglas se crearon y se llevan a cabo solo para el beneficio del adolescente, es más probable que emerjan la independencia y la responsabilidad. Mantén lleno el tanque de amor de tu adolescente, y su rebelión solo será esporádica y temporal. Por otra parte, si tu adolescente no se siente amado, si ve que las reglas son arbitrarias y egoístas, y le parece que a ti te preocupa más tu propia reputación y éxito que su bienestar, lo más probable es que se rebele contra las reglas y contra ti como el ejecutor de sus consecuencias.

Recuerda, los esfuerzos para controlar jóvenes a través de la coerción casi siempre fracasan. La coerción es incapaz de lograr lo que el amor tiene por objeto crear, a saber, los sentimientos de respeto positivo hacia los padres. Los padres que tienen presente esto y hacen conscientes esfuerzos a fin de continuar expresándole amor emocional al adolescente, darán el primer y más importante paso en enseñarle responsabilidad mientras fomentan su independencia.

Steinberg, un reconocido experto en adolescentes, dijo: «Cuando los padres retroceden porque creen que el adolescente ya no quiere ni necesita su afecto, el joven se siente abandonado. Tan trillado como pueda parecer, el amor es la cosa más importante que le puedes dar a tu adolescente»[4]. Cuando le das amor emocional al joven, eso crea un clima en el que ambos pueden cooperar con la naciente independencia y, al mismo tiempo, insistir en un comportamiento responsable. Una vez expresado esto, estamos listos para examinar el proceso de establecer e implementar las reglas para los jóvenes.

> **La coerción es incapaz de lograr lo que el amor tiene por objeto crear.**

Un foro familiar especial

A estas alturas, debería ser obvio que cualquiera que fuera la regla establecida cuando tu adolescente era niño, no puede traerse de forma arbitraria a los años de la adolescencia. El joven se encuentra en una etapa diferente de la vida; esta pide que se reconsideren y reformen las reglas. Los padres que solo tratan de «deslizarse» dentro de los años de la adolescencia sin reflexionar, conversar, ni prestar atención a las reglas familiares, pronto verán cómo se rebela su adolescente. Los padres que son proactivos convocarán a un foro familiar, reconociendo ante el adolescente que él ahora es joven y que esto llama a reconsiderar las reglas de la familia a fin de permitir más libertad y responsabilidad.

Ser proactivo convocando a este foro familiar antes que el adolescente se empiece a quejar por las reglas infantiles que imperan en la familia, es una estrategia de gran sabiduría. El adolescente a quien sus padres sorprenden con la guardia baja cuando le anuncian su naciente independencia y responsabilidad, es mucho más probable que sea un amable participante del foro de la familia que el adolescente que ha insistido durante seis meses que se lleve a cabo tal foro.

No obstante, si tu adolescente tiene quince años y nunca has tenido un foro así, nunca es demasiado tarde para sorprenderlo tomando la iniciativa con el propósito de reexaminar las reglas.

ALGUNAS REGLAS ACERCA DE LAS REGLAS

Antes, permíteme sugerirte tres pautas a fin de crear reglas que harán que todo el proceso parezca más razonable y útil. Después de esto, te presentaré tres pautas para establecer las consecuencias durante tal foro.

1. Las reglas deben ser tan pocas como sea posible

Para escribir dieciséis páginas de reglas familiares no solo hará falta mucho tiempo, sino que es probable que se pasen por alto. Esta es una etapa de la vida donde menos es mejor. Los jóvenes necesitan un poco de espacio para la espontaneidad y la despreocupación. Demasiadas reglas hacen que el adolescente se vuelva paranoico y temeroso.

¿Cuáles son las cuestiones importantes de verdad? Por lo general, la respuesta a esta pregunta girará en torno a evitar las cosas que desde el punto de vista físico, emocional o social son perjudiciales para el bienestar del adolescente y alentar las cosas que fomentarán el logro de metas dignas por parte del adolescente. Vivir con responsabilidad es decirles «no» a las cosas que destruyen y «sí» a las que construyen.

El objetivo de las reglas no es regular cada instante de la vida del joven; es proveer importantes límites dentro de los cuales el adolescente puede tomar decisiones. Recuerda, Dios solo vino con diez reglas, llamadas los Diez Mandamientos[5]. Y Jesús las resumió en dos[6]. Dado que no eres tan sabio como Dios, es probable que tengas algunas más que diez, pero trata de mantenerlas al mínimo.

2. Las reglas deben ser lo más claras posible

Las reglas ambiguas crean confusión tanto para el joven como para el padre. «Regresa a casa a una hora razonable», de seguro que el joven la interpretará de manera diferente al padre. «Llega a la casa a las diez y media de la noche» es claro. Tal vez el joven quiebre la regla, pero no existe confusión en lo que indica la misma. «Nunca conduzcas a más de cinco kilómetros por encima de la velocidad máxima indicada». Cualquiera lo bastante inteligente como para conducir no tendrá dificultades en comprender esta regla (quizá sea difícil seguirla, pero no es difícil entenderla).

Cuando la regla es clara, el joven se da cuenta si la viola. Es posible que trate de encubrir su error. Hasta quizá argumente que no sucedió. Es probable que racionalice por qué ocurrió. Aun así, el joven sabe que se violó la regla. No obstante, si la regla es ambigua, el adolescente sin falta discutirá acerca del juicio del padre respecto a si se violó o no la regla.

3. Las reglas deben ser lo más justas posible

Digo «posible» porque ninguno de nosotros es perfecto en nuestro punto de vista acerca de lo que es justo. Tú y tu adolescente podrán estar en desacuerdo respecto a la justicia de una regla. Mediante un diálogo abierto, procurando comprender el punto de vista contrario, tú y tu adolescente serán capaces de llegar a un consenso en cuanto a lo que es justo. No cedas cuando estás convencido de que tu regla es lo mejor para los intereses del adolescente, pero ten la disposición a ceder cuando sientas que al hacerlo no será en detrimento del bienestar del joven.

Para el adolescente, la justicia es *muy* importante. Como analizamos antes, el adolescente está luchando con los valores, la moral, la lógica y las razones. Si se viola el sentido de justicia del joven, este se enojará. Si el padre corta la discusión y de forma arbitraria desaprueba la regla y se niega a lidiar con el enojo del adolescente, este se sentirá rechazado y estará resentido después con el padre.

Cada esfuerzo deberá hacerse para escuchar las inquietudes del joven en cuanto a la imparcialidad al crear las reglas. Si el adolescente está de acuerdo en que la regla es justa, es probable que no se rebele cuando el padre la aplique. Lo cual nos conduce al asunto de las consecuencias.

ALGUNAS REGLAS ACERCA DE LAS CONSECUENCIAS

Las reglas sin consecuencias no solo son inútiles, sino que también son confusas. Los jóvenes no respetarán a los padres que no procuran con amor, aunque con firmeza, la implementación de las reglas de permitir que el joven sufra las consecuencias cuando se quebrantan. El sufrimiento de las consecuencias es una importante realidad en la vida de un adulto. Si no pago la cuota de la hipoteca, el mes siguiente pagaré recargos financieros. Si durante tres meses no hago los pagos de la hipoteca, me echan a la calle. Si excedo el límite de velocidad y me ponen una multa, no solo debo pagar la multa, sino que aumentará mi póliza de seguro. Las consecuencias pueden ser duras, pero fomentan la vida con responsabilidad. Una luz azul que destella en la distancia hará que los conductores quiten el pie del acelerador. El temor a pagar las consecuencias los motiva para seguir las reglas.

He aquí tres pautas para formular e implementar las consecuencias.

1. Las consecuencias deben establecerse antes de la violación

La mayoría de las leyes sociales incorporan este concepto. La cantidad de honorarios adicionales que debo pagar cuando no cumplo con mis pagos de la hipoteca ya se estipularon antes de mi falta de pago. El banco o entidad hipotecaria no decide de forma arbitraria una «penalización» después que yo haya violado mi contrato de pagos. En la mayoría de los estados y las ciudades, la penalización se fija antes de que ocurra la violación. Si estamos preparando a nuestros jóvenes para el mundo adulto, ¿no sería lógico aplicar este principio mientras son adolescentes?

Estoy asombrado por la cantidad de padres que he encontrado por todo el país a quienes nunca se les había ocurrido esta idea. Esperan a que el adolescente viole la regla; entonces, a menudo con enojo, declaran las consecuencias. La naturaleza de las consecuencias se determina con frecuencia por el estado emocional del padre en ese momento. Las posibilidades que el adolescente esté de acuerdo en que las consecuencias sean justas son casi nulas. Por otra parte, si los padres están de buen humor, es probable que después de todo no haya consecuencias. Es obvio que el adolescente está confundido ante este método arbitrario de fijar consecuencias.

Les sugiero que las consecuencias por violaciones se fijen en el momento de formular las reglas, y que el adolescente deba ser parte del proceso. Si el joven va a ser parte de la formulación de la regla, ¿por qué no puede serlo en la determinación de las consecuencias? Permitirles ser parte del establecimiento de las consecuencias les ayuda a desarrollar su juicio moral. A menudo los jóvenes son más severos consigo mismos de lo que sería el padre. Quizá pienses que una semana sin el privilegio de conducir sería una consecuencia justa. por violar una regla dada. Tal vez el joven sugiera dos semanas. Lo importante es estar de acuerdo en una consecuencia que el adolescente cree que es justa.

Los padres se ahorran un montón de disgustos cuando se fijan las consecuencias antes de que ocurra la violación. Es una situación de beneficio mutuo. Los padres se sentirán menos frustrados y los jóvenes tendrán un mayor sentido de que ha reinado la justicia. Se da otro paso en alcanzar la meta de la responsabilidad del joven.

2. Las consecuencias deben aplicarse con amor

Los padres no deben regocijarse en la aplicación de las consecuencias. El sufrimiento por las consecuencias de hacer algo mal es doloroso tanto en el mundo adulto como en el del adolescente. ¿Qué adulto no se sentiría resentido con el policía que se ríe mientras escribe una multa por una violación de tránsito?

Los padres tampoco deben ser bruscos ni fríos a la hora de aplicar las consecuencias. «Yo te lo dije. Si me hubieras escuchado, no estarías en este lío». Semejante declaración podrá aliviar en algo la frustración de los padres, pero no tendrá un efecto positivo en el joven.

Nuestros jóvenes necesitan sentir que los amamos a pesar del hecho de que han violado la regla. Necesitan compasión y comprensión, pero no les hacen falta padres que se rindan y alivien las consecuencias.

«Sé que será muy difícil para ti no poder conducir el automóvil esta semana. Desearía no tener que quitarte las llaves. Sin embargo, conoces la regla y sabes las consecuencias por violarla. Puesto que te amo, no me queda otra opción. Debo dejar que sientas el dolor por haber quebrantado una regla». Tal comprensión y empatía hacia el joven le ayuda a aceptar que las consecuencias son justas y amorosas. El adolescente, aunque disgustado, no se resentirá con el padre que aplica las consecuencias de esta manera tan bondadosa y atenta.

También es apropiado que después de esta confrontación se hable el lenguaje primario del amor del adolescente como un gesto final de amor. Por ejemplo, si el lenguaje del amor del adolescente es el toque físico, una palmada en la espalda o un abrazo le dirán mucho mientras te alejas con las llaves en la mano. Si el lenguaje es el de los actos de servicio, prepararle su postre favorito llenará su tanque de amor a pesar del dolor por haber perdido el derecho del automóvil. Si el lenguaje es el de las palabras de afirmación, apoyarlo de manera verbal antes y después de aplicar las consecuencias le asegurará tu amor y le hará llevaderas dichas consecuencias.

3. Las consecuencias se deben aplicar con firmeza

Las consecuencias no se deben administrar según el capricho del padre. Por naturaleza, todos recibimos la influencia de nuestras emociones. Si los padres se sienten bien y están de un humor positivo, con frecuencia se sienten inclinados a pasar por alto la infracción del adolescente respecto a las reglas. En cambio, cuando los padres están demasiado estresados y quizá hasta enojados con alguien en la oficina, a menudo caerán con dureza sobre el adolescente una vez que se viole una regla familiar. Semejante incoherencia provocará enojo, resentimiento y confusión en el corazón del adolescente. Se violó el sentido de la justicia del adolescente. Se sentirá enojado, y es probable que pronto le sigan una discusión y un comportamiento agresivo.

Los padres que fijan las consecuencias antes de la violación, permiten que los jóvenes formen parte en la determinación de las mismas, y quien las aplica con amor tiene más probabilidades de ser firme. El ideal es administrarlas con firmeza, amabilidad y amor. Los padres que lo hacen así cooperarán con la necesidad del adolescente de aprender a asumir sus responsabilidades. El joven, aunque no siempre feliz, será un dispuesto participante del proceso.

EL ESTABLECIMIENTO DE LAS ESFERAS DE RESPONSABILIDAD

Sin tratar de ser exhaustivo, veamos algunas de las esferas específicas de la familia que requerirán reglas y sus consecuencias, a fin de enseñarle a tu adolescente la responsabilidad y fomentar al mismo tiempo su independencia. Confecciona tus reglas y consecuencias en respuesta a estas dos preguntas: (1) ¿Cuáles son las cuestiones importantes para ayudar a mi hijo adolescente a convertirse en un adulto maduro? (2) ¿Qué peligros hay que evitar y qué responsabilidades hay que aprender? Sí, algunas reglas serán prohibiciones, creadas para mantener alejado al adolescente de palabras o comportamientos que desde el punto de vista físico y emocional quizá sean destructivos para él mismo o para los demás. Sin embargo, se deberán establecer otras reglas para ayudar a tu adolescente a practicar comportamientos positivos que mejorarán su propia madurez y enriquecerán las vidas de los que están a su alrededor.

Aquí, entonces, están algunas de las esferas más comunes en las que los padres y los jóvenes necesitarán formular reglas y consecuencias.

1. Las oportunidades «en la casa»

Digo oportunidades en vez de tareas debido a que parece más positivo. En realidad, existen los dos elementos. En una familia sana, cada miembro tiene ciertas tareas que deben realizarse, a fin de que la vida siga fluyendo de manera positiva. Sin embargo, estas tareas también representan oportunidades para el servicio. En años recientes, nuestra sociedad ha perdido algunos de sus énfasis sobre el valor del servicio altruista. No obstante, sigue siendo cierto que quienes son objetos de la mayor honra entre nosotros son los que tienen una actitud de servicio. En cambio, la persona egocéntrica y egoísta quizá tenga éxito en lo financiero, pero raras veces es objeto de una alta estima.

Si los jóvenes deben aprender a servir más allá de la familia, antes tienen que aprender a servirle a la familia. Los jóvenes necesitan verdaderas responsabilidades hogareñas que mejoren las vidas de los demás miembros de la familia. Estas serán diferentes en cada hogar, pero podrán involucrar cosas tales como la supervisión de un hermanito menor, ayudar a preparar la cena, cuidar de la mascota de la familia, cortar el césped, podar los arbustos, plantar flores, pasarle la aspiradora a los pisos, limpiar los baños, quitar el polvo y lavar la ropa. Estas responsabilidades pueden cambiar de vez en cuando, a fin de que el joven tenga la oportunidad de aprender varias habilidades en diferentes aspectos del mantenimiento de una casa.

Es importante que el joven se vea a sí mismo como parte de la familia y comprenda que en una familia cada uno tiene responsabilidades. Como adolescente, está adquiriendo cada vez más habilidades. Esto no solo significa más libertad para hacer cosas fuera del hogar, sino más responsabilidades dentro del mismo. De seguro que el joven tendrá mayores responsabilidades que su hermano de ocho años. Con estas responsabilidades viene la libertad de quedarse levantado hasta más tarde, pasar algún tiempo fuera de la familia, etc. En mi opinión, esta libertad debería venir siempre acompañada de responsabilidades apropiadas. Si el adolescente demuestra que es lo bastante maduro como para aceptar con seriedad las responsabilidades, también será lo bastante maduro como para mayores libertades.

En el foro familiar, donde se crean las reglas y se determinan las consecuencias, este principio debe comprenderse con claridad. Dentro de este contexto, los padres no deben sentirse inclinados a forzar al joven a realizar tareas de la casa. Por el contrario, el adolescente tiene la oportunidad de demostrar la madurez al asumir responsabilidades con mucho gusto y ganarse así una mayor libertad. Si decide no cumplir con las responsabilidades que le asignaron en la familia, las consecuencias entonces se fijarían en términos de pérdida de libertades. Por ejemplo, si al adolescente que ya está conduciendo se le asigna la responsabilidad de llevar el auto a lavar el sábado al mediodía y la consecuencia predeterminada es que, si no lo hace, perderá los privilegios de conducir por dos días, los padres sabios no estarán encima del adolescente para que lleve a lavar el auto. Es una decisión: el joven opta por asumir la responsabilidad y tiene entonces la libertad que la acompaña, o decide ser menos maduro y perder esta libertad. Les aseguro que raras veces el adolescente deseará perder esta libertad, y los padres no desperdiciarán su tiempo y energía impacientándose por si el adolescente va a lavar o no el auto.

2. Los deberes escolares

¿Cuáles son los asuntos más importantes en la educación del adolescente? Esta es una pregunta que deben responder juntos tú y tu adolescente. La mayoría de los padres sentirá que la graduación del instituto no es negociable. En la cultura occidental, un adolescente sin un diploma de estudios secundarios superiores se verá impedido seriamente de vivir una vida satisfactoria de adulto. Si el padre está de acuerdo, esto se declara como no negociable. Entonces, te preguntas: «¿Cuáles son las reglas que ayudarán al joven a lograr este objetivo?». Por lo general, esto implicaría la asistencia regular a la escuela y la finalización exitosa de las tareas asignadas. Casi siempre ambas se reflejan en el boletín de calificaciones que los padres reciben periódicamente. Las reglas podrían ser muy simples: asistencia diaria a la escuela a menos que esté enfermo en su casa o en el hospital, cumplimiento satisfactorio de todos los deberes escolares tanto en la propia escuela como en la casa. Si se viola la regla de asistencia, las consecuencias podrían ser que por cada día perdido en la escuela, el adolescente debe pasar el sábado leyendo un libro y dándole un informe verbal al padre acerca de lo que leyó. No se le permitirá salir de la casa por la cantidad de horas normales que habría estado en la escuela. La mayoría de los jóvenes solo perderá un sábado.

El desempeño de los deberes escolares en un poco más difícil de juzgar, pero casi siempre se refleja en las calificaciones y en una visita al maestro. Cuando los padres descubren que esos deberes no se están completando y el desempeño del adolescente en la escuela es menos que satisfactorio, la consecuencia podría ser que esas tareas se terminen el sábado o el domingo por la tarde aun cuando el maestro indique que esto no mejorará la calificación. El padre supervisará de cerca el cumplimiento de esos deberes «fuera de la puntuación». Tales reglas y sus consecuencias liberan al padre del acoso diario al adolescente para que termine sus tareas. Este opta por asumir la responsabilidad y tener libres los sábados y domingos por la tarde a fin de dedicarse a actividades más placenteras, o pierde esa libertad debido a que fue irresponsable.

3. *El uso de automóviles*

La oportunidad de conducir un automóvil es un privilegio para el joven, no un derecho. Los jóvenes no tienen el derecho de poseer su auto propio ni conducir el de la familia cuando lo desee. Conducir es una libertad que se gana con un comportamiento responsable. El joven debe comprender con claridad esta realidad mucho antes que tenga la edad para obtener su licencia de conducir. Repito, los jóvenes necesitan comprender la relación entre libertad y responsabilidad. Casi todos los padres desean que sus jóvenes tengan la libertad de conducir un automóvil, pero muchos fallan en conectar esta libertad a la de conducir con responsabilidad. Por consiguiente, los jóvenes contemplan la conducción de un vehículo como un derecho inalienable.

¿Cuáles son los aspectos clave involucrados en el uso del auto por el adolescente? Es probable que el padre y el adolescente estén de acuerdo en algunos de estos: la seguridad física del adolescente, la seguridad de otros conductores y pasajeros, y la obediencia de todas las leyes de tránsito. Otros padres y jóvenes podrán acordar acerca de ciertas reglas respecto a que el adolescente ayude a financiar este privilegio al pagar la gasolina con su asignación o sus ganancias. Otros querrán reglas sobre asegurarse el permiso de los padres respecto a cuándo puede usarse el vehículo y cuándo tiene que estar de regreso el joven. A partir de estos asuntos, se establecerán reglas específicas junto con sus apropiadas consecuencias.

Las siguientes reglas son sugerencias. *Regla*: obediencia a todas las leyes de tránsito. *Consecuencia si se viola*: Si el adolescente recibe una multa por cualquier violación de las leyes de tránsito, perderá sus privilegios de conducir por una semana y pagará la infracción con su asignación o sus ganancias. Si dentro de tres meses ocurre otra violación, perderá sus privilegios por dos semanas y hará el pago correspondiente. *Regla*: nunca se permite que un amigo conduzca su automóvil. *Consecuencia si se viola*: pierde los privilegios de conducir por dos semanas. Otras reglas se podrán referir a asuntos tales como horas de volver a casa, llamar por teléfono o enviar un mensaje de texto, pago de los gastos del vehículo, periódica limpieza del vehículo con la aspiradora y su mantenimiento.

4. Administración del dinero

Los problemas de dinero entre padres y jóvenes son comunes. Muchas veces se debe a que los padres no fijaron con claridad las reglas y sus consecuencias. ¿Cuáles son los asuntos principales con respecto al dinero y los jóvenes? La primera realidad es obvia: el dinero es limitado. Pocas familias tienen recursos ilimitados, lo que significa que el adolescente no puede tener todo lo que desea. Un segundo asunto importante es que el joven aprenda principios básicos de administración del dinero. Un simple principio fundamental es: «Cuando el dinero se termina, las compras se suspenden hasta que se obtenga más dinero». La violación de este principio por parte de muchos adultos (en sus propias vidas y en sus interacciones con sus jóvenes) ha sido la fuente de profundos problemas financieros. Por eso, en mi opinión, nunca se les debería dar tarjetas de crédito a los jóvenes. Las tarjetas de crédito alientan a gastar por encima de sus ingresos, y esa manera de gastar es una extremadamente mala práctica como enseñanza para los jóvenes.

En lo fundamental, un joven no aprenderá a administrar su dinero hasta que no tenga dinero para administrar. Esto ha movido a muchos padres a tomar la decisión de darle al adolescente una asignación regular en vez de que este venga al padre cada dos días pidiendo otros veinte dólares para comprar esto o aquello. El padre que distribuye diez dólares por aquí y veinte por allá a fin de satisfacer los pedidos específicos del día de los jóvenes, no les está enseñando a administrar el dinero. En mi opinión, un método mucho mejor para los padres y los jóvenes es ponerse de acuerdo en una asignación mensual o semanal. Con la asignación, es necesario que exista una clara comprensión acerca de en qué aspectos asumirá la responsabilidad el adolescente. Esto quizá incluya ropa, comida, música, gasolina, etc. Por ejemplo, los padres pueden darle al adolescente cien dólares al mes (o veinticinco semanales), con los cuales deberá comprar todas las comidas fuera de casa, a menos que esté acompañado de un miembro de la familia, toda la gasolina de su vehículo, si está en edad de conducir, y toda su ropa, excepto la que sus padres estén dispuestos a comprarle. Un arreglo semejante le da al adolescente la capacidad de aprender a administrar el dinero.

Los padres necesitan ser tan realistas como sea posible al fijar la cantidad que le darán al adolescente. Una vez fijada dicha cantidad, no deberá cambiarse solo porque el adolescente se queje diciendo: «No me alcanza». Si el joven quiere más de lo que puede comprar con la asignación, deberá procurarse los medios necesarios para ganar dinero fuera de la familia. Si no tiene la edad suficiente como para trabajar en un restaurante de comidas rápidas, puede cortar césped, cuidar niños, repartir periódicos o encontrar otros numerosos trabajos disponibles para los jóvenes. Con este acuerdo, el joven no solo aprende la manera de administrar el dinero, sino que aprende también su valor al optar por conseguirse entradas adicionales. No obstante, si los padres se transan y le dan al adolescente fondos adicionales cuando se queja, sabotean el aprendizaje de la responsabilidad financiera. Con la abundancia de Estados Unidos, miles de padres han socavado el bienestar económico de sus jóvenes al suplirles libremente el dinero que les pedían.

Asegúrate de comunicarle a tu adolescente que le estás dando esa asignación porque lo amas y deseas que aprenda a administrar el dinero con responsabilidad. No se lo estás dando debido a las tareas que realiza en casa. Este es un asunto de responsabilidad aislado por completo. Sugiero que no se le permita al adolescente ganar dinero extra de sus padres. Esto confunde el asunto de las esperadas responsabilidades hogareñas. Mucho mejor es permitirle ganarse su dinero fuera de casa. También creo que es un error prestarle dinero al joven. Le enseña a comprar por encima de sus ingresos. Esto es enseñarle una lección equivocada.

5. Las citas

El asunto de las citas crea traumas en los corazones de muchos padres. Algunos recuerdan sus propias experiencias respecto a las citas y no desean que sus jóvenes hagan lo mismo que ellos. Algunos piensan: «Si los puedo mantener alejados del sexo opuesto hasta que tengan veinte años, tal vez ya sean lo bastante maduros como para lidiar con esto». Existe también mucha confusión en cuanto a lo que constituye una cita. Si se considera una cita que un muchacho y una chica salgan a comer una hamburguesa y después pasen tres horas en el asiento trasero del automóvil estimulándose mutuamente en lo sexual, uno podría preguntarse si en verdad los jóvenes deben tener citas. No obstante, si las citas son entre un grupo de jóvenes, chicos y chicas, que salen a comer tacos y a ver películas, las citas podrían ser una experiencia positiva en la formación de la autoestima del adolescente y en desarrollar habilidades relacionales necesarias para una madura relación romántica adulta.

No me gustaría indicar cuándo debe comenzar a tener citas tu adolescente, aunque Steinberg advierte que las chicas que comienzan en su temprana adolescencia se arriesgan a que las atrapen en un «vago sentimiento romántico» y tengan las típicas salidas con muchachos mayores que «quizá las dominen [a las jóvenes] tanto de manera psicológica como física»[7]. Después de treinta años de consejero matrimonial y familiar, estoy convencido que la temprana adolescencia es el tiempo para que el adolescente desarrolle amistades con jóvenes del mismo sexo, seguido poco a poco por actividades en grupo que involucran a muchachos y muchachas y, al final de la adolescencia, a citas de pareja. A medida que los jóvenes maduran, se sienten más cómodos con el sexo opuesto, están más seguros de sí mismos y son más capaces de manejar las citas y los potenciales romances. Es un grave error pasar por encima de este proceso de desarrollo social y emocional mediante el fomento de las citas de pareja en la adolescencia temprana.

Si estás de acuerdo conmigo, el momento de fijar esta imagen en la mente de tu adolescente es a los nueve, diez y once años de edad. Luego, entrarán en los años de la adolescencia sin presiones de citas tempranas, sino más bien con la expectativa de pasar más tiempo fuera de la familia y con amistades del mismo sexo bajo la supervisión de los padres de esas amistades o de la tuya propia. Esto se anticipará a las actividades en grupo con jóvenes del sexo opuesto y a sentir poca presión por no salir en pareja hasta la avanzada adolescencia.

Es obvio que estoy describiendo lo ideal, y esto no toma en cuenta la variable personalidad de los jóvenes, sus inseguridades, la presión de sus pares y otros factores que quizá impulsen al adolescente a buscar un solaz emocional en una romántica relación en los primeros años de su adolescencia. Esta es otra razón del porqué es tan importante el amor emocional de los padres para el joven adolescente. En especial, esto es cierto para el padre del sexo opuesto. Si la adolescente se siente amada por su padre, es menos probable que busque el amor en un adolescente mayor. El adolescente que se siente amado por su madre es menos probable que explote a una jovencita para su propio placer emocional o físico.

¿Qué reglas podrían fomentar una saludable maduración social? *Regla*: durante la adolescencia temprana se alentarán las amistades del mismo sexo con jóvenes de la misma edad. Sin embargo, para que tu adolescente pase una noche en la casa de esa amistad, antes debes conocer al adolescente y hablar con sus padres. (Esto protege a tu adolescente de que se involucre con alguien cuyos valores y estilo de vida puedan perjudicarle). Toda visita para pasar la noche deberá efectuarse cuando los padres estén en la casa. *Consecuencias por violarla*: no habrá otra visita semejante durante tres meses y quitarás la asignación por un mes. *Regla*: El adolescente goza de libertad de asistir a actividades en grupo donde participan chicos y chicas siempre y cuando sean bajo supervisión adulta y el padre apruebe esas actividades. Los padres se reservan el derecho de decir «no» a cualquier actividad que consideren que sería perjudicial para el bienestar del adolescente. *Consecuencias por violarla*: no habrá actividades en grupo de este tipo por un mes, y se le quitará la asignación por una semana.

A medida que el adolescente se hace mayor, habrá cada vez más oportunidades, actividades y relaciones potenciales compitiendo por su atención. Aquí es donde llega a ser tan importante que tú y tu hijo adolescente establezcan reglas y consecuencias, mucho antes, que sirvan para los mejores intereses del joven. Aun cuando las cosas sean muy diferentes en la actualidad de lo que fueron una generación atrás, los adolescentes todavía tienen las mismas necesidades, inseguridades y anhelos que han tenido siempre.

Por favor, comprende que estas reglas y consecuencias son solo sugerencias. Cada padre y adolescente deben establecer lo que consideren justo y aceptable. Es obvio que cuanto antes se establezcan estas reglas y sus consecuencias, más probable es que el adolescente las vea como justas y para su beneficio.

6. El abuso de sustancias: El alcohol y las drogas

Cada vez más jóvenes están consumiendo en mayores cantidades drogas a edades mucho más tempranas. Los resultados son obvios: los jóvenes alcohólicos y drogadictos van en aumento. Nada destruye la independencia con mayor rapidez que la adicción al alcohol y a las drogas. ¿Qué puede hacer un padre para garantizar que su adolescente no se vea envuelto en las drogas y el alcohol? La respuesta: nada. Los padres no pueden seguir a sus hijos las veinticuatro horas del día para asegurarse que no ingieren alcohol ni drogas. Sin embargo, hay cosas que los padres pueden hacer para que el uso de las drogas sea menos probable.

Lo primero, y más poderoso, es dar el ejemplo de abstinencia. Los jóvenes que ven a sus padres tomar un trago todas las noches para relajarse tienen más probabilidades de usar y abusar del alcohol. Los jóvenes que observan cómo sus padres les dan un mal uso a los medicamentos bajo prescripción facultativa pueden convertirse con mayor probabilidad en consumidores de drogas. No exagero en este punto el poder del ejemplo de los padres.

Una vez que el ejemplo ocupa su lugar, sin embargo, hay otras cosas que los padres pueden hacer para que sus jóvenes tengan menos probabilidades de participar en el consumo de drogas.

Volvamos a nuestro paradigma de reglas y consecuencias. ¿Cuál es la mayor preocupación en cuanto al abuso del alcohol y las drogas? Por lo general, el aspecto clave es el temor a que el joven se vuelva alcohólico o drogadicto. De seguro que este es un temor legítimo. La segunda preocupación quizá sea que el adolescente viaje junto a un conductor alcoholizado y se hiera o muera en un accidente automovilístico. La tercera preocupación es que el adolescente se una a otros jóvenes que abusen de las drogas y el alcohol, y que en ese estado mental alterado se involucren en actividades criminales. Todas estas son preocupaciones muy reales y legítimas.

¿Con qué reglas se podrían abordar estas preocupaciones? En el foro de la familia, los padres deben, por supuesto, expresar su deseo de que el joven se abstenga del uso de las drogas y del alcohol. Los padres deben explicar que esto no se debe a una creencia enfermiza, ilógica, religiosa o personal, sino a que está basada en los hechos que se han investigado con claridad. Sabiendo que el adolescente algún día será un adulto y podrá tomar sus propias decisiones en cuanto al uso del alcohol y de las drogas, es bien admisible que los padres insistan que mientras los jóvenes vivan en casa, la regla es no consumir alcohol ni drogas.

Las consecuencias por la violación deben ser estrictas. Se le debe señalar al joven que casi todas las drogas son ilegales y violan las leyes estatales y federales. Si al joven lo encuentran con posesión de drogas ilegales, no solo sufrirá las consecuencias de los padres, sino las judiciales también. Un padre sugirió que a la primera infracción le quitaría por un mes los privilegios de conducir. A la segunda infracción, tres meses. A la tercera, se vendería el automóvil que compró el padre y nunca se sustituiría por el del padre. Si los padres administran con firmeza y amor las dos primeras consecuencias, es probable que nunca se venda el automóvil. No obstante, si los padres permiten los dos primeros deslices, puedes estar seguro de que el adolescente seguirá adelante en su abuso de sustancias.

Mientras exploras esta y otras esferas para enseñarle a tu adolescente un comportamiento responsable, es probable que quieras reevaluar las reglas y las consecuencias con regularidad, a fin de darle al adolescente mayor libertad y responsabilidad a medida que va creciendo, pero nunca separes ambas cosas. Todas las reglas y sus consecuencias deben tenerse en mente para el mejor interés del adolescente, y se deben establecer después de pensarlas mucho teniendo debidamente en cuenta los pensamientos y sentimientos del adolescente, pero bajo la cubierta de la amorosa autoridad paterna. El padre amoroso se preocupa lo suficiente por hacer el duro trabajo de establecer reglas y hacer cumplir las consecuencias.

Ama cuando tu joven falla

Daniel era un hombre corpulento con un espeso cabello castaño y una barba bien recortada. Tenía éxito en los negocios, y era muy respetado en la comunidad. No obstante, en mi oficina, sus lágrimas mojaban ahora las raíces de su barba.

«No lo puedo creer, Dr. Chapman. Todo parece como un mal sueño. Desearía despertarme y que todo no fuera más que una pesadilla. En cambio, sé que esto es la realidad. Y no sé qué hacer. Deseo hacer bien las cosas, pero en mi estado mental no sé si soy capaz de hacer las cosas como es debido. Una parte de mí desea estrangularlo y preguntarle: "¿Cómo pudiste hacernos esto?". La otra parte de mí desea tomarlo en mis brazos y tenerlo allí para siempre. Mi esposa está tan molesta que ni siquiera pudo venir conmigo hoy. Va a regresar mañana y no sabemos cómo actuar».

Las lágrimas, el enojo, la frustración y la confusión de Daniel se concentraban en su hijo de diecinueve años de edad. La noche antes su hijo llamó a casa desde la universidad y les informó a Daniel y a su esposa, Miriam, que había dejado embarazada a una chica y que ella se negaba a abortar. Les dijo que sabía que estas noticias los iban a herir y que sabía que lo que había hecho estaba mal. Sin embargo, necesitaba ayuda y no sabía a dónde más recurrir. Daniel y Miriam se pasaron la noche sin dormir tratando de consolarse el uno al otro, pero no hubo consuelo. Su hijo había fallado y las respuestas no eran fáciles.

Solo los padres que han recibido llamadas telefónicas similares pueden identificarse por completo con esta pareja. El dolor parecía insoportable. Las emociones se precipitaban por sus cuerpos. Dolor, enojo, compasión, pena y profundo amor, la clase de amor que trae más dolor, enojo, compasión y pena, se pegaban en sus mentes como calcetines en una lavadora. Tenían la esperanza que cuando saliera el sol en la mañana, todo sería un mal sueño, pero en sus corazones los padres sabían que tendrían que afrontar la realidad de sueños rotos.

LOS JÓVENES FALLARÁN

Mientras recuerdo el dolor de Daniel y Miriam, me viene a la mente lo que dijo el psicólogo infantil John Rosemond: «Una buena crianza es hacer las cosas *bien* cuando un hijo las hace *mal*»[1].

De esto trata este capítulo: la buena respuesta a las malas elecciones de nuestros hijos adolescentes. El hecho es que no podemos evitar que nuestros hijos fallen, y de seguro no podemos evitar que nuestros adolescentes fracasen. Nuestros mejores esfuerzos de amarlos y criarlos no garantizan su éxito. Los jóvenes son personas y las personas son libres de tomar decisiones, buenas o malas. Cuando toman malas decisiones, los padres sufren. Esta es la naturaleza de la crianza. Dada nuestra relación, cuando el adolescente fracasa, el resto de la familia percibe las ondas de esa conmoción. Nadie siente de manera más profunda el trauma que los padres de los jóvenes.

No todos los fallos de los jóvenes son de la misma magnitud. Al igual que los terremotos físicos, hay movimientos sísmicos pequeños y hay sismos de 7,5 grados. Es obvio que las repercusiones de uno no son iguales que las del otro. Alex perdió tres tiros consecutivos, cualquiera de los cuales hubiera sellado la victoria para su equipo, mientras lo observaban sus amigos y sus padres. Alex falló, pero su fracaso fue un pequeño temblor comparado con el fallo del hijo de Daniel y Miriam. No obstante, ¿qué tal si esa noche hubiera estado en las gradas el cazatalentos de la universidad más importante? Bueno, hay diferentes clases de fracasos.

CLASES DE FRACASOS

El fracaso de satisfacer nuestras expectativas

No solo existen tres niveles diferentes de fracaso, también existen tres clases de fracasos distintos. La situación de Alex ilustra el fracaso en desempeñar algo de acuerdo con nuestra capacidad o de las expectativas de los padres. Estas clases de fracasos ocurren a cada momento en los campos deportivos, las artes, los deberes escolares, los debates en equipo, etc. Algunos de estos fracasos de desempeño ocurren debido a que los padres o los jóvenes aceptaron expectativas irreales. Si la meta es poco realista, el fracaso es inevitable. Los padres deberían comprender desde el principio que no todo jugador puede ganar la medalla de oro. Si los padres solo se dan por satisfechos con la perfección, estarán insatisfechos con su adolescente. Si las metas de desempeño no se obtienen, crearán desaliento.

En nuestra altamente competitiva cultura de «ganar es todo», a menudo los bienintencionados adultos (casi siempre los padres), señalan a los jóvenes como fracasados.

En actividades competitivas, los padres deben ayudar a su adolescente a replantearse los resultados. Conseguir el segundo puesto en un torneo no es un fracaso. Si hay treinta equipos en la liga, esto significa que su equipo es mejor que veintiocho. Llegar último en un maratón significa que tú eres mejor corredor que las cien mil personas que no intervinieron en la carrera. Si tu hija adolescente tocó clarinete en la banda que se ubicó en décimo lugar entre cien escuelas que compitieron, ¡su banda se ubicó en el percentil noventa! Este es un motivo de celebración, no de lamentarse por la «pobre actuación».

Por supuesto, a todo el mundo le gustaría ganar siempre. Sin embargo, el hecho de que solo puede haber un ganador no significa que todos los demás sean perdedores. En nuestra altamente competitiva cultura de «ganar es todo», a menudo los bienintencionados adultos (casi siempre los padres), señalan a los jóvenes como fracasados.

Otra razón por la que algunos jóvenes experimentan fracasos de desempeño es que los han presionado hacia campos en los que tienen pocas aptitudes o ningún interés. Debido al interés del padre por el atletismo, el adolescente se ve empujado al escenario del atletismo cuando en realidad quería tocar en la banda. Es probable que el adolescente se hubiera convertido en un excelente trompetista; en su lugar, está «sentado en la banca» sintiéndose como un fracasado en el mundo del atletismo. Presionar a los jóvenes dentro de campos en los que no se interesan es llevarlos al fracaso.

Conocí una vez a un padre que presionó a su hijo para que se convirtiera en médico. Su hijo luchó en la universidad a través de la química orgánica y la física, y después de dos depresiones nerviosas, pudo al fin terminar la escuela de medicina. El día de su graduación, le presentó a su padre su diploma de doctor en medicina y se negó a hacer su residencia. Lo último que escuché fue que estaba trabajando en un restaurante de comida rápida, tratando de decidir lo que quería hacer con su vida. Sin duda, los padres quizá expongan a los jóvenes a sus propios centros de interés, pero no deben tratar de manipularlos para que sigan sus propios deseos cuando los mismos no coinciden con los intereses y las aptitudes del adolescente. Los padres que reconozcan esa tendencia en su interior, deben alquilar y ver la película *La sociedad de los poetas muertos*. Esta historia de un joven estudiante del instituto que no podía conformar a su padre te dejará llorando, pero más sabio.

Fracasos morales

La segunda categoría de los fracasos de los jóvenes es mucho más devastadora, tanto para el adolescente como para los padres. Es la que llamo fracasos morales. Estos fracasos ocurren cuando el adolescente viola los códigos morales por los que la familia se ha regido durante años. Desde la más temprana infancia, los padres les comunican sus valores morales a sus hijos. La esperanza de la mayoría de los padres es que en los años de la adolescencia, aunque los jóvenes pongan a prueba estos valores morales, los adopten como suyos. Es obvio que esto no sucede siempre.

Los jóvenes violan los códigos morales de dos maneras. Algunos hacen la consciente elección de rechazar los valores morales de la familia y establecen los propios. Otros, al aceptar el sistema de valores de la familia en la práctica, violan sus preceptos. Cualquiera de las dos formas les ocasiona dolor a los padres y casi siempre al adolescente también. Los padres se afligen en verdad cuando su adolescente toma una decisión moral que los padres saben que es equivocada. Reconocen cuáles son las consecuencias que le espera al adolescente. Y el adolescente, por lo general, siente la decepción, o al menos el dolor, de sus padres, o incluso su distanciamiento de ellos.

Las consecuencias de los fracasos morales pueden ser a menudo devastadoras para los padres. La mayoría de los padres se ha preguntado en secreto: «¿Qué haría yo si mi hija adolescente me llamara y me dijera: "Estoy embarazada"? ¿O si mi hijo me llamara y me diera la noticia de que su novia está embarazada [la misma noticia que recibieron Daniel y Miriam]? ¿Qué haría si me enterara que mi adolescente esta consumiendo drogas o las distribuye? ¿Qué haría si mi adolescente me dijera que tiene sida u otra enfermedad de transmisión sexual? ¿Qué haría si recibiera una llamada del departamento de policía diciéndome que arrestaron a mi adolescente por robo o asalto?».

A decir verdad, estas son preguntas que miles de padres se verán obligados a responder durante los años de la adolescencia de sus hijos.

TRAE REDENCIÓN A LOS FRACASOS MORALES DE TUS ADOLESCENTES

En las páginas que quedan de este capítulo, deseo sugerir algunas ideas prácticas que han ayudado a otros padres a procesar los fracasos morales de los adolescentes de una manera redentora. Cuando usamos el fracaso de nuestros jóvenes para mostrar compasión y restauración, actuamos como buenos padres, al «hacer las cosas bien cuando [nuestro] hijo las hace mal», como dijo Rosemond.

1. No te culpes

Antes de ayudar a tu adolescente, lidia primero con tu propia respuesta. La primera respuesta de muchos padres cuando sus hijos fracasan es preguntarse: «¿Qué hicimos mal?». Es una pregunta lógica, sobre todo en una sociedad que en los últimos años ha puesto tanto énfasis en el valor de la crianza apropiada. Sin embargo, en muchos libros de autoayuda y seminarios de crianza de los hijos hemos sobreestimado el poder de la educación positiva y hemos fracasado en considerar la libertad de elección del adolescente. El hecho es que los jóvenes pueden tomar decisiones, y lo harán, tanto en el hogar como fuera de él. Estas decisiones siempre tienen consecuencias. Las malas elecciones producen resultados adversos, mientras que las sabias traen frutos positivos.

Los padres no pueden estar en la presencia física de sus jóvenes las veinticuatro horas del día y controlar su comportamiento. Tú lo hiciste cuando tu hija tenía tres años de edad, pero no lo puedes hacer cuando tenga trece años. Tan espantoso como quizá parezca, a tu adolescente hay que darle la libertad de tomar decisiones.

Las elecciones aumentan durante los años de la adolescencia. Este es un proceso necesario y casi siempre saludable, pero incrementa el riesgo de un fracaso del adolescente. Los padres que se culpan a sí mismos están perjudicando a sus jóvenes. Si el padre se acusa, le quita la culpa al adolescente. Cuando es capaz de traspasar su culpa sobre tus espaldas, será menos probable que el adolescente aprenda de su fracaso y más probable que lo repita en el futuro.

Los padres que son más propensos a culparse por los fracasos morales de sus jóvenes son los que se han dado cuenta que criaron mal a sus hijos en los primeros años. No deseo transmitir la idea de que los padres no tienen la responsabilidad de ser buenos padres. A lo que me refiero es que tú tienes la responsabilidad de tu propio fracaso, no de los fracasos de tus jóvenes. Si reconoces fracasos específicos en tus patrones de crianza pasados, confiésaselos a Dios y a tu adolescente. Busca el perdón de ambos, pero no aceptes la responsabilidad por las malas elecciones de tu adolescente.

2. No «prediques»

Por lo general, el adolescente ya se siente culpable. Los jóvenes saben cuándo su comportamiento les causa dolor a sus padres. Son conscientes cuando violan los códigos morales que les han enseñado. No hace falta predicarles. A Daniel, el lloroso padre que conocimos al comienzo de este capítulo, le dije: «Cuando tu hijo vuelva mañana a casa de la universidad, que tus primeras palabras no sean de condena. No le digas: "¿Por qué hiciste esto? Tú sabes que eso viola todo lo que te hemos enseñado a través de los años. ¿Cómo nos pudiste hacer esto? ¿No sabes que estás desgarrando nuestros corazones? Lo has arruinado todo. No puedo creer que hayas sido tan tonto".

»Comprendo que tengas todos estos pensamientos y sentimientos», continué, «pero tu hijo no necesita escuchar semejante condena. Él ya tuvo estos pensamientos y se ha hecho las mismas preguntas. Si haces estas declaraciones y preguntas, quizá se ponga a la defensiva y deje de luchar con dichas preguntas».

Un joven que se ha equivocado necesita luchar con su propia culpa, pero no necesita más condenación.

3. No trates de arreglarlo

La respuesta natural de muchos padres es tratar de minimizar lo sucedido. Saltar al «control de daños» y tratar de proteger al adolescente es, en mi opinión, una acción demasiado imprudente. Si tratas de eliminar las consecuencias naturales de la equivocación del adolescente, vas en contra de su madurez. Los jóvenes aprenden algunas de las más profundas lecciones de la vida a través de sufrir en carne propia las consecuencias de su equivocación. Cuando los padres eliminan las consecuencias, el adolescente recibe otro mensaje. El mensaje es uno que promueve la irresponsabilidad. «Puedo equivocarme y algún otro se hará cargo de las consecuencias». Llegar a esta conclusión le dificultará el aprendizaje de ser responsable.

Sé que es difícil observar cómo nuestros hijos jóvenes sufren las consecuencias de sus decisiones, pero evitarles las mismas es eliminar uno de los más importantes maestros de la vida. Recuerdo al padre que me dijo: «La cosa más difícil que jamás haya hecho en mi vida fue salir de la cárcel y dejar a mi hijo detrás de las rejas. Sabía que lo habría podido sacar de la cárcel, pero también sabía que si lo hacía, iba a volver a vender drogas esa misma noche. Por su propio bien, opté por dejarlo sufrir las consecuencias de su propio error. Al volver la vista atrás, fue una de las mejores decisiones que he tomado a su favor».

Hasta aquí, nos hemos enfocado en lo negativo: No te culpes; no prediques; no trates de arreglarlo. Ahora, iremos al lado positivo.

4. Dale amor incondicional a tu adolescente

En primer lugar, demuéstrale a tu adolescente tu amor incondicional. El permitir que el adolescente experimente las consecuencias de su propio fracaso es en sí un acto de amor. Al hacerlo de esa manera, procuras el bienestar del adolescente, lo cual es la esencia del amor. No obstante, a lo que me refiero en esta sección es a satisfacer la necesidad emocional por amor del adolescente. Aquí es donde los cinco lenguajes del amor son de suma importancia. Si conoces el lenguaje de amor de tu adolescente, este es el momento de hablar a viva voz ese lenguaje primario, mientras que demuestras los otros cuatro con tanta frecuencia como te sea posible.

Los fracasos morales del adolescente crean sentimientos de culpa. Estas emociones alejan al adolescente de ti. Al igual que Adán y Eva trataron de esconderse en el jardín de la presencia de Dios, así tu adolescente tratará de esconderse de ti. El joven quizá le tema a tu condenación. La respuesta que Dios les dio a Adán y Eva es un buen modelo para los padres. Por supuesto, dejó que sufrieran las consecuencias de su mala acción, pero al mismo tiempo les dio un regalo. Ellos trataban de ocultarse con hojas de higuera. Él les dio vestimenta de pieles. El padre sabio le dará su amor al adolescente sin importar cuál sea su error.

Daniel y Miriam me contaron después que cuando llegó su hijo a casa de la universidad, lo recibieron en la puerta con los brazos extendidos. Cada uno le dio un largo y lloroso abrazo, y le dijeron: «Te amamos». Luego se sentaron y escucharon mientras su hijo confesó su mal paso y les pidió su perdón. El amor incondicional crea un clima apto para el diálogo abierto. El joven necesita saber que a pesar de lo que haya hecho, hay alguien que sigue creyendo en él, que sigue creyendo que es valioso y que está dispuesto a perdonarlo. Cuando el joven percibe el amor emocional de sus padres, hay mayor probabilidad que enfrente su error, acepte las consecuencias como merecidas y trate de aprender algo positivo de la experiencia.

5. Escucha al adolescente con empatía

Dijimos antes que este no es el momento de sermones. Es un tiempo para escuchar con empatía. La empatía significa entrar en los sentimientos del otro. Los padres necesitan ponerse en los zapatos del joven y tratar de comprender tanto lo que lo llevó a cometer ese error como lo que siente él en este momento. Si el joven percibe que sus padres tratan de comprenderlo y se identifican con sus sentimientos, se sentirá alentado a continuar hablando. Por otra parte, si el joven percibe que los padres lo escuchan con actitud de jueces, listos para condenar sus actos, la conversación será de corta vida y el joven se marchará sintiéndose rechazado y sin amor.

La acción de escuchar con empatía se mejora al formular preguntas reflexivas tales como: «¿Dices que esto es lo que sentiste en ese momento? ¿Dices que sentiste que no te comprenderíamos? ¿Es eso lo que estás diciendo?». Preguntas así les dan una oportunidad a los jóvenes de aclarar sus ideas y emociones, y les da la oportunidad a los padres de comprender.

Escuchar con empatía conduce al entendimiento, lo cual crea la base para ser en verdad capaz de ayudar al joven.

6. Apoya al adolescente

Una vez que escuchaste y comprendiste los pensamientos y sentimientos del joven, estarás ahora en posición de darle apoyo emocional. Dile que aunque no estés de acuerdo con lo que hizo y que no puedes eliminar todas las consecuencias, deseas que sepa que estás con él y estarás de su lado mientras transite por el proceso de lidiar con las consecuencias de este error.

Después que Daniel y Miriam escucharon la historia de su hijo y derramaron sus lágrimas de pesar, Daniel le dijo a su hijo: «Quiero que sepas que mamá y yo estamos contigo. Es obvio que no estamos felices por lo que pasó. No conocemos todos los resultados que habrá que afrontar. Sin embargo, transitaremos contigo a través del proceso. Esperamos que asumas tu responsabilidad con la joven y con el bebé, y nosotros haremos todo lo posible para apoyarte. Esto no significa que nos encargaremos de los gastos. Eso es algo que creemos que es tu responsabilidad. Aun así, te animaremos, oraremos por ti y haremos todo lo posible por ayudarte a ser una persona más fuerte cuando hayas terminado con esto».

Estas son declaraciones de apoyo emocional. El joven necesita saber que aunque falló, no está solo en la vida. A alguien le importa lo suficiente como para acompañarlo en su dolor y su dificultad.

7. *Guía al adolescente*

Guía a tu hijo adolescente. Por guiar, no me refiero a manipular. Los padres que tienen la tendencia a tener personalidades controladoras, a menudo quieren controlar el comportamiento del joven después de una falla moral. Cuando el padre decide lo que debe hacerse y trata de convencer al adolescente a que lo haga, eso es manipulación, no es dirección. Guiar es ayudar al joven a pensar la situación y tomar decisiones sabias al responderles a las consecuencias de su falla moral.

Los padres deben tomar en serio los sentimientos, pensamientos y deseos del joven. No deben pasarse por alto como si fueran insignificantes. Debido a que el joven tuvo una falla moral, esto no significa que los padres tomen ahora las decisiones en su lugar. No se convertirá en un adulto responsable si no tiene la libertad de esforzarse en solucionar su situación y tomar las decisiones acerca de cómo continuar a partir de ahora.

Una manera en la que los padres podrán guiar a sus jóvenes es ayudándolos a seguir sus propios pensamientos hasta su conclusión lógica. Por ejemplo, el hijo de Daniel y Miriam dijo:

—Una de las ideas que tuve fue irme del estado, mudarme a California y tratar de empezar mi vida de nuevo.

Miriam fue tan sabia como para no seguir su deseo de decirle: «Esa es una idea tonta. Esto no resuelve nada». En su lugar le dijo:

—Si consiguieras reunir el suficiente dinero como para ir a California, ¿qué clase de trabajo buscarías?

Después que su hijo le contó sus ideas al respecto, ella le dijo:

—¿Enviarías dinero para la manutención del niño?

—Por supuesto —le respondió su hijo—, voy a afrontar mi responsabilidad.

—Quizá puedas comunicarte con nuestro agente de seguros y pedirle que averigüe los precios de los seguros en California —sugirió entonces Miriam—. Creo que también tiene un pariente allí que podría darte una idea de lo que quizá te cueste el alquiler de un apartamento.

Con esto y varias preguntas más, Miriam ayudaba a su hijo a pensar en las implicaciones de su idea de mudarse a California.

Los padres que aprenden a dar este tipo de dirección seguirán influyendo en las decisiones de sus jóvenes de una manera positiva. Sin embargo, los padres que hacen juicios rápidos y declaraciones dogmáticas acerca de las ideas de sus jóvenes detendrán el flujo de la comunicación e impulsará al adolescente hacia otra persona en busca de dirección. El joven quizá hasta tome una decisión tonta como una reacción defensiva ante la actitud de «sabelotodo» de sus padres.

A algunos de los padres les resulta difícil dar este tipo de dirección. Es más fácil decirles a nuestros jóvenes lo que pensamos y efectuar dogmáticas afirmaciones acerca de la validez o lo absurdo de sus ideas. Esto no ayuda a que el joven desarrolle sus propias aptitudes en la toma de decisiones. El joven no necesita órdenes, necesita dirección.

Otra forma de dar orientación es expresar sus ideas como si fueran posibilidades. «Un posible método sería...» es mucho más útil que: «Lo que yo creo que deberías hacer es...». Recuerda, a pesar de su falla moral, el joven sigue deseando desarrollar su independencia e identidad propia. Los padres no deben olvidar este importante motivo de los años de la adolescencia y tratar de ayudar que se aprenda de los errores. Tú bien puedes ver posibilidades que tu adolescente no ve. Tu hijo adolescente podría aprovechar tus conocimientos profundos si se los expresas como posibilidades, no como «deberes».

Si después de todo tu diálogo ves a un adolescente a punto de hacer lo que piensas que sea una decisión perjudicial, una que solo hace que empeore la situación en lugar de que mejore, puedes continuar dando orientación si es que lo haces a manera de consejo en lugar de hacerlo como órdenes. El asunto es reconocer la autonomía del adolescente como una persona y que, a fin de cuentas, tomará sus propias decisiones.

En una situación así, un padre podría decir: «Alexis, en verdad deseo que esto sea tu propia decisión porque tú eres el que tiene que vivir con las consecuencias. Aun así, deseo comentarte mis temores si tomas esa decisión». Le expresas esos temores y, luego, dices: «Estas son las cosas que me dicen que sería mejor si eligieras otro método». A continuación, le das tus propias ideas. No has quitado la responsabilidad de la decisión de las espaldas de tu hijo, ni has ordenado a viva voz que tu adolescente haga lo que tú quieres, pero le has dado el beneficio de tus ideas y sentimientos, formulados de una manera que hace que sea más probable que las reciba.

Si al final el adolescente toma la decisión que consideras imprudente, permítele entonces sufrir los resultados naturales de esa decisión. Si los mismos se convierten en algo negativo y el adolescente comete otro error, repite el proceso antes señalado, recordando que tú no puedes controlar la vida de tu hijo. Ser un padre responsable es ayudar a tu adolescente a aprender de sus errores.

ERRORES DEL ADOLESCENTE DEBIDO A LAS DROGAS Y AL ALCOHOL

Debido a que el abuso de las drogas y el alcohol son un problema importante en nuestra sociedad, me siento impulsado a decirles unas palabras a los padres acerca de ayudar a los jóvenes que caen en este problema. Sin embargo, primero quiero darles unas palabras acerca de la prevención. La mejor cosa que pueden hacer los padres es estar activos durante los primeros años de la adolescencia en cuanto al tabaco, el alcohol y las drogas, aplicando los principios que analizamos respecto a permitir que el adolescente experimente las consecuencias de sus decisiones.

En un foro familiar, Juan y Sara le explican a su hijo de trece años de edad que debido a que ahora es un adolescente, saben que sus amigos quizá ejerzan presión en él a fin de que fume, beba y consuma drogas. «Puesto que ahora eres un adolescente, creemos que eres lo bastante mayor como para ser un ciudadano informado acerca de estos asuntos. Por consiguiente, una de las cosas que haremos como familia es asistir a las clases de información en el hospital local sobre los efectos nocivos de fumar cigarrillos». Juan agregó: «Mamá y yo queremos que tú conozcas los hechos antes que tus amigos te presionen para que fumes».

La mayoría de los jóvenes responderá de manera positiva a semejante oportunidad, habiendo visto las fotografías de pulmones enfermos, decidirán no fumar. Como padre sabio, puedes usar un método similar para el alcohol y las drogas, ya sea asistiendo a una clase que esté disponible en tu comunidad, o leyendo en línea acerca de los efectos nocivos del alcohol y las drogas, y analizándolos. Dándole a tu adolescente la información acerca de los efectos perjudiciales del alcohol y las drogas, esta puede conducirlo a tomar sabias decisiones antes de que sus pares lo presionen a beber o a consumir drogas.

Después de darle tal información básica a tu hijo adolescente más joven, deberás recortar de vez en cuando los artículos del periódico que traten sobre los jóvenes que mueren debido a conductores ebrios. Quizá quieras llevarlo a una visita a la misión de salvamento local y permitir que se siente y comparta una comida y un servicio con hombres y mujeres con vidas arruinadas por el alcohol y las drogas. Al hacer esto, le das a tu adolescente menor un cuadro de la otra cara del consumo de las drogas y del alcohol que nunca verá en la televisión ni en las películas.

También podrás hablar con tu hijo adolescente acerca de la forma en que los anunciantes procuran explotar a las personas cuando solo les muestran uno de los lados del uso de la bebida y de las drogas. Si tu adolescente comienza a ver que los anunciantes tratan de explotarlo a él y a otros jóvenes, es más probable que responda de forma negativa a la seducción de los anuncios televisivos y a la presión de sus pares. En mi opinión, este método proactivo es una de las mejores cosas que pueden hacer los padres por sus adolescentes menores.

No obstante, si no has tenido ese foro familiar cuando tu adolescente tenía trece años de edad y descubres ahora que tu adolescente de quince años ya está fumando cigarrillos, tienes que tomar una decisión. En lugar de pasarlo por alto, esperando a que se le pase, o buscando en sus cajones y botando los cigarrillos con la esperanza de que no regresen, es mucho mejor enfrentar al adolescente con el conocimiento que recibió y decirle: «Creo que sabes que mi más sincero deseo es que no fumes. La razón es que el fumar es demasiado nocivo para la salud.

Sin embargo, yo no puedo tomar esa decisión por ti. Puedo evitar que fumes en casa, pero no puedo controlar tu comportamiento cuando estás fuera. Si vas a fumar, deseo que sea una decisión informada. Por lo tanto, te pido que asistas a las clases que da el hospital local sobre lo que sucede cuando las personas fuman. Sé que no puedo obligarte a que asistas a esas clases, pero como me importas mucho, te ruego de todo corazón que vayas a esas clases». Si el adolescente asiste, puede entonces tomar una decisión informada. La mayoría de los jóvenes opta por no fumar cuando conoce los hechos.

No obstante, si el adolescente se niega a asistir a las clases, los padres pueden hacer dos cosas. En primer lugar, pueden asegurarse que no fume en casa, siéntete libre de mencionar los peligros para los otros miembros de la familia por ser fumadores indirectos dentro de la casa. En segundo lugar, hasta que el adolescente no asista a esas clases, el padre podrá retener las asignaciones y los privilegios como una influencia para alentarlo a cumplir. Repito, tú no obligas al joven a que haga algo; solo le demuestras que la libertad y la responsabilidad siempre van de la mano. No tendrá la libertad de recibir una asignación hasta que no asista a las clases.

Quizá la sustancia no sea el tabaco, sino el alcohol o las drogas. El abuso de las drogas y el alcohol no solo perjudican y al final destruyen la vida del consumidor, sino que dañarán la vida de todos los que le rodean. Si tu adolescente es un adicto, necesita ayuda profesional. Te recomiendo encarecidamente dos pasos. Primero, buscar y comenzar a asistir a las reuniones de un grupo de Alcohólicos Anónimos de la localidad. Alcohólicos Anónimos es un grupo destinado para ayudar a los padres que tienen jóvenes (u otros miembros de su familia) que estén enganchados al alcohol o las drogas[2]. Segundo, busca un consejero personal. Busca uno que sea experto en ayudar a los padres a tomar sabias decisiones acerca de cómo actuar con un adolescente adicto. Los padres no pueden lidiar solos con esto. Necesitan los conocimientos de quienes poseen experiencia en trabajar con jóvenes adictos. Existen programas que pueden ayudar. Esos programas son dignos de explorar, pero tú necesitas el sentido común de un profesional que te ayude a tomar sabias decisiones en el proceso. Si los padres de un adicto no consiguen ayuda, es probable que no sean capaces de ayudar a su adolescente.

EL PODER DEL AMOR

Muchos padres pueden unirse a Daniel y a Miriam en decir: «La noche más oscura de nuestra vida fue el comienzo de una relación más profunda e importante con nuestro adolescente». El amor es la clave para transformar la tragedia en triunfo. Los padres que aman lo suficiente para no culparse a sí mismos, no predicar, no tratar de arreglarlo, que escuchan con empatía, dan su apoyo y su guía, todo dentro de un espíritu de amor incondicional, es probable que vean a su adolescente dar gigantescos pasos hacia la madurez, mientras transita a través de las consecuencias del fracaso adolescente.

Lo que traté de decir en este capítulo es que el joven que comete un error no necesita que sus padres anden detrás de él, lo golpeen, ni lo condenen por su fracaso personal. Tampoco necesita a padres que anden delante de él, tirando de él, tratando que se adapte a los deseos de sus padres. Lo que necesita son padres que anden a su lado, hablando su lenguaje del amor con el sincero deseo de aprender juntos a cómo dar pasos responsables después del fracaso. Los padres que hagan esto serán en verdad padres exitosos.

Epílogo

Dos vientos están soplando a través del horizonte de la cultura contemporánea del adolescente. Uno lleva las sinceras voces de miles de jóvenes que suspiran por una comunidad, una estructura, unas pautas y un propósito. El segundo es el turbulento viento de confusión que amenaza al primer viento.

Para muchos jóvenes, el mundo no tiene sentido y la vida apenas merece el esfuerzo. Esos jóvenes, atrapados en ese turbulento y confuso viento pasan a menudo gran parte de la vida en depresión, y a veces todo termina en actos de autodestrucción, arrastrando con frecuencia a otros con ellos.

Creo desde lo más profundo que la influencia más importante en el estado anímico y las elecciones del adolescente es el amor de los padres. Sin el sentir del amor paternal, los adolescentes son más propensos a dejarse arrastrar por el viento de la confusión. En cambio, los jóvenes que sienten que sus padres los aman de verdad, tienen una probabilidad mucho mayor de responder a los profundos anhelos de una comunidad, de recibir con agrado una estructura, de responder de forma positiva a las pautas y de encontrarle a la vida un propósito y un significado. Nada posee más potencial para cambiar de manera positiva la cultura que el amor de los padres.

Al escribir este libro, mi propósito fue brindar una ayuda práctica a los padres sinceros que de veras desean que sus adolescentes se sientan amados. Mis observaciones después de muchos años de consejería matrimonial y familiar son que la mayoría de los padres aman a sus adolescentes. Sin embargo, también he podido observar que miles de esos jóvenes no se sienten amados por sus padres. *La sinceridad no es suficiente.* Si queremos comunicar con eficiencia nuestro amor al joven, debemos aprender a conocer su lenguaje primario del amor y hablarlo con regularidad. También debemos aprender los dialectos que se encuentran dentro del mismo, los que hablan a lo más profundo de su alma. Cuando hagamos esto con eficacia, podremos esparcir también los otros cuatro lenguajes y esto acentuará nuestros esfuerzos.

No obstante, si no hablamos el lenguaje primario del amor del adolescente, nuestros esfuerzos por hablar los otros cuatro no llenarán su tanque de amor.

He tratado de ser sincero en la comunicación de que amar con eficacia a un adolescente no es tan fácil como parece y de seguro no es tan fácil como cuando era un niño. De muchas maneras, nuestros jóvenes son «blancos móviles». No solo participan de manera activa en perseguir muchos intereses, sino que también experimentan cambios radicales de estados de ánimo. Ambas cosas les dificultan a los padres saber qué lenguaje o dialecto hablar en un día determinado. Además, el proceso total de amar a los jóvenes está compuesto por su incipiente independencia y su identidad propia en desarrollo. Como padres, no podemos minimizar esos factores si deseamos expresar con eficiencia nuestro amor hacia los adolescentes.

Aunque escribí en primer lugar para los padres, mi deseo es que los abuelos, los maestros de escuelas, los líderes de jóvenes de las iglesias u otros adultos que se ocupan de los adolescentes se conviertan en personas que expresen con más eficacia su amor a los jóvenes mediante la lectura de este libro y la práctica de sus principios. Los jóvenes no solo necesitan sentir el amor de sus padres, sino también el de otros adultos importantes en su vida. Cada encuentro con un adulto deja al adolescente sintiéndose amado o no. Cuando el joven se siente amado por un adulto, está dispuesto a la enseñanza y la influencia de ese adulto. Cuando un joven no se siente amado, las palabras de los adultos caen en oídos sordos. El adolescente necesita con desesperación la sabiduría de adultos mayores y más maduros. No obstante, sin amor, la transferencia de sabiduría será ineficaz.

Los principios plasmados en este libro se deben practicar a diario. Tan cierto como que el cuerpo de un joven necesita alimentos diarios, también su alma anhela amor. Desearía poder poner este libro en las manos de todos los padres de adolescentes y decirles: «Escribí esto para ustedes. Sé que aman a sus adolescentes. Aun así, no estoy seguro de que su adolescente sienta que ustedes lo aman. No den por sentado que todo está bien. Aprendan el lenguaje primario del amor de su adolescente y háblenlo con regularidad. Esto no es fácil. Lo sé. Ya pasé por eso. Sin embargo, vale la pena el esfuerzo. Su adolescente será el benefactor, y ustedes también».

Nada es más importante para las futuras generaciones que amar con eficacia a los jóvenes de esta generación.

Para una guía de estudio gratuita en inglés, otros recursos útiles y materiales de lectura adicionales, visita:
www.5lovelanguages.com

La guía de estudio toma los conceptos del libro
Los 5 lenguajes del amor de los jóvenes y te enseña cómo
aplicarlos a tu vida de una manera práctica.
Es ideal para un diálogo interactivo en grupos.

Notas

Capítulo 1: Comprende a los jóvenes de hoy

1. *YOUTHviews* 6, n.° 8, publicado por el George H. Gallup International Institute, Princenton, NJ, abril de 1997.
2. 1 Samuel 3:10, NVI®.
3. *YOUTHviews* 6, n.° 7, marzo de 1999, p. 3.
4. James Garbarino, *Lost Boys: Why Our Sons Turn Violent and How We Can Save Them*, Free Press, Nueva York, 1999, pp. 6-7.
5. *YOUTHviews* 5, n.° 9, mayo de 1998, p. 2.
6. Jerrold K. Footlick, «What Happened to the American Family?», *Newsweek*, edición especial, invierno/primavera, 1990, p. 15.
7. Eric Miller con Mary Porter, *In the Shadow of the Baby Boom*, EPM Communications, Nueva York, 1994, p. 5.
8. Richard Louv, *Childhood's Future*, Anchor, Nueva York, 1990, p. 6.
9. Christian Smith y Melinda Lundquist Denton, *Soul Searching: The Religious y Spiritual Lives of American Teenagers*, Oxford University Press, Nueva York, 2005, p. 40.
10. *Ibidem*, pp. 31, 40, 45.
11. *Ibidem*, p. 37.
12. *YOUTHviews* 5, n.° 1, septiembre de 1997, p. 1.

Capítulo 2: La clave: El amor de los padres

1. *YOUTHviews 5*, n.° 8, publicado por el George H. Gallup International Institute, Princeton, NJ, abril de 1998, p. 1.
2. *YOUTHviews 5*, n.° 9, mayo de 1998, p. 2.
3. *YOUTHviews 6*, n.° 8, abril de 1999, p. 3.
4. *YOUTHviews 5*, n.° 7, marzo de 1998, p. 2.
5. *YOUTHviews 5*, n.° 6, febrero de 1998, p. 5.
6. Lawrence Steinberg y Ann Levine, *You and Your Adolescent*, Harper, Nueva York, 1997, p. 2.
7. *YOUTHviews 5*, n.° 2, octubre de 1997, pp. 1, 4.
8. James Garbarino, *Lost Boys: Why Our Sons Turn Violent and How We Can Save Them*, Free Press, Nueva York, 1999, p. 50.
9. *Ibidem*, p. 51.
10. Efesios 1:6, RV-1960.
11. Ken Canfield, *The Heart of a Father*, Northfield, Chicago, 2006, p. 225
12. Garbarino, *Lost Boys*, p. 158.
13. Los que luchan con la ira sin resolver quizá se beneficien con la lectura del libro de Gary Chapman, *El enojo: Cómo manejar una emoción poderosa de una manera saludable*, Editorial Portavoz, Grand Rapids, MI, 2016.
14. Garbarino, *Lost Boys*, p. 138
15. Daniel Goleman, *Emotional Intelligence*, Bantam, Nueva York, 2006, pp. 20-30.
16. David Popenoe, *Life Without Father*, Free Press, Nueva York, 1996, p. 191; Henry Cloud y John Townsend, *Límites para nuestros hijos*, Editorial Vida, Miami, FL, 1998, p. 55; y Garbarino, *Lost Boys*, p. 154.
17. Mateo 22:35-40, RV-60.
18. Garbarino, *Lost Boys*, p. 168.
19. *Ibidem*, p. 132.

Capítulo 3: Primer lenguaje del amor: Palabras de afirmación

1. Proverbios 18:21, LBLA.
2. Anne Cassidy, «Fifteen Ways to Say "I Love You"», *Women's Day*, 18 de febrero de 1997, p. 24.

Capítulo 4: Segundo lenguaje del amor: Toque físico

1. Eclesiastés 3:1, 5, NVI®.
2. Para una ayuda práctica respecto al control del enojo, véase de Gary Chapman, *El enojo: Cómo manejar una emoción poderosa*

de una manera saludable, Editorial Portavoz, Grand Rapids, MI, 2016.

3. *YOUTHviews* 6, n.º 8, publicado por el George H. Gallup International Institute, Princeton, NJ, abril de 1999, p. 1.

Capítulo 5: Tercer lenguaje del amor: Tiempo de calidad
1. Ross Campbell, *Si amas a tu adolescente*, Editorial Betania, Nashville, TN, 1986, p. 36.
2. Gary Smalley y Greg Smalley, *Vínculo de honor*, Editorial Unilit, Miami, FL, 1998, p. 98 (del original en inglés).
3. Eastwood Atwater, *Adolescence*, Prentice Hall, Englewood Cliffs, NJ, 1996, p. 198.
4. *Ibidem*, p. 201.
5. Smalley y Smalley, *Vínculo de honor*, p. 107 (del original en inglés).
6. Lawrence Steinberg y Ann Levine, *You and Your Adolescent*, Harper, Nueva York, 1997, p. 13.

Capítulo 6: Cuarto lenguaje del amor: Actos de servicio
1. Mateo 20:28, nvi®.
2. Mateo 20:26, nvi®.

Capítulo 9: El enojo y los jóvenes
1. Contar hasta cien, quinientos o hasta mil quizá sea un medio eficaz para restringir una inmediata y descontrolada respuesta iracunda. Para sugerencias acerca de cómo actúa esto, véase de Gary Chapman, *El enojo: Cómo manejar una emoción poderosa de una manera saludable*, Editorial Portavoz, Grand Rapids, MI, 2016, p. 39.

Capítulo 10: El amor a tu joven de padres solteros y familias mixtas
1. Proverbios 29:18, lbla.
2. Shmuel Shulman e Inge Seiffge-Krenke, *Fathers and Adolescents*, Routledge, Nueva York, 1997, p. 97.
3. Tom y Adrienne Frydenger. *The Blended Family*, Revell, Old Tappan, NJ, 1984, p. 19.
4. Shulman y Seiffge-Krenke, *Fathers and Adolescents*, p. 123; Frydenger, *The Blended Family*, p. 120.
5. Lawrence Steinberg y Ann Levine, *You and Your Adolescent*, Harper, Nueva York, 1997, p. 13.

Capítulo 11: El amor y el deseo de independencia

1. Lawrence Steinberg y Ann Levine, *You and Your Adolescent*, Harper, Nueva York, 1997, p. 150
2. George Sweeting, *Who Said That?*, Moody, Chicago, 1995, p. 302.
3. *Ibidem*, p. 370.
4. Lawrence Kutner, *Making Sense of Your Teenager*, William Morrow, Nueva York, 1997, p. 44.

Capítulo 12: El amor y la necesidad de responsabilidad

1. Lawrence Steinberg y Ann Levine, *You and Your Adolescent*, Harper, Nueva York, 1997, p. 16.
2. *Ibidem.*
3. *Ibidem*, p. 16-17.
4. *Ibidem*, p. 16.
5. Lee Éxodo 20.
6. Los dos mandamientos que Jesús dijo eran los mayores: amar a Dios con todo el corazón y amar al prójimo como a uno mismo; lee Marcos 12:30-31.
7. Steinberg y Levine, *You and Your Adolescent*, p. 187.

Capítulo 13: Ama cuando tu joven falla

1. John Rosemond, *Teen-Proofing: A Revolutionary Approach to Fostering Responsible Decisión Making in Your Teenager*, Andrews McMeel Publishing, Kansas City, 1998, p. 170.
2. Si deseas encontrar un grupo local de Alcohólicos Anónimos, visita su página web en: www.al-anon.org/spanish.

Test de los 5 lenguajes del amor para los jóvenes

INSTRUCCIONES:

Tus padres leyeron *Los 5 lenguajes del amor de los jóvenes* y se preguntan si están hablando tu lenguaje del amor. Si todavía no te lo han explicado, tu «lenguaje primario del amor» es, en esencia, uno de los siguientes: palabras, toque, tiempo de calidad, regalos o servicio. Sabes que tus padres te aman porque te expresan su amor a menudo a través de uno de esos «lenguajes del amor».

Vas a ver treinta pares de las cosas que tus padres podrían hacer o decir para expresarte amor. Todo lo que tienes que hacer es escoger una de cada par que te guste más. En algunos casos, quizá te gusten las dos opciones, pero solo escoge una. Cuando termines de seleccionar uno de cada treinta pares de aspectos, podrás contar con tu puntuación. Eso les dirá a ti y a tus padres cuál es tu lenguaje primario del amor.

Es posible que estés pensando: «Fantástico, mis padres están tratando de "conocerme mejor". Han estado leyendo otra vez». Sin embargo, ¡dales una tregua! Solo quieren asegurarse de que tú sabes que te aman. Es bastante malo cuando uno de los padres piensa que te muestran amor y, luego, un día le dices algo así: «Nunca supe si mi mamá o papá me amaban». Así que, ¡haz este test! Aprenderás algo nuevo acerca de ti mismo, ¡y a tus padres les ayudará para amarte mejor!

TEST DE LOS 5 LENGUAJES DEL AMOR PARA LOS JÓVENES

Recuerda, vas a ver treinta pares de cosas que los padres hacen o dicen para mostrarles amor a sus hijos. Quizá sean cosas que tus padres hacen o dicen o que tú deseas que tus padres hagan o digan. En cada caja, escoge de cada caja solo UNA que te guste más, y circula la letra que va con ese asunto. Cuando termines de analizar los treinta pares, cuenta las veces que circulaste cada letra y pasa el resultado al apropiado espacio en blanco al final del test.

| 1 | Pregúntame lo que pienso | A |
| | Ponme el brazo alrededor de mis hombros | E |

| 2 | Ve a mis eventos deportivos, recitales, etc. | B |
| | Lávame la ropa | D |

| 3 | Cómprame ropas | C |
| | Ve la televisión o las películas conmigo | B |

4
Ayúdame con los proyectos de la escuela	D
Abrázame	E

5
Bésame en la mejilla	E
Dame dinero para las cosas que necesito	C

6
Toma un tiempo libre en el trabajo para hacer cosas conmigo	B
Frota mis hombros o espalda	E

7
Regálame cosas geniales por mi cumpleaños	C
Consuélame cuando fallo o arruino las cosas	A

8
Salúdame con un «choca esos cinco»	E
Respeta mis opiniones	A

9
Sal a comer o de compras conmigo	B
Déjame usar tus cosas	C

10
Dime si soy el mejor hijo del mundo	A
Llévame en el auto a los lugares que necesito ir	D

11
Come al menos una comida conmigo casi todos los días	B
Escúchame y ayúdame a resolver los problemas	A

12

No invadas mi privacidad — D

Tómame de la mano o dame un apretón de manos — E

13

Déjame notas alentadoras — A

Conoce cuál es mi tienda favorita — C

14

Pasa tiempo conmigo algunas veces — B

Siéntate a mi lado en el sofá — E

15

Dime si estás orgulloso de mí — A

Cocina para mí — D

16

Enderézame el cuello, el collar, etc. — E

Muestra interés en las cosas que me interesan a mí — B

17

Permíteles a mis amigos que frecuenten nuestra casa — D

Paga para que yo vaya a los viajes de la escuela o la iglesia — C

18

Dime que luzco bien — A

Escúchame sin juzgarme — B

19

Toca o frota mi cabeza — E

Algunas veces déjame escoger a dónde ir en los viajes de la familia — D

20

Llévame al médico, al dentista, etc. — D

Confía en mí para estar solo en casa — C

21

Llévame de viaje contigo — B

Llévanos a mis amigos y a mí al cine, los conciertos, etc. — D

22

Regálame cosas que me gustan de verdad — C

Fíjate cuando hago algo bueno — A

23

Dame dinero extra para gastos — C

Pregúntame si necesito ayuda — D

24

No me interrumpas cuando estoy hablando — B

Que le guste los regalos que le compro — C

25

Déjame acostarme tarde algunas veces — D

Muestra que disfrutas de verdad pasar tiempo conmigo — B

26

Dame palmaditas en la espalda — E

Cómprame cosas y sorpréndeme con ellas — C

27

Dime que crees en mí — A

Viaja en auto conmigo sin sermonearme — B

28	Ve a buscarme cosas que necesito de varias tiendas	C
	Algunas veces sostén o toca mi cara	E

29	Dame algún espacio cuando me siento molesto o enojado	D
	Dime que soy inteligente o especial	A

30	Abrázame o bésame al menos una vez al día	E
	Di que estás agradecido por ser tu hijo	A

TU PUNTUACIÓN:

A = Palabras de afirmación   _____

B = Tiempo de calidad   _____

C = Regalos   _____

D = Actos de servicio   _____

E = Toque físico   _____

INTERPRETACIÓN DE TU PUNTUACIÓN DEL TEST

¿Qué lenguaje recibió la puntuación más alta para ti? Este es tu lenguaje primario del amor. Si dos están empatados, eres bilingüe y tienes dos lenguajes primarios. Si un segundo lenguaje tiene una puntuación casi tan alta como tu lenguaje primario, eso significa que tienes un lenguaje secundario, y ambos son importantes para ti. La puntuación más alta posible para un solo lenguaje del amor es 12, y el total es 30. Tu combinación podría tener este aspecto: 11 para tu primario, 9 para tu secundario, y luego 5, 3 y 2 para los demás. O podrías tener un 12, seguido por unos distantes 6, 5, 4 y 3. Lo que no tendrías es una división en partes iguales (todas las puntuaciones de 6), lo cual sería muy raro.

Cualquiera que sea su lenguaje primario, no deseches los otros. Tus amigos y familiares pueden expresar (y necesitar) el amor en estos lenguajes, y tú debes conocerlos. Cuando hablamos los lenguajes mutuos del amor, sentimos que nos conocemos y que estamos conectados.